课程思政优秀教学案例库

理论经济学
课程思政
教学案例集萃

首都经济贸易大学经济学院 编

首都经济贸易大学出版社
Capital University of Economics and Business Press
·北京·

图书在版编目（CIP）数据

理论经济学课程思政教学案例集萃 / 首都经济贸易大学经济学院编． -- 北京：首都经济贸易大学出版社，2022.7
ISBN 978-7-5638-3349-8

Ⅰ.①理⋯　Ⅱ.①首⋯　Ⅲ.①思想政治教育—教案（教育）—高等学校　Ⅳ.①G641

中国版本图书馆 CIP 数据核字（2022）第 069208 号

理论经济学课程思政教学案例集萃
LILUN JINGJIXUE KECHENG SIZHENG JIAOXUE ANLI JICUI
首都经济贸易大学经济学院　编

责任编辑	晓地
封面设计	风得信·阿东 FondesyDesign
出版发行	首都经济贸易大学出版社
地　　址	北京市朝阳区红庙（邮编 100026）
电　　话	（010）65976483　65065761　65071505（传真）
网　　址	http://www.sjmcb.com
E - mail	publish@cueb.edu.cn
经　　销	全国新华书店
照　　排	北京砚祥志远激光照排技术有限公司
印　　刷	北京九州迅驰传媒文化有限公司
成品尺寸	170 毫米×240 毫米　1/16
字　　数	388 千字
印　　张	21
版　　次	2022 年 7 月第 1 版　2022 年 7 月第 1 次印刷
书　　号	ISBN 978-7-5638-3349-8
定　　价	69.00 元

图书印装若有质量问题，本社负责调换
版权所有　侵权必究

首都经济贸易大学"课程思政优秀教学案例库"编审委员会

主　　编：韩宪洲
副主编：徐　芳　王永贵
委　　员（按姓氏笔画排序）：
　　　　于　鹏　王　军　尹志超　石　刚　付　琳
　　　　冯喜良　任　韬　刘重霄　刘　强　关　鑫
　　　　李百兴　李红霞　李鲲鹏　张世君　张国山
　　　　张宝学　陈　炜　陈　磊　周宇宏　周明生
　　　　郝宇彪　柳学信　姚东旭　贺　慨　陶　盈
　　　　商筱辉

总序

在专业思政框架下深化课程思政建设

习近平总书记强调,"培养什么人,是教育的首要问题"。全国高校思想政治工作会议以来,在习近平总书记关于教育重要论述指导下,高校课程思政建设全面推进,为我国高等教育实现高质量发展注入了新的活力和动力,促进了高校"三全育人"体制机制的完善。持续深化课程思政建设是进一步推动中国特色社会主义教育理论体系不断形成新的生动实践的客观要求。当前,要进一步明确课程思政建设的内涵、路径、方法,既要坚持从为党育人、为国育才的政治高度强化思想认知,更要回归教育本质推进实践探索。要牢牢抓住全面提高人才培养能力这个核心点,始终坚持人才培养的内在逻辑,锚定"专业"这一人才培养的基本单元,着力于在专业思政的框架下健全完善课程思政的工作体系、教学体系和内容体系,以此不断深化课程思政建设,提升专业人才培养质量。

人才培养的内在逻辑是专业思政和课程思政的基本遵循。从高等教育人才培养规律看,专业是人才培养的基本单元,课程是人才培养的最小单元。专业思政和课程思政作为新时代中国共产党人对高等教育人才培养规律的新认识,是新时代高校构建高水平人才培养体系的重要实践,是学校对专业内涵的丰富和拓展,为新时代专业建设提供了重要遵循。

专业思政是深化课程思政建设的基石和平台。专业思政是对专业人才培养功能的新认识,强调所有专业都要在学校办学总体目标定位的基础上明确本专业的育人目标和规格,把育人要求细化到本专业的人才培养方案中,落实到人才培养全过程,在课程体系(含实践教学)、教学规范、师资队伍、教学条件、质量保障等各环节中有机融入本专业所蕴含的思想政治教育元素,实现思想政治教育与知识体系教育的有机统一。

专业与课程的逻辑关系决定了专业思政与课程思政具有天然的一体性。专业思政是指在本专业人才培养方案中对本专业所培养人才应具备的核心素养进行总体设计、提出要求和实施的途径;课程思政是指依据专业思政的目标，把"做人做事的基本道理""社会主义核心价值观的要求""实现民族复兴的理想和责任"细化落实到每门课程的教学大纲、教学设计、课堂教学、考试测验等全过程各方面各环节，使每门课程达到"守好一段渠，种好责任田"的要求，把所有课程聚合起来，发挥育人主渠道的功能。专业思政不仅为课程思政建设聚焦了育人方向、规定了工作目标、营造了浓厚氛围，而且搭建了本专业课程共享的思政资源平台，同时，也为本专业的非专业课程（公共基础课程等）开展课程思政提供了体现"因专业而思政"这一教育观念的专业思政资源。

近三年来，首都经济贸易大学按照高等教育人才培养的内在逻辑，在专业思政框架下不断深化课程思政建设，逐步形成了党委统一领导、党政齐抓共管、教务部门牵头抓总、相关部门联动、院系落实推进、自身特色鲜明的课程思政建设工作格局。

2020年，学校完善了课程思政建设的顶层框架，出台了《关于推进"三全育人"综合改革的实施意见》《关于深化课程思政建设的意见》等文件，统筹推进"三全育人"综合改革和课程思政建设，制定了《首都经济贸易大学全面落实立德树人根本任务 打造新时代一流本科教育实施方案》和专业建设规划，开展本科人才培养方案的全面修订，给出了课程思政建设的行动指南，在全校进一步明确和统一了课程思政"是什么，为什么，怎么做，怎么做好"的认识。

2021年，学校成立了课程思政教学研究中心，课程思政建设在学校继续全面推进，在全校范围内打造了一批具有示范引领作用的专业、课程、教材、案例、教研成果、实践教学成果，以及教学名师和教学团队；组织了学校课程思政教学设计大赛，开展了"课程思政工作坊"系列讲座；与"新华网"实现共建并搭建了新华思政"课程思政资源库平台"，形成了"课程门门有思政 教师人人讲育人"的良好氛围。

2022年，学校专业思政建设全面推进。在学校党委和行政部门的全力推动下，采用"重点推进"与"全面铺开"相结合的方式，通过7个试点学院和3个试点专业的先行先试，全面推进专业思政建设。打造了经济学、法学、会计学3个专业的专业思政资源库，并以此为基础，将专业思政建设的理念与做法推广到25个国家级一流专业建设中，推广到全校34个在招专业建设中，探索制定专业思政与课程思政建设标准，进一步完善学校课程思政建设体系。

此次统一规划出版的"课程思政优秀教学案例库"系列丛书，是学校开展课程思政建设的阶段性成果。"课程思政优秀教学案例库"系列丛书将贯彻学校在专业思政框架下深化课程思政建设、坚持专业育人的理念，聚焦专业核心素养养成、提升专业人才培养质量的实践探索。

今后，学校将牢牢把握在专业思政框架下深化课程思政建设的着力点，优化人才培养方案和教学大纲，完善课程思政的工作体系、教学体系和内容体系，落实专业负责人的主体责任，注重发挥教师个人的能动作用，提升教师教育教学能力，不断提高学校专业建设、课程建设的水平和专业人才培养质量。

首都经济贸易大学党委书记
韩宪洲
2022 年 3 月 12 日

序

  2016年12月7日至8日，全国高校思想政治工作会议在北京召开。这次会议是新时代具有开创性意义的一次重要会议，是新时代高校党的建设历史上的里程碑。习近平总书记在会上的重要讲话是中国特色社会主义教育理论的重大创新成果，是指导做好新时代下高校思想政治工作的纲领性文献。

  全国高校思想政治工作会议后，全国高校掀起了课程思政建设的热潮。课程思政是新时代的新理念、新要求、新任务。课程思政的含义，简单说，就是所有课堂都要成为育人主渠道。五年来，高校围绕课程思政建设，进行了积极的思考和探索，形成了落实立德树人根本任务的生动实践。

  在全国高校思想政治工作会议召开五周年之际，大家都在关注、讨论几年来课程思政建设的成效是什么，有哪些不足，下一步如何深化和提升。我把自己的几点思考提出来，作为建议，和大家一起探讨。

  第一，不能就"课程思政"说课程思政。不能"就事论事"，要"就事说理"，把课程思政的意义说出来，即课程思政和新时代、课程思政和高水平人才培养体系、课程思政和"三全育人"体制机制是什么关系？

  必须看到，全国高校思想政治工作会议召开五年来，高校对课程思政的认识在不断提升，今天的认识已经很明确。课程思政的高度：课程思政是落实立德树人根本任务的战略举措；课程思政的深度：课程思政是把思想政治工作体系贯穿人才培养体系的基本载体；课程思政的广度：课程思政是健全"三全育人"体制机制的重要抓手。

  一定要从这样的高度、深度、广度来认识、推进课程思政建设，这也是今天对中国特色社会主义教育制度体系的应有认识。

  第二，不能就"课程"说课程思政。在操作上，课程思政是在什么逻辑框架下设计、实施的？我们知道，专业是人才培养的平台，课程是人才培养的最小单元，那么，课程思政与专业、与专业人才培养目标是什么关系？

  在制定专业人才培养方案时，我们依据专业人才培养方案中设定的专业人才培养目标（包括专业能力和核心素养）来确定在哪些课程模块中选定哪些课程，以此来实施本专业人才培养，而专业人才能力、核心素养的养成要分解到具体的课程群和课程之中。也就是说，我们是在专业平台下确定课程，在专业培养目标的规定性下实施课程。因此，课程思政的设计、实施，要依据专业人才培养目标中对人才核心素养的规定来一体化设计实施，这是课程思政应有的基本遵循。

第三，课程思政、专业思政的设计必须要考虑能落地、可实施。现实中，有的同志纸上谈兵，抽象地赋予专业课太多的思政功能，专业课教师理解不了，也承担不起。通常我们讲学校的大思政格局包括思政课程、课程思政、日常思想政治工作三部分，这三部分的职责、体系、功能是不同的，其中，思政课是落实立德树人的关键课程，承担着全面系统地对学生进行马克思主义，特别是习近平新时代中国特色社会主义思想理论传授的职责，是显性教育，要有"惊涛拍岸的声势"。马克思主义学院是专门的机构，思政课教师是专职的队伍。课程思政则不然，它的主角是专业课教师，其特征是"自然而然"，强调要有"润物无声的效果"。教师结合专业的特点和课程的内容，把自己对"做人做事的基本道理、社会主义核心价值观的要求、实现民族复兴的理想和责任"的真实感悟在课堂上传递给学生，起到专业课与思政课育人的"协同作用"。我们强调，课程思政的重音在课程，专业思政的重音在专业。专业教育、专业课程传授首先要遵循的是本专业人才培养的逻辑、体系，而不是思政的逻辑和体系。课程思政的主角是专业课教师，要用通俗的语言向专业课教师讲清楚，课程思政是什么、为什么、怎么干，需要时还要和大家一起学习思考探索，这样，课程思政才能落地、才能落实。

第四，不能忘记课程思政的基本特征什么。"自然而然""润物无声"是课程思政的基本特征，课程思政的最高境界就是教师的专业知识的讲授与思政内容浑然一体、无缝衔接。让大家感受到，这样的思政教育是课程自身所蕴含的，而不是添加的。这一要求，应该体现在教师备课、课堂讲授、教学比赛等各个环节中。有教师问，是不是每节课都要有思政的设计？怎么回答？举例来说，教师在授课中，什么时候需要因材施教？教师在备课时肯定有相关的设计，但在教学时，如何实施？我以为一定是"随机应变"。课程思政作为一种教育教学理念，就像因材施教一样，思政的理念应该融入整个教育教学设计中。至于每节课有多少个思政点，完全不是课前设计出来的，"你的课堂你做主"，这样的课程思政才可能是鲜活的、生动的，而不是刻板的。这也是在对教师课程思政进行评价时，应该遵守的一个原则。

以上，是在全国高校思想政治工作会议五周年之际，借我校经济学院《理论经济学课程思政教学案例集萃》《应用经济学课程思政教学案例集萃》

编辑出版之际，和大家做个交流。

经济学院是我校最早开展课程思政试点的学院之一，几年来，学院从课程思政入手，把专业思政、课程思政一体化设计实施，整体营造学院的育人氛围，注重发挥学院党委、教师党支部的引领推动作用，取得了突出的成绩和明显的成效。

经济学院将课程思政建设作为推进学院国家级一流专业建设的重要抓手和重要任务，根据不同专业的特点，突出专业特色，分类推进，实现课程思政全覆盖。引导教师围绕学习习近平经济思想，把握中国特色社会主义经济理论体系和话语体系，强化中国视角、中国立场，讲好中国故事。这两本书是他们开展课程思政建设的一个阶段性成果，凝聚着教师和学院的努力和心血，在此，向他们表示祝贺，也希望他们在此基础上再接再厉，继续深化实践探索，取得新的更大的成绩，在学校课程思政的推进中继续发挥表率作用。

首都经济贸易大学党委书记
韩宪洲
2021 年 11 月 22 日

目 录

微观经济学

"微观经济学"的思政元素提炼 …………………… 杜鹏程 3
外部性理论案例之生活垃圾分类 …………………… 崔 颖 6
接种新冠疫苗，共筑免疫长城
　　——针对外部性的公共政策 …………………… 崔 颖 17
从反垄断看中国特色社会主义的制度优势 ………… 兰无双 24
"绿水青山就是金山银山"
　　——基于市场失灵的解读 …………………… 兰无双 34
短期生产函数 ……………………………………… 宋瑶瑶 43
生产要素的供给与收入分配平等程度的衡量 ……… 宋瑶瑶 51
效用和边际效用 …………………………………… 袁 航 62
"公地悲剧"问题的认识与治理 …………………… 张 芳 70
美国微软公司的垄断案 …………………………… 赵 娟 75
2000年9月亚马逊公司差别定价试验 ……………… 赵 娟 83

宏观经济学

从宏观经济运行视角认识世界与中国 …………… 杜雯翠 89
涨！涨！涨！
　　——透过通货膨胀看经济社会发展 …………… 杜雯翠 97
从宏观经济政策理论看疫情期间的宏观政策 ……… 李 琛 105
"大国经济"
　　——基于国内生产总值的解读 ………………… 李 琛 114
财政政策与货币政策下的扩内需战略 …………… 申始占 122
总需求与总供给模型 ……………………………… 王晓星 130

国民生产和经济核算 …………………………… 王晓星 141
财政政策与经济增长
　　——以公共教育支出为例 ……………………… 张冬洋 149
从GDP核算看中国经济高质量发展 ……………… 张　芳 154

政治经济学

"课程思政"下的政治经济学教学 ………………… 张锦冬 161
中国国有企业与中国经济五年规划 ………………… 郝宇彪 169
美元霸权与人民币国际化的意义 …………………… 郝宇彪 176
英国经济从世界工厂转向对外贸易 ………………… 陆明涛 183
福特公司通过涨工资实现对劳动力商品的更强控制 … 陆明涛 190
数字资本主义时代的"游戏玩工"与剩余价值生产 … 王　琨 197
资本的循环和周转 …………………………………… 王启超 203
战后西方国家工人阶级的地位变化 ………………… 王少国 209
资本主义国家的经济危机 …………………………… 王一子 216
资本主义企业利润率的下降趋势 …………………… 王一子 222
资本的循环和周转 …………………………………… 鄢　姣 228
中国社会主义城市地租的政治经济学分析 ………… 鄢　姣 233

经济史

工业革命的条件与后果 ……………………………… 苏　威 239
工业革命、大分流与当代中国之崛起 ……………… 朱诗娥 246
经济危机：自由资本主义之殇 ……………………… 朱诗娥 252

中级宏观经济学

经济增长中的自主创新 ……………………………… 章潇萌 259
变局时期的国际合作 ………………………………… 章潇萌 266

新制度经济学

产权理论与中国农村改革 …………………………… 李　智 275
公共财产的租金耗散与中国国有企业改革 ………… 李　智 282

经济思想史

农村土地产权改革助力乡村振兴战略开展 ·················· 申始占　293

外国经济思想史

亚当·斯密的市场经济理论 ································ 徐则荣　303

中国特色社会主义市场经济

课程思政背景下的"中国特色社会主义市场经济"教学 ········ 张锦冬　313

微观经济学

课程性质：专业课
课程类别：理论课
授课对象：经管类专业本科生

"微观经济学"是经济管理各专业的一门专业基础课。通过本课程的学习，使学生对微观经济学的基本问题和基本观点有比较全面的认识，能够掌握微观经济学的基本概念、基本思想、基本分析方法和基本理论，对微观经济体系运行有一个比较全面的了解，建立起微观经济现象的基本思维框架，为进一步学习其他专业课程和专业知识奠定理论基础。本课程主要内容包括：均衡价格理论、消费者行为理论、生产与成本理论、市场与厂商理论、生产要素理论、一般均衡理论、福利经济学和微观经济政策等七大部分。主要分析内容及其课程逻辑如下。

微观经济学通过效用论研究消费者追求效用最大化的行为，并由此推导出消费者的需求曲线，进而得到市场的需求曲线。生产论、成本论和市场论主要研究生产者追求利润最大化的行为，并由此推导出生产者的供给曲线，进而得到市场的供给曲线。运用市场的需求曲线和供给曲线，就可以决定市场的均衡价格，并进一步理解在所有的个体经济单位追求各自经济利益的过程中，一个经济社会如何在市场价格机制的作用下，实现经济资源的配置。其中，从经济资源配置的效果讲，完全竞争市场最优，垄断市场最差，而垄断竞争市场比较接近完全竞争市场，寡头市场比较接近垄断市场。为了更完整地研究价格机制对资源配置的作用，市场论又将考察的范围从产品市场扩展至生产要素市场。生产要素需求方面的理论，从生产者追求利润最大化的行为出发，推导生产要素的需求曲线；生产要素供给方面的理论，从消费者追求效用最大化的角度出发，推导生产要素的供给曲线。据此，进一步说明生产要素市场均衡价格的决定及其资源配置的效率问题。

通过本课程的教学，应使学生了解微观经济学研究的对象和方法，了解微观经济学理论体系、分析工具和发展简史，使学生比较全面系统地掌握微观经济规律。在教学实践中，要求理论讲解与案例分析相结合，文字表述与图形描绘相结合，知识讲授与课堂讨论相结合，为学生建立起微观经济现象的基本思维框架，打下扎实的经济学理论功底。

"微观经济学"的思政元素提炼

杜鹏程

一、课程思政元素发掘

本课程各个章节在授课时可能包含以下思政元素。

元素1 需求、供给与均衡价格理论。微观经济学的中心理论也可以称为价格理论,即通过价格这一信号影响社会各种资源的流动。这是市场机制的自发调节作用。但现实社会中的价格调节作用并非理论研究如此完美。如某些特殊情况来临时,生活必需品严重短缺会导致价格大幅度提高,收入较低的消费者难以维持正常必要的消费,从而不利于整个社会恢复稳定和持续健康发展。对此,政府需要并且有必要采取强化监督检查,查处价格违法行为,采取平抑价格或者限制价格等方式以维护市场价格秩序。

元素2 消费者行为理论。该章研究消费者如何在有限约束下获得最大的满意程度。教学过程中教师应引领学生进行课堂讨论,融入以下建议:一是有意识地树立正确的价值观和消费观,勿要盲目攀比,坚持理性消费,适度消费。二是目前消费已经成为影响我国经济发展动力和方向的重要因素之一。我们日常消费的模式和方向与国家的经济发展息息相关。三是需要保持与时俱进的心态,积极了解生活中新兴的消费观念与模式,比如,绿色消费、信息消费和共享消费等。

元素3 生产者行为理论。企业要解决生产什么、生产多少和如何生产的问题,这取决于企业目标。除课程中关于企业利润最大化的理论外,还应结合各项话题进行课堂讨论。如企业追求生产利润最大化与可持续发展的摩擦和反思,经济高速发展和经济结构合理性之间关系的讨论,生产、投资和就业相互协同的关系等社会热点问题。让学生通过主动思考、查询资料、发表观点、参与讨论的过程,主动了解我国经济发展状况。

元素4 分配理论。随着经济和社会不断发展,人们也越来越重视收入分配问题。我国改革开放带来了解放市场的春风,也使得部分人率先走上发家致富的道路。经济走上"高速路"后,在社会主义的本质规定和奋斗目标下,政府也有力量进行均衡发展,逐渐缩小贫富差距,增强对社会底层成员的关注,逐步实现共同富裕。

二、教案设计

(一)教学目标

微观经济学是普通高等教育经管专业的必修基础课程,并逐渐成为大学生必备通识课程,帮助学生建立和培养经济学思维,使其能够更好地理解经济生活中各种现象或问题。课程教学中融入思政元素,有目的、有计划、有技巧地引领学生,以潜移默化的方式将社会主义核心价值观体现在教书育人的过程中,帮助学生更客观、全面地认识和理解世界,树立正确的价值观、人生观和世界观,使智育与德育有机结合与统一。将思想政治教育融入微观经济学课程中,使学生更好地掌握经济学理论,并且实现"知识传授"和"价值引领"有机统一。

(二)教学内容

1. 应把政治经济学和西方经济学结合起来讲授

西方经济学和政治经济学在研究对象、研究方法上有许多不同,教学过程中要注意将二者区别开来,以批判继承的态度和辩证发展的眼光看待西方经济学的观点。

2. 注意基本理论讲授与最新发展介绍结合

微观经济学的发展非常迅速,新理论和新方法层出不穷,教学过程中要在讲授微观经济学经典理论的同时介绍这一领域的最新发展情况,开阔学生理论视野,激发学生学习兴趣。

3. 注意中国和西方在国情上的差异性

当代微观经济学试图解决发达资本主义国家的经济问题,其结论和政策建议是建立在发达市场机制基础上的,分析内容是生产资料所有制基础上每个人追逐最大限度个人利益,以及如何对这种结果进行规范。中国是一个发展中国家,我们坚持走中国特色社会主义道路,其发展模式和分配方式与西方国家有很大不同。因此,在运用微观经济学理论、观点和方法分析中国现实问题时,必须注意到我国发展模式与西方的差异。教学过程中教师应注意引导学生认识到在运用微观经济学理论时必须立足于中国具体国情。

(三)教学手段与方法

与现代信息技术进行紧密融合是高等教育教学发展的必然趋势。突破传统教学方法,发挥现代信息技术具有的优势,多维度、多元化地优化教学方法与手段。一是为课堂教学带来生动感与趣味性,提高学生的课堂学习积极性。二是利用现代信息技术为"课前+课上+课后"的现代教学方法提供有效的监督和保障。三是线上线下互相配合，有助于教师将思政元素融入教学环节中。

1. 以多媒体教学方式调动学生兴趣

在熟悉教材和紧扣教案的基础上，利用现代多媒体教学方式为学生呈现多样化和情景化的教学内容。运用图像、声音、动画、视频，甚至 VR 等方式，通过视听联动的感知方式让学生充分融入教学设计的情景之中，使学生获得丰富而直观的效果感受，便于其快速地、更好地理解课程内容。激发他们强烈的探索好奇心，调动学生渴望新知识的积极性。多媒体教学方式也在潜移默化中加强和锻炼了学生的软实力，让学生在学习过程中由被动变为主动，激发自己的学习能力与探究能力。

2. 利用翻转课堂将学生作为主角

微观经济学可以使用"课前自学—课中内化—课后巩固"的翻转课堂教学模式。教师提前准备课程资料库，导入移动终端学习平台（学习通、MOOC 等）。学生在平台完成教学视频观看、针对性课前练习或课前讨论，对疑惑处进行标记。课中要求教师在课堂上对学习内容进行系统组织和梳理，帮助学生建立知识逻辑网络，对学生在课前练习中所出现的误区进行解释。建立班级小组，引导学生围绕自主学习中的疑难困惑进行讨论。教师负责引领和记录，在讨论过程中进行适当地指导，最后针对关键问题进行解释或总结。

3. 线上、线下配合提高教学效果

设置具有层次和可操作性的教学设计，借助线上、线下两种方式，提高教学效率。线上功能包括平时考勤、视频资料学习、针对性练习、课堂提问等，既可使学生快速获得课程相关资源，又方便教师快速掌握学生学习进度和学习效果。线下教学可以融入启发式教学、互动式教学、案例讨论教学等模式，涉及框架构建、重点梳理、难点解惑、小组讨论以及交流总结。线下教学的重点在于帮助学生更好地将课程结构融入自己的知识体系中，锻炼学生对问题的思考分析能力和综合运用能力。

4. 重视图形介绍

图形是教学难点，学习微观经济学必须懂得图形逻辑。图形并不要求死记硬背，但必须看懂和理解。因此，要根据教材对学生进行训练，要求学生掌握最基本的图形，会识图、绘图。

外部性理论案例之生活垃圾分类

崔 颖

一、课程思政元素发掘

本课程在授课时可能包含以下思政元素。

元素1 通过外部性概念理解马克思主义理论中事物普遍联系的观点。外部性是指社会经济活动中,一个市场主体的一项经济活动给其他市场主体带来正面或负面的影响,而其他市场主体无须为此支付费用或得到相应的补偿。可见,市场中不同经济主体并不是孤立存在的,而是相互影响的。事物普遍联系的观点是马克思主义理论的重要观点之一。世界是一个相互联系的统一整体,任何事物都和其他事物处在一定的联系之中,这些联系是多种多样且客观存在的。个人的行为可能对他人产生积极影响,也可能产生消极影响;积极影响会促进他人的活动,消极影响会阻碍或制约他人的活动。

元素2 倡导自觉遵守社会道德规范,减少负外部性,增加正外部性。"爱国、敬业、诚信、友善"是社会主义核心价值观所要求的公民基本道德规范,它是公民必须恪守的基本道德准则,也是评价公民道德行为选择的基本价值标准。我们在日常生活、工作以及学习过程中,应该自觉养成良好的道德习惯,时刻注意自己的行为对他人造成的影响,少做有损他人利益的事,多做有益他人的事。社会主义和谐社会的构建需要全体公民共同努力、互相尊重、互相帮助。

元素3 生态文明建设在治理环境污染中发挥了重要作用。通过经济理论的分析发现,私人面对具有负外部性的商品会有过量消费和过量生产的问题,面对具有正外部性的商品会有消费不足和生产不足的问题。这两种情况均会造成市场失灵,单凭市场力量无法实现资源的有效配置,此时需要政府政策的调控。课程中以"垃圾分类"等环境保护政策作为案例,帮助学生理解生态文明建设的重要意义。环境保护关系到全人类的利益,其重要性不言而喻。习近平总书记强调生态文明建设是"五位一体"总体布局和"四个全面"战略布局的重要内容,提出"推动形成绿色发展方式和生活方式是贯彻新发展理念的必然要求,必须把生态文明建设摆在全局工作的突出地位"。新发展理念是习近平新时代中国特色社会主义经济思想的重要内容之一，创新、协调、绿色、开放、共享的新发展理念相互贯通、相互促进，绿色是永续发展的必要条件，绿色发展要处理好人和自然的和谐问题。垃圾分类对生态环境保护具有重大意义，但由于个人往往只看到分类给自己带来的不方便，未能认识到此行为对整个社会带来的正外部性，个人难以自发地进行垃圾分类，需要依靠政府政策的指导和监管。

二、教案设计

（一）教学目标

1. 思想目标

现实生活中，环境污染是造成负外部性的重要来源，教师在讲授该知识点时，结合垃圾处理和垃圾分类相关案例，不仅可以阐明市场失灵和外部性理论，而且可以融入相关思政元素，指导学生在思想层面认识到生态文明建设的重要性。阐明"保护环境，从我做起"是每个公民都应当遵守的社会公德，强调生态文明建设是我国"五位一体"总体布局的重要组成部分，教育学生要积极响应国家号召，贯彻落实生活垃圾分类处理的政策，培养环保意识，为人与自然和谐发展贡献一己之力。引导学生树立正确的世界观、人生观和价值观，自觉遵守公民基本道德规范、加强道德修养。

2. 知识目标

指导学生深入理解外部性的定义及分类、不同类型外部性的影响及外部性导致的资源配置低效率，熟练掌握应用经济学的图形和数理分析方法分析外部性造成市场失灵的原因。在外部性的解决方法中，重点引导学生理解私人解决方法和政府解决方法的异同，使其能够区分管制、税收和许可证交易制度对总福利的影响有何不同。

3. 能力目标

注重培养学生的经济学思维和逻辑分析能力，让学生具备知识活学活用的能力，可根据案例材料，将理论与案例结合，运用所学的外部性相关理论知识分析现实经济问题，并尝试提出解决问题的方法。通过案例讨论，让学生明白政府政策干预在市场失灵情况下的重要意义，增强学生对政府政策的理解领悟能力。进而使学生能够基于理论为解决身边的外部性市场失灵问题提出建议。

（二）教学内容和教学重点与难点

1. 教学重点

（1）掌握外部性的定义与特征，能够区分生产的外部性和消费的外部性、正外部性和负外部性。

(2) 理解不同情况下外部性如何导致资源配置低效率。

(3) 掌握解决外部性问题的途径与方法，理解相关政府政策的意义。

2. 教学难点

(1) 理解并区分不同类型的外部性及其对经济产生的不同影响。

对难点 (1) 的处理：首先，使用学生熟知的生活案例，引入外部性的概念；其次，分类举例，结合实例，运用经济学传统的图像分析方法，比较社会最优产量与私人决策产量的关系，阐述不同类型外部性对经济造成的影响。

(2) 为什么多数情况下外部性需要政府干预经济以提高资源配置效率。

对难点 (2) 的处理：首先，通过对垃圾分类的案例分析，使学生理解外部性的影响，引导其自主思考并提出合理的解决方案；其次，总结学生提出的解决方案，并强调其中需要政府参与的环节，请学生思考政府在此种情形下是如何提高资源配置效率的；最后，借助案例，激发学生学习兴趣，催化学生的发散性思维，让其在思考与探索中自己体会外部性与环境保护的关系，以及政府政策的重要意义。

(三) 思政引入

1. 在概念讲解中引入事物普遍联系的观点

在讲解外部性的定义时，需强调外部性是一个市场主体的行为对其他市场主体产生的影响，可以联系马克思主义唯物辩证法中事物普遍联系的观点强化学生对外部影响的理解。事物普遍联系的观点主张事物之间以及事物内部诸要素之间是相互影响、相互制约和相互作用的。世界是一个普遍联系的有机整体，是一幅由种种联系交织起来的丰富多彩的画面，其中没有一个事物是孤立存在的。市场中的经济主体之间也是如此，一项经济活动往往会对不直接参与的第三方产生或正或负的附带影响。由于这一影响并非经济主体主观故意造成的，所以当它是消极影响时，经济主体通常并不需要向受损方提供补偿；当它是积极影响时，经济主体也没有因此而获得受益方的补偿。

2. 引入社会主义核心价值观

由对外部性影响的分析提出学生应遵守社会主义核心价值观中要求的公民基本道德规范。

在讲解了外部性的概念及类型后，可引导学生思考在日常校园生活中有哪些外部性的案例。在此过程中，学生会通过思考与总结，发现生活中自己的行为给身边人带来的正外部性和负外部性。例如，在图书馆喧哗的负外部性、打扫宿舍卫生的正外部性、上课迟到的负外部性等。由此，引导学生应时刻注意自己的行为给他人带来的影响，减少产生负外部性的行为，增加产生正外部性的行为。引导学生回顾社会主义核心价值观中要求的八字公民基本道德规范——"爱国、敬业、诚信、友善"，讨论分析个人的道德行为如何带来正外部性效应，引导学生谨记并遵守公民基本道德规范。

3. 理解政府政策在市场失灵中的重要作用

通过经济学供需曲线图的分析，学生已经明白正外部性通常会引发生产不足的问题，而负外部性则会带来生产过量的问题。接下来，教师组织学生进入本节课的小组案例讨论阶段。

垃圾分类案例主要包括三段材料。材料1：教师用多媒体设备播放时长5分钟的纪录片《垃圾围城》的片段，吸引学生注意力，让学生认识到垃圾未经处理随意投放带来的严重环境问题，由此联系环境污染的负外部性知识点。材料2：几年前我国政府启动城市垃圾分类工作的报道。请学生阅读材料并在小组内讨论如下问题：城市垃圾分类为何迟迟难以实现？垃圾分类过程中哪些环节可以交给市场？哪些环节是必须由政府参与的？为什么？垃圾分类对个人来讲，是具有正外部性的行为，个人付出的成本与其感知到的收益不成比例，因此缺乏必要的行动力。结合材料可知，垃圾分类回收后的垃圾处理行业前景可观，可实现市场化运作。政府需要扶持监督前端居民垃圾分类投放工作，同时鼓励企业进入垃圾处理行业，前期对企业进行必要的税收鼓励。材料3：北京市关于加强本市废物回收体系建设的报道。其中报道了现存售卖价值低的废品回收市场缺位问题，以及政府针对此问题提出的最新解决方案。通过分析此材料，请学生讨论如下问题：请结合外部性理论分析废品回收行业的问题及其成因。材料中提到的政府解决方案是否有效？还有什么其他解决建议？

（四）教学手段与方法

1. 知识讲解

微观经济学中不可避免地涉及一些基础理论知识，知识讲解的教学手段必不可少。为了尽可能避免灌输式讲解的枯燥性，本课程运用多媒体演示、图片和板书相结合的方式开展教学，通过动态的多媒体演示，吸引学生集中注意力。上述思政元素1主要采用知识讲解的方式融入课堂。

2. 启发式提问

思政元素2涉及社会主义核心价值观中的公民基本道德规范。由于个人道德行为具有强正外部性，可通过对其正外部性的分析加深学生对理论概念的理解，本部分计划采用启发式提问的教学方法。在讲解了外部性的概念及分类后，引导学生思考在日常校园生活中有哪些外部性的体现。总结学生的答案，引导学生时刻注意自己的行为给他人带来的影响，减少产生负外部性的行为，增加产生正外部性的行为。

3. "以学生为中心"的小组讨论

思政元素3主要采用"小组讨论"的方式实现。由教师提供一个递进式的讨论提纲，让学生在规定的时间内，以小组为单位讨论，随后进行小组观点展示，以此方式引导学生积极思考、讨论，实现学生由"被动听讲"向"主动参与"的转变。

（五）教学过程安排

教学过程具体安排如下：

教学意图	教学内容	环节设计
	外部性的定义及特征	
概念引入	1. 案例引入概念 （1）私家花园的正外部性； （2）二手烟的负外部性。 2. 外部性的定义 在社会经济活动中，一个市场主体的一项经济活动给其他市场主体带来好/坏的影响，而又不能使该市场主体得到相应的补偿或给予其他市场主体相应赔偿的时候，就会产生外部性。 【相关名词】外溢效应（spillover effect） 3. 外部性的关键特征 伴随性、外侵性、非偿性。 【思政元素融入】 通过外部性概念理解马克思主义理论中事物普遍联系的观点。	紧扣教学大纲要求，让学生深入理解并掌握外部性的含义及特征。 （5分钟）
	外部性的分类	
教学重点，概念理解	（1）依据外部性带来的后果不同可分为正外部性和负外部性； （2）依据外部性的主体不同可分为生产的外部性和消费的外部性。 【举例说明】 （1）生产的正外部性——基础研究； （2）生产的负外部性——排放废气污染环境； （3）消费的正外部性——教育；	结合实例讲解四种类型的外部性，引发学生对新知识的兴趣。 （8分钟）

教学意图	教学内容	环节设计
	（4）消费的负外部性——二手烟。 启发式提问： 日常校园生活中哪些事情体现了外部性？ 【思政元素融入】 通过上述启发式提问的总结，引导学生时刻注意自己的行为给他人带来的影响，减少产生负外部性的行为，增加产生正外部性的行为。其中，正外部性的行为以道德规范为代表，引导学生回顾社会主义核心价值观中要求的八字公民基本道德规范"爱国、敬业、诚信、友善"，讨论分析个人的道德行为如何带来正外部性效应，倡导学生应谨记并遵守公民基本道德规范。	
	外部性与资源配置效率	
经济建模，理论分析	【图形分析】以生产的负外部性为例，说明市场失灵是如何产生的。负外部性中，市场行为主体所获得的私人收益大于社会收益，或私人成本低于社会成本（见图1）。 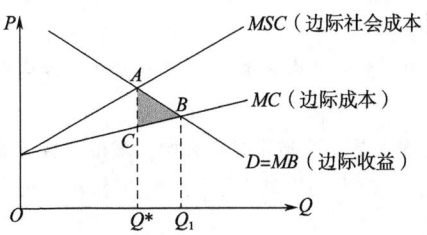 **图1 生产中的负外部性** 结合图形，利用无谓损失的概念，解释负外部性对社会福利的影响。 私人收益高于市场主体外部的社会收益，而私人成本却低于市场主体外部的社会成本，这意味着生产者或消费者在具有负外部性的经济活动上配置了更多的资源。 【板书】社会成本＝私人成本＋外溢成本 社会收益＝私人收益＋外溢收益 外部性的结果：社会收益≠私人收益 社会成本≠私人成本 私人决策：私人收益＝私人成本	结合经济学供需曲线分析方法，使学生直观理解外部性的资源配置失当问题。 （7分钟）

续表

教学意图	教学内容	环节设计
	【思考】如何用图形分析正外部性的情况？ 【答案】见图2。 图2 生产中的正外部性	
	垃圾分类案例分析	
案例导入，思政案例分析	【案例正文】 材料1：纪录片《垃圾围城》片段。 （图片为自由摄影师王久良于2010年4月拍摄于北京门头沟地区） 材料2：中央部署垃圾分类 勾画中国城市发展路线图。 15年前，从全国8个城市试点开始，城市垃圾分类打响"第一枪"。但十几年过去了，试点工作却依旧是进行时而非完成时。 2016年2月6日，《中共中央 国务院关于进一步加强城市规划建设管理工作的若干意见》（下简称《意见》）印发，2月21日，新华社刊发了《意见》全文。这是时隔37年重启的中央城市工作会议的配套文件，勾画了"十三五"乃至更长时期中国城市发展的"路线图"。《意见》的第二十三条提出，要加强垃圾综合治理，转变观念，利用新技术新设备，从源头上减少垃圾产生，大力解决垃圾围城问题，到2020年，力争将垃圾回收利用率提高到35%以上。 垃圾分类观念先行 对于垃圾分类，民众对其重要意义已有较深认识，也	案例导入与讨论。 （20分钟）

续表

教学意图	教学内容	环节设计
案例导入，思政案例分析	普遍支持，但要转化为实际行动，形成良好习惯，还需要很大努力。它要求民众改变旧的丢弃垃圾的习惯，培养环保的垃圾排放习惯，这不是一朝一夕能做好的。 　　城市生活垃圾收集处理与环境保护，不仅是政府和相关部门的工作，也离不开每一个公民的支持。《意见》提出，树立垃圾是重要资源和矿产的观念，建立政府、社区、企业和居民协调机制，通过分类投放收集、综合循环利用，促进垃圾减量化、资源化、无害化。 　　垃圾分类产业化、市场化势在必行 　　我国目前的垃圾量正以每年8%到10%的速度增长，垃圾处理业的前景十分可观。目前，国内很多城市都未建成完善的处置终端，导致垃圾分类功败垂成。很多时候，分类垃圾桶里的垃圾被一起倒进了同一辆垃圾清运车，最终又合在一起了，这就会导致居民的垃圾分类热情不高。 　　通过案例分析，使学生理解生活垃圾污染的外部性及垃圾分类的重要意义，引导学生思考解决外部性问题的方法。 　　《意见》提出，要"强化城市保洁工作，加强垃圾处理设施建设，统筹城乡垃圾处理处置，大力解决垃圾围城问题"。 　　推进垃圾分类处理的市场化运作，既可以减少政府在这方面的财政支出，又能带动产业发展促进就业。政府鼓励垃圾处理企业参与到垃圾分类、直运、处理流程中，由企业收集、运输、处理分好类的垃圾，而政府则只需要做好扶持监督工作，一方面通过减税等手段鼓励、扶持相关企业，另一方面要做好监管工作，防止企业在垃圾处理过程中对环境产生二次污染。《意见》要求，推进垃圾收运处理企业化、市场化，促进垃圾清运体系与再生资源回收体系对接。 　　（北极星固废网讯2016年2月23日） 　　材料3：北京将建600座生活垃圾分类驿站，"有价值可回收物"有偿收。 　　"卖不上价"的统统被拒收	案例导入与讨论。 （20分钟）

续表

教学意图	教学内容	环节设计
案例导入，思政案例分析	2020年5月，新修订的《北京市生活垃圾管理条例》开始实施，不少市民都渐渐习惯将家中的垃圾分类收集、分类投放。但不少辛辛苦苦分出的可回收物，却在"卖废品"的时候，遭到了废品收购点的"嫌弃"。市民既疑惑又觉得可惜，"好不容易分出的可回收物，收废品的不肯要，只能当作其他垃圾扔掉，太浪费了"。 据一处可再生资源回收点的回收人员称，沉甸甸的罐头瓶、啤酒瓶，又轻又占地方的泡沫快递箱，一车厢也装不进几件的木家具，"这些都不收"。工作人员坦言，"就算回收了，也不好卖，卖不上价"。所以，回收点往往只愿意接受书本、纸箱、塑料瓶等"售卖价值高"的可回收物。 今年全市新建改造提升600座生活垃圾分类驿站 居民分出有价值的可回收物，今后，将可在生活垃圾分类驿站有偿回收了。所谓生活垃圾分类驿站，就是全时投放点，支持厨余垃圾、有害垃圾、可回收物和其他垃圾等全品类垃圾的全时投放。分类驿站有专人值守，方便居民了解垃圾分类知识，提高正确投放率。对于有价值的可回收物，可以在分类驿站进行有偿回收，或由驿站服务人员上门回收。 鼓励"废品上门回收" 今年1月份，本市制定了《关于加强本市可回收物体系建设的意见》，要求居住小区（村）结合生活垃圾分类驿站设置可回收物交投点。本市将坚持政府推动、市场运作、社会参与、科学布局的原则，鼓励规模化企业全链条运营，促进企业开展低值可回收物回收；鼓励物业管理、环卫作业等机构共同参与，分工协作。《意见》提出，未采用上门回收的地区，应在生活垃圾分类固定桶站合理设置可回收物收集容器，方便市民投放。 《意见》鼓励可回收物经营者根据区域和人群特点，采用"两桶一袋"预约上门回收、旧货交易、积分回馈、"互联网+"、智能回收机柜自助回收等方式，保证从各个渠道收集的可回收物纳入规范管理。街道（乡镇）合理设立可回收物中转站，承担辖区内低值可回收	案例导入与讨论。 （20分钟）

续表

教学意图	教学内容	环节设计
案例导入，思政案例分析	物托底回收。可回收物经营者在回收过程中要做到"标识、车辆、着装、衡器、服务、编号"统一，同时在回收服务中做到"便民热线、回收人员信息、回收目录、回收价格、投诉电话"公开。（北京日报2021年3月3日） 讨论提纲： （1）生活垃圾、环境污染与负外部性的关系。 （2）城市垃圾分类为何迟迟难以实现？ （3）垃圾分类过程中哪些环节可以交由市场、哪些环节必须由政府参与，为什么？ （4）结合外部性理论分析废品回收行业的问题及其成因。 （5）你认为材料中提到的政府解决方案是否有效？你还有什么其他解决建议？ 【思政元素融入】 生态文明建设在治理环境污染中发挥了重要作用。	案例导入与讨论。 （20分钟）
	政府对外部性的治理	
初步了解政府对外部性治理的四种方法	（1）对产生外部不经济的活动实行管制或禁止的办法； （2）通过合并相关企业，使外部性"内部化"； （3）征税和补贴； （4）实行可转让的污染排放证制度。	讲授。 （5分钟）
	总结与课外延伸阅读	
加强对本节课内容的理解，将所学知识应用于解决日常生活问题	【总结】 对本次课程主要内容进行总结回顾，包括：核心概念、关键内容和主要理论分析方法。	讲授。 （3分钟）

三、教学效果分析

本课程通过教师讲授与学生参与相结合的方式，在传授专业理论的同时，锻炼了学生将课本知识转化为具体思维方式和体系的能力。思政效果方面，主要概括为以下三点：

首先，本课程以马克思主义基本原理为指导，将微观经济学中的外部性理论与马克思主义理论中的事物普遍联系的观点相结合，使学生理解市场中经济主体的相互影响，能够正确认识市场中的正外部性与负外部性。

其次，进一步的启发式提问将引导学生思考校园生活中的外部性问题，并时刻注意自己的行为对他人造成的影响，自觉养成良好的道德习惯，践行社会主义核心价值观。

最后，垃圾分类案例分析可帮助学生在思想层面认识到保护环境、生态文明建设的重要性，培养学生的环保意识，"从我做起"积极响应国家号召，贯彻落实生活垃圾分类处理的政策，为人与自然和谐发展贡献一己之力。

接种新冠疫苗，共筑免疫长城
——针对外部性的公共政策

崔 颖

一、课程思政元素发掘

本课程在授课时可能包含以下思政元素。

元素1 对我国当前的社会主义市场经济体制的理解——市场机制和宏观调控的有机结合。社会主义市场经济体制是中国特色社会主义的重大理论和实践创新。它是使市场在社会主义国家宏观调控下对资源配置起决定性作用的经济体制。它的基本特征包括以公有制为主体，以计划为指导，以达到共同富裕为目标，以坚持党的领导为政治保证。本节课讲到外部性会造成市场失灵，需要政府对市场自发配置资源的结果进行宏观调控。这是西方经济学理论的重点内容之一，应将其与中国特色社会主义经济制度联系在一起，利用中国故事、中国元素、中国文化将西方经济学讲授得具有中国意识和价值。

元素2 回顾我国在抗击疫情工作中取得的巨大成就，培养学生的民族自豪感。2020年的新冠疫情给全世界人民的生活带来了巨大冲击，彻底改变了世界政治、经济和文化格局。我国在短短数月的时间中有效控制住了疫情的蔓延和传播，这背后是党、国家、政府和千千万万医护工作者、志愿者的努力付出。我们在这次疫情管控中相比世界其他国家更快速、更有效，再次验证了中国制度的优越性。

元素3 疫苗具有正外部性，倡议学生积极接种疫苗，共筑免疫长城。在讲解了外部性的概念及影响后，教师以接种疫苗为例，分析消费的正外部性。在此过程中，教师可强调疫苗接种对其他人产生的积极外部影响，宣传个人接种疫苗对社会来说具有重要意义，引导学生培养社会责任心，为抗击疫情助一臂之力。在此基础上，适当拓展，鼓励学生思考生活中自己行为给身边人带来的正外部性和负外部性，由此引导学生应时刻注意自己行为给他人带来的影响，减少产生负外部性的行为，增加产生正外部性的行为。引导学生回顾社会主义核心价值观中要求的八字公民基本道德规范"爱国、敬业、诚信、友善"，讨论分析个人的道德行为如何带来正外部性效应，引导学生谨记并遵守公民基本道德规范。

二、教案设计

(一) 教学目标

本次课程，旨在使学生了解市场失灵以及导致市场失灵的原因，理解外部性对经济效率的影响，掌握解决市场失灵的方法，应用市场失灵理论分析经济现象。

(二) 教学内容

按照教学大纲的要求，本次课程的主要教学内容分为3个部分。

(1) 外部性的定义及特征；

(2) 外部性与资源配置效率；

(3) 政府对外部性的治理。

(三) 融入课程思政所采用的教学手段与方法

1. 在课前导言中引入中国特色社会主义市场经济体制

在本课程讲解开始之前，需要对整体知识框架进行简单的梳理。此前的章节一直在讲授市场机制如何自发实现资源配置，本次课从市场失灵的内容开始，讲授市场无法有效发挥资源配置作用，需要政府干预市场的情况。在此，自然引入社会主义市场经济体制，它是使市场在社会主义国家宏观调控下对资源配置起决定性作用的经济体制。它的基本特征包括以公有制为主体，以计划为指导，以达到共同富裕为目标，以坚持党的领导为政治保证。本次课讲到外部性会造成市场失灵，需要政府对市场自发配置资源的结果进行宏观调控。

2. 观看视频，回顾抗疫历程，感受中国制度的优越性

课堂运用多媒体技术观看视频，可将知识由静转动、由平面变立体，无形中增强了德育效果，调动了学生学习的积极性。在视频后结合小组讨论或启发式提问，学生更易踊跃发言，更具主动性和创新性，有助于创设平等和谐的课堂氛围。

3. 引导学生积极接种疫苗，为抗击疫情助一臂之力

在讲解了外部性的概念及影响后，以接种疫苗为例，分析消费的正外部性。在此过程中，引导学生树立社会责任心，为抗击疫情助一臂之力。在潜移默化中培养他们的道德感、民族自豪感和社会责任心，使正确的人生观、价值观、社会责任感和使命感，无形渗透到学生心中，从根本上实现德育教育的效果。

(四) 教学过程

教学意图	教学内容	环节设计
	内容回顾和知识框架	
导言：回顾已学内容，明确本节内容在整体知识框架中所处的位置，使学生能够将已学知识和将学知识建立联系	（1）已学内容回顾：此前章节均强调市场的有效性，尽管买者和卖者都以自己的利益最大化为目标，但在市场价格机制的作用下，市场可以自发实现资源的最优配置。 市场不是万能的。当市场在一些情况下无法使资源达到最优配置时，我们称之为市场失灵。 政府有必要在市场失灵的领域进行合理干预，以弥补市场机制的不足。我国现行的社会主义市场经济体制正是市场机制与宏观调控的有机结合。 在微观层面，市场失灵的原因主要有四个：市场势力、外部性、公共物品和信息不对称。 （2）建立知识框架：零散的知识点或独立的章节需要放在整体知识框架中才能显示出学科的脉络与体系。因此，本课程注重培养学生建立知识框架、运用思维导图总结记忆知识的能力，在开始时，会特别说明本节课的知识在课程知识框架中所处的位置，以及前后联系。 （3）本次课内容： 第一部分：外部性是什么（理解掌握）。 第二部分：外部性为什么会导致资源配置无效（重点）。 第三部分：怎么解决（了解）。 【思政元素融入】对我国当前的社会主义市场经济体制的理解——市场机制和宏观调控的有机结合。 西方经济学是以西方发达资本主义国家的经济运行为研究基础的，如不注意将其与中国实际和中国传统文化相联系，很容易造成学生对西方经济学的盲目崇拜。	多媒体演示、讲授。 （5分钟）
	外部性的定义及特征	
概念引入	（1）案例引入概念：工厂排污对周围环境的影响。	

续表

教学意图	教学内容	环节设计
紧扣教学大纲要求，让学生深入理解并掌握外部性的含义及特征	（2）外部性的定义：在社会经济活动中，一个市场主体的一项经济活动给其他市场主体带来好/坏的影响，而又不能使该市场主体得到相应的补偿或给予其他市场主体相应赔偿的时候，就会产生外部性。 【相关名词】外溢效应（spillover effect） （3）外部性的关键特征：伴随性、外侵性、非偿性。	多媒体演示，讲授。 （10分钟）
	外部性与资源配置效率	
案例分析：吸引学生注意力，调动学生思考积极性 经济建模理论分析：结合经济学供需曲线分析方法，使学生直观理解外部性的资源配置失当问题	【视频导入】过去两年，新冠疫情彻底改变了各国人民的生活——从经济到政治，再到每个人的社交方式和生活习惯。世卫组织表示，新冠病毒可能会与人类长期共存。过去这段时间，我国在抗击疫情上取得了巨大成功。我国人民和千千万万的医务工作者为抗击疫情做出了巨大贡献。现在，我们正在进行疫情防控阻击战的关键一战——接种新冠疫苗，共筑免疫长城。 疫苗接种中的一个值得思考的现象： （1）新冠疫苗研发成本高，耗资巨大，而这笔费用并没有由消费者承担，国家财政和医保基金为全民买单。 （2）免费并没有使人民争先恐后抢打疫苗，大家的接种积极性在初期并不高。 【思考】你觉得这一现象背后的原因是什么？ 成本收益理论分析。 ● 私人成本：金钱、时间、不确定性风险…… ● 私人收益：自身免疫。 ● 外部收益：未接种的易感人群被感染的机会降低。 社会收益＝私人收益＋外部收益 私人决策原则：私人收益 ＝ 私人成本 社会收益 ≠ 社会成本 **市场配置资源失当** 【图形分析】以生产的负外部性为例，说明市场失灵是如何产生的。负外部性中，市场行为主体所获得的	多媒体演示，画图，讲授。 （20分钟）

教学意图	教学内容	环节设计
	私人收益大于社会收益,或私人成本低于社会成本(见图1)。 **图1 消费中的正外部性** 结合图形,利用无谓损失的概念,解释正外部性对社会福利的影响。 私人收益低于市场主体外部的社会收益,这意味着消费者在具有正外部性的经济活动上配置的资源过少。 【板书】社会成本＝私人成本+外溢成本 　　　　社会收益＝私人收益+外溢收益 外部性的结果: 社会收益≠私人收益 ⎫ 社会成本≠私人成本 ⎬ 市场配置资源失当 私人决策:私人收益＝私人成本 ⎭ 【思考】如何用图形分析负外部性的情况? 【答案】见图2。 **图2 生产中的负外部性**	

续表

教学意图	教学内容	环节设计
	【思政元素融入】 回顾我国在抗击疫情中取得的巨大成就，使学生在学习专业知识的同时，进一步感受祖国的繁荣、富强、昌盛，以及中国人民团结一致、不懈努力实现中国梦的情怀。	
政府对外部性的治理		
案例拓展：使学生初步了解政府对外部性治理的四种方法	新冠疫苗接种中的政府作为： 新冠疫苗免费提供；接种疫苗领取福利；"接地气"的宣传标语；"应接尽接"等标示。 政府对外部性的治理方法： （1）征税和补贴； （2）宣传教育、道义劝告； （3）通过合并相关企业，使外部性"内部化"； （4）明细产权。 【思政元素融入】引导学生积极接种疫苗，为抗击疫情助一臂之力。	多媒体演示、讲授。 （6分钟）
总结与课外延伸阅读		
课程总结内容回顾	【总结】对本次课程主要内容进行总结回顾，包括核心概念、关键内容和主要理论分析方法。	多媒体演示、讲授。 （6分钟）
延伸阅读	［1］张连城．经济学教程［M］．北京：经济日报出版社，2007. ［2］曼昆．经济学原理：微观经济学分册［M］．梁小民，等，译．北京：北京大学出版社，2012. ［3］范里安．微观经济学：现代观点［M］．上海：上海格致出版社，2015. ［4］COSASE R. The problem of social cost［J］. Journal of law and economics, October 1960：1-44. 【说明】图书［1］～［3］是教材，由于不同教材的侧重点不同，课后补充阅读这些教材有助于学生深入理解外部性。文章［4］是科斯定理提出的原文，提供给对此部分内容感兴趣的学生阅读。	讲授。 （5分钟）

三、教学效果分析

　　本课程通过理论学习和案例讨论，催化学生的发散性思维，加深了学生对理论的理解，同时提高了学生学以致用的能力，使其能够运用经济学的分析方法解释实际生活中的经济现象、解决实际问题。思政内容方面，本课程主要实现以下三点教学成效：首先，将西方经济学中的外部性治理理论与中国特色社会主义经济制度联系在一起，利用中国故事、中国元素、中国文化将西方经济学讲授得具有中国意识和价值。其次，引导学生回顾我国在抗击疫情工作中取得的巨大成就，培养学生的民族自豪感。让学生认识到中国制度的优越性在这次疫情抗击中发挥了重要作用。最后，倡议学生积极接种疫苗，共筑免疫长城。强调疫苗接种对其他人产生的积极外部影响，宣传个人接种疫苗对社会来说具有重要意义，引导学生建立社会责任心，为抗击疫情助一臂之力。

从反垄断看中国特色社会主义的制度优势

兰无双

一、课程思政元素发掘

本课程在授课时可能包括以下思政元素。

元素1 理解中国特色社会主义市场经济的内涵。党的十八届三中全会提出的一个重大理论观点是,要使市场在资源配置中起决定性作用和更好发挥政府的作用。习近平总书记指出,市场经济本质上就是市场决定资源配置的经济。在党的十九大报告中,习近平再次提出要"构建市场机制有效、微观主体有活力、宏观调控有度的经济体制,不断增强我国经济创新力和竞争力",要"加快完善社会主义市场经济体制。经济体制改革必须以完善产权制度和要素市场化配置为重点,实现产权有效激励、要素自由流动、价格反应灵活、竞争公平有序、企业优胜劣汰"。只有真正认识"使市场在资源配置中起决定性作用"的定位,才能夺取我国经济改革的更大胜利,实现中华民族伟大复兴的中国梦。

元素2 树立"四个自信"。2012年11月8日,胡锦涛同志代表党的十七届中央委员会向中国共产党第十八次全国代表党的大会作了题为《坚定不移沿着中国特色社会主义道路前进 为全面建成小康社会而奋斗》的报告,报告中指出了"三个自信",即"道路自信、理论自信、制度自信"。2016年7月1日,习近平总书记在庆祝中国共产党成立95周年大会上明确提出:中国共产党人"坚持不忘初心、继续前进",就要坚持"四个自信"即"中国特色社会主义道路自信、理论自信、制度自信、文化自信"。"四个自信"的重要论述,创造性地拓展了党的十八大提出的中国特色社会主义"三个自信"的谱系,凸显了中国特色社会主义的文化根基、文化本质和文化理想,标志着我们党对中国特色社会主义有了更加明确而开阔的文化建构。

元素3 依法反垄断的法治精神。2020年年底的中央经济工作会议将"强化反垄断和防止资本无序扩张"列为2021年八项重点任务之一。这是中央层面近期又一次提及"反垄断"。此前,中共中央政治局12月11日召开会议,就提出"强化反垄断和防止资本无序扩张"。11月30日,中共中央政治局第二十五次集体学习上也提出"要统筹做好知识产权保护、反垄断、公平竞争审查等工作，促进创新要素自主有序流动、高效配置"。反垄断是高水平社会主义市场经济体制的内在要求，也是我国改革进程中的一项重点任务。结合近期几次会议释放出的信号，"依法反垄断"工作必将成为今后一段时间内有关部门和社会舆论的发力点与聚焦点。

二、教案设计

（一）教学目标

1. 知识目标

不完全竞争市场理论介绍了垄断厂商短期均衡理论和长期均衡理论，由此进一步分析了垄断厂商能够实现价格差别。要求学生掌握垄断厂商长期、短期均衡的形成、条件以及长期均衡的盈亏状态，说明垄断企业的定价策略以及政府对此的管制。

2. 能力目标

通过本节课程的学习，让学生了解垄断市场的特点、条件以及经济效率，学会运用微观经济学分析工具说明垄断的优势和缺陷，了解应对垄断问题的微观经济政策。

3. 价值目标

培养学生树立反垄断的法治意识；培养学生树立中国特色社会主义的"四个自信"；使学生认识到中国特色社会主义的制度优势，理解党的领导在国家治理现代化中的关键地位。

（二）教学内容和教学重点与难点

1. 教学内容

完全垄断市场的特征，完全垄断厂商的短期均衡和供给曲线，完全垄断厂商的长期均衡，价格歧视，完全垄断市场的效率与微观经济政策。

2. 教学重点

完全垄断市场的短期均衡和长期均衡，垄断厂商的供给曲线，完全垄断市场的效率。

3. 教学难点

垄断厂商价格歧视的概念与分类，处理垄断问题的微观经济政策。

（三）教学对象分析

1. 知识基础分析

本课程的教学对象为经管类专业本科大一学生。学习此课时，学生已接触到微观经济学的供求均衡理论、效用理论、生产论、成本论等知识，具备一定的高等数学、政治经济学和微观经济学基础。然而,微观经济学中的市场结构理论是他们首次接触的全新知识点。因此,本课程重点在于灵活运用具体实例,帮助学生深入理解垄断市场理论,并在其中贯穿规范的经济学分析方法,培养学生缜密的微观经济逻辑思维能力。

2. 思维方式的特点

生于互联网时代的"00后"学生表现出很多不同于过去学生的特点,他们思维活跃、知识面广、信息来源多、更加注重个人兴趣。但正因为如此,他们的知识过于碎片化,知识迁移能力较差,思维缺乏逻辑性。针对学生的上述思维特点,本课程将在教学过程中更多地从他们感兴趣的现实案例入手,让学生在教师的引导下将理论知识与现实生活相结合,将课堂学到的理论知识迁移应用于日常生活中,使其体会到经济学学习的价值,并对之产生兴趣。做到理论从现实生活中来,还应回到现实生活中去。

(四) 教学方法与手段

1. 教学方法

(1) 知识讲解。微观经济学是一门比较抽象的经济学基础理论课,大多数学生对它缺乏兴趣。鉴于此,教师应在课堂中运用多媒体演示、视频和板书相结合的方式开展教学,通过动态的多媒体演示、生动的案例教学法和自然的思考逻辑链,吸引学生的注意力,帮助学生较为容易地进入微观经济学的理论世界中。

(2) 案例分析。为增强学生的学习积极性,培养他们建立理论联系实际的思维模式,课堂上应始终贯穿实际案例,这些案例都是学生身边的故事,容易引起学生的共鸣和思考。例如,美国对中国的芯片封锁严重扰乱了国际市场秩序、破坏了世界芯片市场上的竞争,对全球人民造成了巨大的效率损失;阿里巴巴集团涉嫌滥用垄断地位,限制平台内经营者在其他竞争性平台开店或者参加其他竞争性平台促销活动,排除、限制了相关市场竞争,损害了平台内经营者和消费者的利益,因此,遭到了182.28亿元的行政处罚。

(3) 引导学生现学现用。新时代青年学生往往注重知识的价值,以及所学知识能否在未来的学习生活中发挥作用。因此,本课程有意识地培养学生运用垄断市场的基本原理思考经济生活中的垄断和反垄断问题,让学生具备分析垄断和反垄断问题的视野和思维模式,了解处理相关问题的微观经济政策。

2. 教学手段

(1) 多媒体演示。运用多媒体演示将全部课程内容呈现出来,包括文字、表格、图片等多种形式。

(2) 板书。在对数理模型进行说明的时候,单纯依靠多媒体演示无法让学生跟上课堂节奏,这时板书是很好的选择,板书推导公式可以让学生跟着教师的节奏一步一步地完成模型推导。

(五) 教学过程

1. 教学设计思路

(1) 以几个现实案例引出本节课程的主题,提出垄断的概念和垄断的利弊请学生思考。以发生在身边或者学生可以在互联网上了解到的真实事件为切入点,引起学生的兴趣和思考,调动学生的积极性,活跃课堂氛围,为后面的理论内容讲解做好铺垫。

课程思政的体现:学习党的十八届三中全会提出的重大理论观点,即要使市场在资源配置中起决定性作用和更好发挥政府作用;理解我国依法反垄断和推动国家治理现代化的重要意义。

(2) 通过提出问题、分析问题和解决问题的思路完成垄断市场教学单元的课程内容,使学生对垄断理论模块有一个总体性认识,在理解完全竞争市场效率的基础上认识到垄断市场的一些缺陷。

课程思政的体现:从微观经济学的角度理解党和人民开创的中国特色社会主义基本经济制度的重要意义,树立"四个自信"。

(3) 对关键的概念进行解释和分析,帮助学生运用垄断理论认识一些社会经济问题,并了解处理垄断问题的微观经济政策。

课程思政的体现:充分认识党的十九大提出的实现"要素自由流动、价格反应灵活、竞争公平有序、企业优胜劣汰"的经济体制改革目标。

2. 教学过程安排

根据教学要求和教学计划,对教学进程进行系统安排,本着提出问题、分析问题和解决问题的总体思路进行教学安排。始终以问题为导向、分析为重点、应用为巩固和目的的原则,加强学生的学习效果。教学进程安排如下:

教学意图	教学内容	环节设计
完全垄断市场的特征		
导言	简要回顾上节课的内容,使学生回想完全竞争市场中厂商的短期供给曲线和长期供给曲线,以及该市场的资源配置效率。现实中,完全竞争市场代表着一种极端情况,另一极端情况是完全垄断市场。	多媒体演示、讲解。 (1分钟)

续表

教学意图	教学内容	环节设计
问题的引入	信息技术和互联网行业的垄断问题。	讲解、多媒体演示。 （2分钟）
本节课程总体框架	（1）完全垄断市场的特征； （2）完全垄断厂商的短期均衡和供给曲线； （3）完全垄断市场的长期均衡； （4）价格歧视； （5）完全垄断市场的效率与微观经济政策。	使学生了解本节课涉及的主要内容。 （1分钟）
	完全垄断市场	
掌握垄断市场的概念，垄断市场的条件，以及形成垄断的原因	垄断市场：指整个行业中只有唯一的一个厂商的市场组织。 　　垄断市场需具备如下三个条件：其一，市场上只有唯一的一个厂商生产和销售商品；其二，该厂商生产和销售的商品没有任何相近的替代品；其三，其他任何厂商进入该行业都极为困难或不可能。 　　垄断厂商可以控制和操纵市场价格。 　　形成垄断的原因：第一，独家厂商控制了生产某种商品的全部资源或基本资源的供给；第二，独家厂商拥有某种商品的专利权；第三，政府特许；第四，自然垄断。	讲解、多媒体演示、板书。 （3分钟）
	垄断厂商的短期均衡和供给曲线	
掌握垄断厂商的需求曲线和收益曲线，掌	（1）垄断厂商的需求曲线：由于垄断市场中只有一个厂商，所以，市场的需求曲线就是垄断厂商所面临的需求曲线，它是一条向右下方倾斜的曲线。 　　（2）垄断厂商的收益曲线（见图1）。关于截距：$d(AR)$ 曲线和 MR 曲线的纵截距相等。	讲解、多媒体演示、板书。 （8分钟）

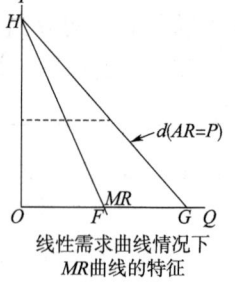

线性需求曲线情况下
MR 曲线的特征

图1　边际收益曲线

教学意图	教学内容	环节设计
握垄断厂商的线性需求曲线 d（AR）与边际收益曲线 MR 之间的关系 掌握垄断厂商的短期均衡条件和短期均衡的三种情况，学会运用数形结合的方式分析垄断厂商的利润最大化行为	MR 曲线的横截距是 d 曲线横截距的一半。 MR 曲线平分由纵轴到需求曲线 d（AR）的任何一条水平线。 　　垄断厂商在短期均衡点上可以获得最大利润，可以利润为零，也可以蒙受最小亏损（见图2）。 图 2　垄断厂商的短期均衡条件：$MR=SMC$	
掌握垄断厂商无法形成有规律的供给曲线的原因，学会运用图形分析予以说明	垄断厂商的供给曲线：供给曲线表示在每一个价格水平上生产者愿意而且能够提供的产品数量。它表现产量和价格之间的一一对应的关系（见图3）。	讲解、多媒体演示、案例分析、互动教学。 （7分钟）

续表

教学意图	教学内容	环节设计
	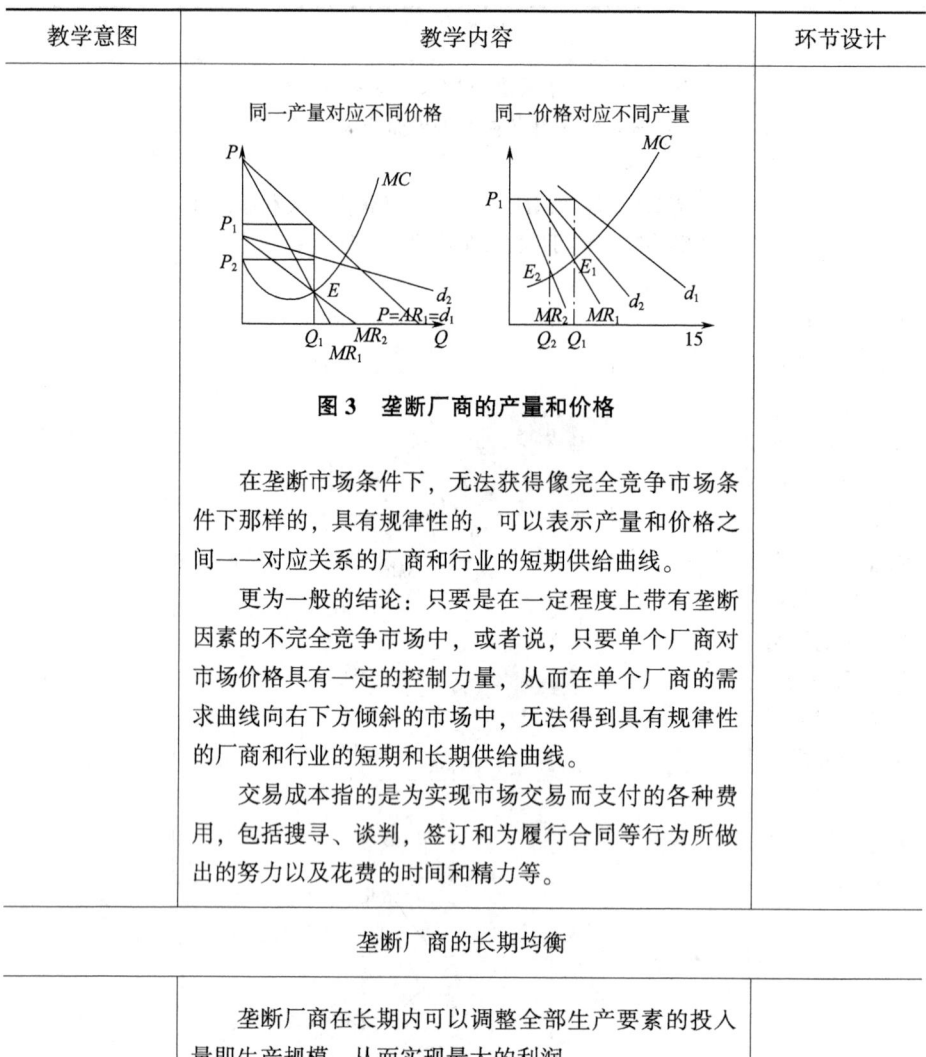

图 3　垄断厂商的产量和价格

在垄断市场条件下，无法获得像完全竞争市场条件下那样的，具有规律性的，可以表示产量和价格之间一一对应关系的厂商和行业的短期供给曲线。

更为一般的结论：只要是在一定程度上带有垄断因素的不完全竞争市场中，或者说，只要单个厂商对市场价格具有一定的控制力量，从而在单个厂商的需求曲线向右下方倾斜的市场中，无法得到具有规律性的厂商和行业的短期和长期供给曲线。

交易成本指的是为实现市场交易而支付的各种费用，包括搜寻、谈判、签订和为履行合同等行为所做出的努力以及花费的时间和精力等。 | |
| | 垄断厂商的长期均衡 | |
| 掌握垄断厂商的三种长期均衡结果和长期均衡条件，学会运用图形分析进行说明 | 垄断厂商在长期内可以调整全部生产要素的投入量即生产规模，从而实现最大的利润。

垄断厂商在长期的三种均衡结果：其一，垄断厂商在短期内是亏损的，但在长期内又不存在一个可以使它获得利润的最优生产规模，于是，该厂商退出生产。其二，垄断厂商在短期内是亏损的，在长期内，它通过对最优生产规模的选择，摆脱了亏损的状况，甚至获得利润。其三，垄断厂商在短期内利用既定的生产规模获得利润，在长期中，它通过对生产规模的调整，使自己获得更大的利润（见图4）。 | 讲解、多媒体演示、板书。

（10分钟） |

教学意图	教学内容	环节设计
	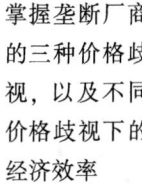

图 4 垄断厂商的长期均衡

垄断厂商的长期均衡条件：$MR=LMC=SMC$ | |
| | 价格歧视 | |
| 掌握垄断厂商的三种价格歧视，以及不同价格歧视下的经济效率 | 以不同价格销售同一种产品，被称为价格歧视。垄断厂商进行价格歧视必须具备的两个条件。

一级价格歧视：如果厂商对每一单位产品都按消费者所愿意支付的最高价格出售，这就是一级价格歧视。一级价格歧视也被称作完全价格歧视（见图5）。

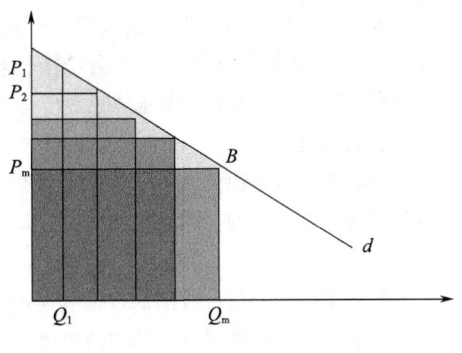

图 5 一级价格歧视

二级价格歧视：要求对不同的消费数量段规定不同的价格。

三级价格歧视：对同一产品在不同市场上或对不同消费群收取不同的价格，例如，"黄金时间"和"非黄金时间"。 | 讲解、多媒体演示、板书。

（6分钟） |

续表

教学意图	教学内容	环节设计
	垄断市场的效率和微观经济政策	
掌握垄断对经济的有利之处和不利之处，掌握处理垄断问题的基本微观经济政策	垄断对经济发展的不利之处：生产资源的浪费，社会福利的损失，垄断者凭借其垄断地位而获得的超额利润加剧了社会收入分配的不平等，阻碍技术进步（见图6）。 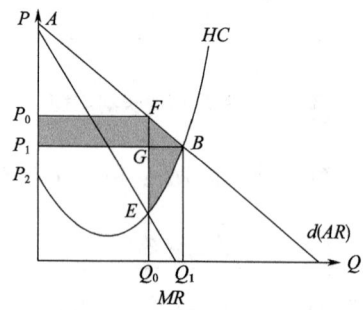 **图6 垄断市场的福利损失** 垄断对经济发展的有利之处：有些完全垄断并不是以追求垄断利润为目的的，这些公用事业往往投资大、周期长、利润率低，但又是人民生活所必需的。这样的公用事业由政府进行垄断会给全社会带来好处；垄断厂商具有更雄厚的资金与人力，从而能更有力地促进技术进步。 垄断常常导致资源配置缺乏效率。此外，垄断利润也被看成是不公平的，因而有必要对垄断进行政府干预。 政府对垄断的干预：对垄断价格和垄断产量的管制、反垄断法、行政处罚（比如对阿里集团的处罚）。	讲解、多媒体演示、板书。 （7分钟）

三、教学效果分析

本课程的教学内容和课程设计符合经管类专业本科一年级学生的知识水平和认知能力，利用多种教学手段，尤其是以案例教学营造出的课堂氛围，有效地激发了学生的学习兴趣和思考意愿，有助于学生结合社会经济现象掌握相关理论，达到学以致用、经世济民的目的；有助于提高学生分析问题、解决问题的能力。本课程为学生介绍的理论概念和分析工具，能够使学生深刻地感受到垄断给经济和民生带来的不良后果，理性、客观地看待垄断的利弊和政府针对垄断可以运用的微观经济政策。

  本课程始终贯穿着对经济资源的有效使用，在我国着力推进社会主义市场经济建设的背景下，通过本课程的学习，有助于学生更好地理解党中央关于使市场在资源配置中起决定作用和更好发挥政府作用的重要观点，市场机制能够有效地配置资源，促进经济发展，但也存在垄断影响竞争秩序、阻碍技术进步的情况，需要更好地发挥政府作用。要更好地发挥政府作用，就要能够"节制"垄断资本，不同于西方垄断资本主义国家，中国在中国共产党的领导下，确立了社会主义制度，创造了有效管理垄断企业的政治制度和经济制度。随着改革开放和市场化进程的推进，中国共产党带领广大人民进一步完善了我国的社会主义制度，根据国情建立和完善了中国特色社会主义制度。通过本课程的学习，有助于引导学生从垄断企业的管理层面理解中国特色社会主义制度的优越性，牢固树立"四个自信"，坚持和弘扬我国反垄断的法治精神。

"绿水青山就是金山银山"
——基于市场失灵的解读

兰无双

一、课程思政元素发掘

本课程在授课时可能包含以下思政元素。

元素1 树立科学发展观。党的十六届三中全会明确提出,要"坚持以人为本,树立全面、协调、可持续的发展观"。2004年3月10日,在中央人口资源环境工作座谈会上,胡锦涛对科学发展观的深刻内涵和基本要求做了进一步阐述,提出要坚持以人为本、全面发展、协调发展、可持续发展。2007年10月,中共十七大对科学发展观的时代背景、科学内涵、精神实质和根本要求做了全面而系统的概括。报告指出:"科学发展观,第一要义是发展,核心是以人为本,基本要求是全面协调可持续,根本方法是统筹兼顾。"大会还将科学发展观写入党章。2012年11月,中共十八大把科学发展观确定为党必须长期坚持的指导思想。以胡锦涛同志为总书记的党中央提出以人为本,全面、协调、可持续的发展观,是我们党对二十多年来改革开放实践经验的科学总结,对社会主义现代化建设规律认识的深化,反映了中国共产党对发展问题的新认识,体现了全面建设小康社会的迫切要求。

元素2 理解习近平提出的"绿水青山就是金山银山"重要思想。习近平总书记一直十分重视生态环境保护问题,十八大以来多次对生态文明建设做出重要指示,在不同场合反复强调:"绿水青山就是金山银山。"生态环境与人民生活息息相关。2013年4月,习近平在海南考察时就曾强调,"良好生态环境是最公平的公共产品,是最普惠的民生福祉。"过去几十年来,中国经济社会发展取得历史性成就,但也承担了资源环境方面的代价。当下,人民群众对清新空气、清澈水质、清洁环境等生态产品的需求越来越迫切。"环境就是民生,青山就是美丽,蓝天也是幸福",习近平这样指出。在他眼中,生态环境与人民生活质量息息相关。"小康全面不全面,生态环境质量是关键。"能否解决生态破坏严重、生态灾害频繁、生态压力巨大等问题,直接关系着人民群众对全面小康的认可度和满意度。"绿水青山就是金山银山",是习近平对如何更好造福人民、提升全面小康含金量的思考。习近平对生态环境保护提出的一系列要求,归纳起来就是要顺应人民对良好生态环境的期待。

二、教案设计

(一)教学目标

1. 知识目标

通过本节课程的学习,使学习能够掌握市场失灵的概念和导致市场失灵的原因,理解外部性、公共物品对经济效率的影响。

2. 能力目标

通过本节课程的学习,使学习能够运用微观经济学的分析工具认识市场失灵现象,掌握解决市场失灵的办法和相关微观经济政策。

3. 价值目标

培养学生爱护环境、爱我河山的意识,培养学生形成中华民族长远发展、永续发展的觉悟,树立以人为本的科学发展观。

(二)教学内容和教学重点与难点

1. 教学内容

市场机制的局限性和市场失灵;外部性概念,外部性的特征,科斯定理,处理外部性的微观经济政策;公共物品和公共资源。

2. 教学重点

市场失灵的原因,外部性导致资源配置无效率的原因,公共物品的特征;理解外部性的解决方法,公共物品导致资源配置无效的原因。

3. 教学难点

理解非排他性和非竞争性是导致一种物品成为公共物品的原因,掌握公共资源与公共物品的差异。

(三)教学方法与手段

1. 知识讲解

微观经济学是一门比较抽象的经济学基础理论课,大多数学生对它缺乏兴趣。鉴于此,在课堂中运用多媒体演示、视频和板书相结合的方式开展教学,通过动态的多媒体演示、生动的案例教学法和自然的思考逻辑链,吸引学生注意力,帮助学生较为容易地进入微观经济学的理论世界中。

2. 案例分析

为增强学生的学习积极性,培养他们建立理论联系实际的思维模式,课堂上始终贯穿实际案例,这些案例都是学生身边的故事,容易引起学生的共鸣和思考。例如，日本准备将核污染废水排入太平洋，这将有可能破坏海洋生态并影响周边国家海洋渔业；某些企业将生产污水排入河流污染了河流两岸人民的饮用水源，造成居民饮水健康安全问题；生活中很多吸烟人士会对周边人群造成吸入二手烟的影响。

3. 引导学生现学现用

新时代青年学生往往注重知识的价值，以及所学知识能否在未来的学习生活中发挥作用。因此，本课程有意识地培养学生运用市场失灵的基本原理思考日常生活中的市场失灵问题，让学生具备分析市场失灵问题的视野和思维模式，了解处理相关问题的微观经济政策。

4. 教学手段

（1）多媒体演示。运用多媒体演示将全部课程内容呈现出来，包括文字、表格、图片等多种形式。

（2）板书。在对数理模型进行说明的时候，单纯依靠多媒体演示无法让学生跟上课堂节奏，这时板书是很好的选择，板书推导公式可以让学生跟着教师的节奏一步一步地完成模型推导。

（四）教学过程

1. 教学设计思路

（1）以几个现实案例引出本节课程的主题，提出市场失灵和外部性等概念请学生思考。以发生在身边或者学生可以在互联网上了解到的真实事件为切入点，引起学生的兴趣和思考，调动学生的积极性，活跃课堂氛围，为后面的理论内容讲解做好铺垫。

课程思政的体现：学习党的十八届三中全会提出的重大理论观点，即要使市场在资源配置中起决定性作用和更好发挥政府作用。理解政府在纠正市场失灵，保护自然环境和维护生态安全中的关键作用。

（2）通过提出问题、分析问题和解决问题的思路完成市场失灵教学单元的课程内容，使学生对市场失灵理论模块有一个总体性认识，在理解市场机制作用的基础上能够认识到市场在资源配置中的一些缺陷。

课程思政的体现：从经济学的角度理解习近平总书记提出的"绿水青山就是金山银山"重要思想，把握党中央提出的科学发展观对于我国实现可持续发展的战略意义。

（3）对关键的概念进行解释和分析，帮助学生运用市场失灵理论认识一些社会经济问题，并了解处理市场失灵的微观经济政策。

课程思政的体现：培养学生爱护自然环境，以及维护国家生态和环境安全的意识。

2. 教学过程安排

根据教学要求和教学计划,对教学进程进行系统安排,本着提出问题、分析问题和解决问题的总体思路进行教学安排。始终以问题为导向、分析为重点、应用为巩固和目的的原则,增强学生的学习效果。教学进程安排如下:

教学意图	教学内容	环节设计
	市场失灵的概念	
导言	简要回顾上节课的内容,使学生回忆市场机制的作用,有效配置资源。现实中,帕累托最优状态通常不能实现,"看不见的手"一般来说并不成立。	多媒体演示、讲解。(1分钟)
问题的引入	日本核废水处理。	讲解、多媒体演示。(2分钟)
本节课程总体框架	(1) 市场失灵:定义与根源; (2) 外部性; (3) 公共物品和公共资源。	讲解、多媒体演示。(1分钟)
掌握市场失灵的概念和造成市场失灵的原因	市场失灵:也称"市场障碍""市场失败""市场失效",意味着市场力量没有将我们的经济体系引向生产可能性曲线的最佳点。 市场缺陷主要表现在两个方面: 第一,市场不完全。现实经济中没有哪个国家的市场是完全竞争的市场,同时,竞争性的市场体系也不可能囊括人类所有的经济活动。 第二,市场功能局限。市场配置资源的结果可能在道义上和政治上都是无法令人接受的。 从市场不完全来看,市场失灵的原因主要是在经济中存在外部性、公共物品、信息不完全和垄断。	讲解、多媒体演示、板书。(3分钟)

续表

教学意图	教学内容	环节设计
	外部性及其特征	
掌握外部性的特征、外部性导致的资源配置失当、学会使用相关经济学分析工具	外部性：在市场经济中，当某一市场主体的一项经济活动给其他市场主体带来好的或坏的影响，而又不能使该市场主体得到相应的补偿或给予其他市场主体相应的赔偿时，就会产生外部性。 正外部性：某一市场主体的经济活动使其他市场主体或社会成员受益，而该市场主体却又不能因此得到补偿。其特征是市场行为主体所获得的私人收益小于社会收益，或私人成本高于社会成本。 负外部性：某一市场主体的经济活动使其他市场主体或社会成员受损，而该市场主体却又不能因此得到赔偿。其特征是市场行为主体所获得的私人收益大于社会收益，或私人成本低于社会成本。 （1）生产的外部经济：企业培训。 （2）消费的外部经济：子女的良好教育。 （3）生产的外部不经济：企业排污。 （4）消费的外部不经济：二手烟。 （5）外部性与资源配置的效率。 只要存在外部性，市场机制配置资源的效率就会降低，帕累托最优状态也就无法实现（见图1）。 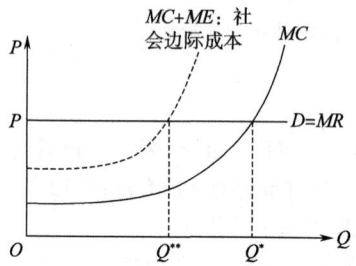 **图1 资源配置失当：生产的外部性** 正外部性：私人收益小于市场主体外部的社会收益，而私人成本却高于市场主体外部的社会成本，这意味着生产者或消费者对社会福利的贡献没有得到应有补偿。 负外部性：私人收益高于市场主体外部的社会收益，而私人成本却低于市场主体外部的社会成本，这意味着生产者或消费者在具有负外部性的经济活动上配置了更多的资源。	讲解、多媒体演示、板书。 （10分钟）

教学意图	教学内容	环节设计
掌握处理外部性的方法和微观经济政策	解决外部性的第一种方法：明晰产权与科斯定理。 外部性之所以存在并导致市场失灵，通常与产权界定不清晰相关。 科斯定理：只要产权明晰，并且其交易成本为零或很低，则无论在开始时将产权赋予谁，市场交易的最终结构都是有效率的。 交易成本指的是为实现市场交易而支付的各种费用，包括搜寻、谈判、签订和为履行合同等行为所做出的努力以及花费的时间和精力等。 人们不能或不愿意通过市场交易解决问题的原因：产权没有明确界定，交易费用过高。 解决外部性的第二种方法：政府对外部性的控制。 （1）对产生外部不经济的活动实行禁止的办法； （2）对产生负外部性的经济活动进行管制； （3）通过合并相关企业，使外部性"内部化"； （4）征税和补贴； （5）实行可转让的污染排放证制度。	讲解、多媒体演示、案例分析、互动教学。 （10分钟）
	公共物品和公共资源	
掌握公共物品特征与分类	一种物品具有排他性是指该物品具有的可以阻止一个人使用它的特性。 排他性：如汉堡包、网络接口。 非排他性：如调频广播信号、国防、基础教育。 一种物品具有消费中的竞争性是指一个人使用该物品将减少其他人对它的使用的特性。 竞争性：如汉堡包。 非竞争性：如PPT拷贝。 私人物品：在消费中既有排他性又有竞争性，如：食品、衣服。 俱乐部物品：在消费中有非竞争性，但有排他性，如：高速公路。 公共物品：在消费中有非竞争性，有非排他性，如：国防、路灯、基础设施。 公共资源：在消费中有竞争性，但没有排他性，如：公共草场、野生动物。	讲解、多媒体演示、板书。 （5分钟）

续表

教学意图	教学内容	环节设计
掌握公共物品导致资源配置低效率原因	搭便车：公共物品难以在私人市场上提供，这是因为搭便车者问题。 搭便车者：得到一种物品的利益但避开为此付费的人。如果物品具有非排他性，人们就会有激励搭便车；企业不能阻止不付费者消费该物品。 原因：产权界定不清、外部性、公共产品在技术上难以分割。 结果：资源配置低效率。 资源配置效率：公共物品价格往往不完全，甚至根本无须付费。因此，市场机制对公共物品的调节作用是有限额的，甚至是无效的。 如果单纯依靠市场机制调节公共物品的生产或供给，其产出可能为零。 市场所提供的公共物品将无法满足社会需求，即市场机制分配给公共物品生产的资源不足。 资源不能得到有效配置，帕累托状态无法实现，市场失灵。 见图2。 公共物品的均衡模型，每个消费者的 $MR=MC$ ； 社会的 MR 是二人的 MR 之和，社会的 $MR=MC$ 图2　私人物品和公共物品的最优数量 政府提供公共物品的方法： （1）政府直接生产和经营公共物品，例如：国防、公安、造币、基础设施、公益事业。	讲解、多媒体演示、板书 （6分钟）

续表

教学意图	教学内容	环节设计
	（2）政府对公共物品的生产进行参与和调节。 签订合同（例如：基础设施）； 授予私人企业经营权（例如：自来水、电话、供电、电视台、广播电台）； 给予经济资助（例如：教育、研发、卫生、博物馆）； 政府参股（例如：桥梁、发电站、高速公路、铁路、飞机）； 社会服务（例如：慈善机构、基金会）。	
掌握公共资源的特征与配置效率	公共资源的特征：与公共物品一样，公共资源也没有排他性。 公共资源配置效率：企业没有激励提供这种物品。 公共资源的附加问题：消费中的竞争性。一个人的使用会减少另一个人对它的使用。 政府：确保它们不被过度使用。 案例：公有地悲剧。 一片公共草地向牧民完全开放，可以用来放牧牛群。只有牛群的数量控制在一定范围内的时候，既可以使牛吃得膘肥肉嫩，也能使草地处于自然恢复的良性循环，保持肥沃。随着牛群数量的增加，草地在每头牛身上创造出来的价值在减少。 假设这块草地共养2头牛时，每头牛可以带来收益20 000元；养3头牛时，每头牛可以带来收益15 000元；养4头牛时，每头牛可以带来收益8 000元。 假设牧民甲和牧民乙都在这块草地上养牛，每个牧民可以自己决定是养1头牛还是养2头牛，那么会出现什么情况呢？ 所有牧民都增加牛的数量，草地被过度放牧。 解决方法： （1）征税、发放许可证：公地悲剧发生的原因在于私人使用该资源的成本小于社会成本。政府可以通	讲解、多媒体演示、板书。 （7分钟）

续表

教学意图	教学内容	环节设计
	过税收、发放许可证等来增加企业或个人使用该资源的成本,使个人成本和社会成本达到一致。 (2) 把土地平分:尽可能地使资源的产权明确、产权稳定。	

三、教学效果分析

本课程的教学内容和课程设计符合经管类专业本科一年级学生的知识水平和认知能力,利用多种教学手段,尤其是以案例教学营造出的课堂氛围,有效地激发了学生的学习兴趣和思考意愿,有助于学生结合社会经济现象掌握相关理论,达到学以致用、经世济民的目的,有助于提高学生分析问题、解决问题的能力。本课程为学生介绍的理论概念和分析工具,能够使学生深刻地感受到环境污染和生态安全问题的不良后果,理性、客观地看待市场失灵和政府作用。

本课程始终贯穿着对经济资源的有效使用问题,在我国着力推进社会主义市场经济建设的背景下,通过课程学习,有助于学生更好地理解党中央关于使市场在资源配置中起决定作用和更好发挥政府作用的重要观点,市场机制能够有效地配置资源,促进经济发展,但也存在市场失灵的情况,需要更好地发挥政府作用。通过本课程的学习,学生能够更好地认识科学发展观和可持续发展的意义,体会习近平总书记"绿水青山就是金山银山"思想的深刻用意和长远眼光,更好地理解中央环境督查组成立的重大现实意义。本课程的学习有利于促进学生强化爱护环境、助力中华民族永续发展的责任心和使命感。

短期生产函数

宋瑶瑶

一、课程思政元素发掘

本课程在授课时可能包含以下思政元素。

元素 1 引导青年学生踏实干事。我国在"十三五"决胜全面建成小康社会阶段取得了决定性成就,尤其是 2020 年以来新冠肺炎疫情防控取得重大战略成果,这说明只有坚定理想信念,坚定踏实干事,最终才能在工作和生活中得偿所愿。

元素 2 引导青年学生用全面、辩证、长远的眼光做事。习近平总书记在参加全国政协十三届三次会议经济界委员联组会时指出,要坚持用全面、辩证、长远的眼光分析当前经济形势,努力在危机中育新机、于变局中开新局,发挥我国作为世界最大市场的潜力和作用。困难是暂时的,发展没有止境。只要我们坚持用全面、辩证、长远的眼光看待当前的困难、风险、挑战,巩固我国经济稳中向好、长期向好的基本趋势,中国的发展必将充满希望。

二、教案设计

(一)教学目标

教师在区分短期和长期概念的基础上,分别介绍短期生产函数、总产量、平均产量、边际产量、边际报酬递减规律及其原因,通过案例讨论的教学手段,调动学生主动学习的积极性。加强学生将课本知识转化为具体思维体系和方式的能力,培养学生理性思考的习惯。教学目标具体包括知识目标、能力目标和价值目标三个方面。

1. 知识目标

通过本节课程内容的学习,掌握总产量、平均产量和边际产量的含义,并进一步应用经济学的图形和数理分析方法分析不同产量的几何表现与特征。

2. 能力目标

通过本节课程内容的学习,培养学生的经济学思维和直觉,让学生可以运用所学的短期生产函数的理论知识分析并解决身边的厂商生产问题,培养学生将知识活学活用的能力。

3. 价值目标

培养学生建立关心中国经济发展现状的意识;培养学生坚定、踏实的做事风格;培养学生综合运用现有知识,分析现实问题的能力。

(二) 教学内容和教学重点与难点

1. 教学内容

按照教学大纲的要求,本节课的主要教学内容分为 5 个部分。

(1) 短期与长期。结合学生日常经历解释何为短期与长期,给出短期和长期视角下生产要素的异同,并分别举例说明。

(2) 短期生产函数。结合已有生产函数的知识,说明短期生产函数的特征与函数定义规则。

(3) 总产量、平均产量和边际产量。在讲解短期生产函数的基础上,分别通过公式推导和案例分析的方式,引入总产量、平均产量和边际产量的概念,讲解不同产量的图形表示及走势特征。

(4) 边际报酬递减规律及其原因。在解释边际报酬递减规律含义的基础上,结合农产品化肥使用过量等案例,说明边际报酬递减规律的成因。

(5) 边际报酬递减规律的三个阶段与厂商选择。以总产量随着生产要素连续等量增加时的变化规律为由头,引入边际报酬递减规律的三个阶段及分界点,以及厂商的不同选择。

2. 教学重点

(1) 总产量、平均产量和边际产量。能够区分不同的产量概念以及不同产量的几何含义。

(2) 边际报酬递减规律及其原因。理解边际报酬递减规律的含义与报酬递减规律产生的原因。

3. 教学难点

(1) 理解并区分不同类型的产量及其在坐标系中的几何含义。

对难点 (1) 的处理:首先,使用课本中的案例,引入总产量、平均产量和边际产量的概念,然后运用经济学传统的图像分析方法,分析总产量、平均产量和边际产量的走势特征。

(2) 理解边际报酬递减规律的三个阶段与不同阶段中的厂商选择。

对难点 (2) 的处理:首先,通过课本中的案例分析,使学生对边际报酬递减规律有初步的感知;然后,借助农产品化肥使用过量等案例,引出厂商选择的重要性;最后,结合总产量、平均产量和边际产量的变化趋势,讨论边际报酬递减规律的三个阶段与不同阶段中的厂商选择。

(三) 教学方法与手段

1. 教学方法

（1）知识讲解。本门课是经济学基础理论课，涉及众多经济学的概念和理论的讲解，学生对这种概念和理论内容较多的课堂普遍缺乏兴趣。因此在课堂中运用多媒体演示、视频播放和重点内容板书相结合的方式开展教学，通过动态的多媒体演示、生动的案例讲解和清晰的逻辑链，吸引学生注意力。

（2）提问与解答。在课堂教学中，通过提问互动的方式引导学生自主思考，例如，在讲解边际报酬递减规律时，可以先让学生自行思考有哪些符合此规律的场景。实践表明，学生在教师引导下自主思考掌握的知识更容易被记忆，且这种自主思考后得到的肯定，更容易激发学生的成就感，增加学生学习本课程的信心和积极性。

（3）案例教学法。当下的青年学生非常注重知识的实用性，对能够在未来的学习生活中发挥实际作用的知识具有较大的学习兴趣。因此，本课程将有意识地运用社会上和企业中的现实案例，培养学生建立理论联系实际的思维模式。

2. 教学手段

（1）多媒体演示。运用多种形式的多媒体演示将课程内容丰富地呈现出来，包括文字、表格、图片、视频等多种形式。

（2）板书。在对数理模型进行说明时，单纯依靠多媒体演示无法让学生跟上教师的思路和课堂的节奏，板书则是一种较好的方式，运用板书推导公式可以让学生集中精力跟着教师的节奏一步一步地完成模型推导。

（3）互联网资料分享。充分利用互联网资源，为学生推荐分享各种网络学习资源，如慕课网站、哔哩哔哩视频网站等，激发学生自主学习的兴趣和热情。同时，采用线上线下相结合的方式，可以进一步提高教师教授和学生学习的效率。

(四) 教学过程

1. 教学设计思路

（1）回顾上节课讲的生产函数的定义、生产要素的类型、柯布—道格拉斯型生产函数、里昂锡夫型生产函数，引导学生思考一般意义上的生产函数应该描述产量与投入之间的什么关系，以引起学生的兴趣和思考，调动学生的积极性，活跃课堂氛围，为本节课程的理论内容讲解做好铺垫。

课程思政的体现：引导学生从不同生产要素特征出发，思考产量与要素投入量之间的关系。

（2）对微观经济学中的短期和长期概念进行区分，引导学生思考长期与短期视角下产量与不同要素之间的关系有何区别，引入短期生产函数，并对总产量、平均产量和边际产量等相关概念进行解释和分析。

课程思政的体现：通过对长期和短期概念的划分，引导学生建立全面、辩证、长远分析问题的视角。

（3）介绍边际报酬递减规律的内在原理，分析厂商面对边际报酬递减规律开展生产经营活动的决策原则。

课程思政的体现：通过对边际报酬递减规律的介绍以及举例，说明曾出现过的盲目追求产量而带来的减产后果，引导学生坚定理想信念、踏实干事、不急功近利。

2. 教学过程安排

根据教学要求和教学设计思路，教学过程具体安排如下：

教学意图	教学内容	环节设计
已学知识回顾与新概念引入	此前章节中以消费者为研究对象，强调实现消费者效用最大化； 本课程内容以生产者为研究对象，分析厂商如何开展产量和价格决策，进而实现利润最大化； 短期和长期视角是微观经济学分析的两种常用视角，短期生产函数及短期产量分析是生产理论的基础。	构建知识体系框架、提纲挈领。 （3分钟）
概念引入问题提出	案例引入：以单一厂商的产量计划与整个国家的经济计划为案例，说明针对不同对象开展不同时长的产量分析的重要性； 短期与长期的定义及特征：给出长期与短期的定义，举例说明短期视角下可变生产要素与固定生产要素的差异，解释说明长期视角下仅存在可变生产要素的原因。	通过案例引入，激发学生兴趣，引发思考。 （5分钟）
核心内容教学重点	生产函数的回顾：回顾生产函数的定义方式和常见的生产函数类型； 短期生产函数的定义：在举例分析短期视角下固定生产要素（资本）和可变生产要素（劳动力）的基础上，给出规范的短期生产函数定义： $$Q = f(L, \bar{K})$$	通过多媒体演示和板书，帮助学生理解基础内容。 （5分钟）

续表

教学意图	教学内容	环节设计
	举例分析（见表1）。	
	表1 总产量、平均产量、边际产量与劳动投入举例	
		劳动投入 (L)	总产量 (TP_L)	平均产量 (AP_L)	边际产量 (MP_L)		
	|---|---|---|---|	
		0	0	—	—		
		1	20	20	20		
		2	44	22	24		
		3	72	24	28		
		4	104	26	32		
		5	134	26.8	30		
		6	156	26	22		
		7	168	24	12		
		8	176	22	8		
		9	180	20	4		
		10	180	18	0		
		11	176	16	-4		
核心内容 教学重点	总产量先以递增速率增加，后以递减速率增加，最后开始递减；平均产量先递增后递减；边际产量先递增后递减。 作图分析（见图1）。 **图1 总产量曲线、平均产量曲线与边际产量曲线**	通过举例分析、多媒体演示和板书，帮助学生理解基础内容。 （17分钟）

47

教学意图	教学内容	环节设计
核心内容教学重点	结合图形，解释不同产量概念的几何含义与特征：总产量曲线、平均产量曲线和边际产量曲线都是先呈上升趋势，达到各自的最大值后，再呈下降趋势，倒U形；边际产量增加和减少的速率都大于平均产量，边际产量先到达最大值。 举例分析：1958年"大跃进"中，不少地方盲目推行水稻密植，结果引起减产；农产品产量在化学肥料过量时，反而会减产；工厂在工人冗余时，反而会减产。 规模报酬递减规律：在技术水平和其他生产要素的投入量不变的条件下，在连续等量地把一种可变生产要素增加到某一特定值前，其边际产量是递增的；当这种可变生产要素的投入量超过这一特定值时，其边际产量是递减的。 作图分析（见图2）。 **图2 产量变动阶段与厂商选择** 一种生产要素增加所引起的产量变动分为三个阶段。 第一阶段：平均产量递增，边际产量先增后减，且大于平均产量（总产量快速增加）； 第二阶段：边际产量递减（总产量减速增加）。 第三阶段：边际产量为负（总产量开始减少）。	通过举例分析、多媒体演示和板书，帮助学生理解基础内容。 （8分钟）

续表

教学意图	教学内容	环节设计
核心内容 教学重点	厂商选择分析。 　　第一阶段：劳动投入量太少，固定资源没有有效利用。因此，厂商不会停留在这个阶段，将继续增加劳动投入，扩大生产规模。 　　第二阶段：生产经济区域，最优投入量在第二阶段。 　　第三阶段：劳动投入量过多，可变资源没有最优利用。因此，厂商不会推进到这个阶段，将减少劳动投入量，缩小生产规模。	通过举例分析、多媒体演示和板书，帮助学生理解基础内容。 （5分钟）
阶段小结 知识总结	短期视角下，生产要素分为可变投入和不变投入；长期视角下，所有生产要素都是可变的。 　　总产量是与一定的可变要素相对应的最大产量；平均产量是单位可变投入要素对应的总产量；边际产量是每增加一单位可变要素投入量所增加的产量。 　　在技术水平和其他生产要素的投入量不变的条件下，连续等量地把一种可变生产要素增加到某一特定值前，其边际产量是递增的；当这种可变要素的投入量超过这一特定值时，其边际产量是递减的。 　　边际报酬递减规律包括三个阶段，第一阶段厂商会扩大生产规模，第二阶段是生产经济区域，第三阶段厂商会缩小生产规模。	内容回顾，加深印象。 （3分钟）
课后作业 知识巩固	课后思考题1 以下说法中错误的一种是： 　A. 只要总产量减少，边际产量一定是负数 　B. 只要边际产量减少，总产量也一定减少 　C. 边际产量曲线一定在平均产量曲线的最高点与之相交 答案：B 课后思考题2 以下说法中错误的一种是： 　A. 劳动的边际产量曲线、总产量曲线、平均产量曲线均呈先递增后递减的趋势	通过课后习题加深学生对课堂知识的理解。 （4分钟）

续表

教学意图	教学内容	环节设计
	B. 劳动的边际产量为负值时，总产量会下降 C. 边际产量为 0 时，总产量最大 D. 平均产量曲线与边际产量曲线交于平均产量曲线的最大值点上 E. 平均产量曲线与边际产量曲线交于边际产量曲线的最大值点上 答案：E	

三、教学效果分析

本课程的教学内容和课程设计符合经管类专业本科一年级学生的知识水平和认知能力，利用多种教学手段和教学方法，尤其是以案例教学营造出的课堂氛围，有效地激发了学生的学习兴趣和思考意愿，有助于学生结合社会经济现象，达到学以致用、经世济民的目的；有助于提高学生分析问题、解决问题的能力。本课程为学生介绍的理论概念和分析工具，能够为学生分析经济社会现状提供便利。

本课程始终贯穿着正确的三观引导和爱国主义教育，在学生走出校门进入职场之前树立正确的三观，鼓励学生关注国家经济社会现状，对学生的人生发展起到了良好的指引和启示作用。

生产要素的供给与收入分配平等程度的衡量

宋瑶瑶

一、课程思政元素发掘

本课程在授课时可能包含以下思政元素。

元素 1 引导学生坚定"四个自信"。"四个自信"是中国特色社会主义的重大理论创新,也是实现中华民族伟大复兴中国梦的精神动力。学生是中国特色社会主义事业的接力者、继承者,他们能否坚定中国特色社会主义的道路自信、理论自信、制度自信和文化自信,直接关系中国特色社会主义事业的生死存亡。因此,要引导学生坚定"四个自信",将爱国之情、强国之志、报国之行融入中国特色社会主义事业、建设社会主义现代化强国、实现中华民族伟大复兴的奋斗之中。

元素 2 树立实现我国收入分配格局转变的决心。党的十八大报告和十九大报告分别提出"初次分配和再分配都要兼顾效率和公平,再分配更加注重公平"和"坚持在经济增长的同时实现居民收入同步增长、在劳动生产率提高的同时实现劳动报酬同步提高"的改革思路,核心内涵在于将效率和公平原则贯穿于收入分配各环节,实现初次分配效率原则的公平性与再分配公平原则的效率性辩证统一。我们相信,基于公正平等竞争前提的初次分配效率将激发各要素所有者的高效率;基于科学效率前提的再分配公平将促进民生福祉、社会和谐的真公平。我们要坚信,只要全社会凝聚力量、全面深化改革、推动高质量发展,我们终将建成一个高效、公平的收入分配格局。

元素 3 尊重社会上的每个职业。蔡元培先生曾言"职业无贵贱大小,都为平等。有利于人群者,即为正当职业"。整个社会就像一个巨大的机器在运转,任何职业都同等重要,尽管不同职业的劳动者获取的报酬数额不等,但每个自食其力的人,都付出个人的努力为社会做出贡献,都应该受到尊重。相反地,不懂得尊重他人的人和依赖别人生存的人,应受到抨击和教育。因此,学生应在追求卓越的同时,树立正确的职业观,不追捧热门职业者也不否定低端劳动者。

二、教案设计

（一）教学目标

教师在介绍不同生产要素的供给与收入类型的基础上，分别介绍劳动力、资本和土地的供给特征，区分短期和长期收入分配平等程度的评价方法，通过案例讨论的教学手段调动学生主动学习的积极性，加强学生将课本知识转化为具体思维体系和方式的能力，培养学生理性思考的习惯。教学目标具体包括知识目标、能力目标和价值目标三个方面。

1. 知识目标

通过本节课程内容的学习，使学生掌握不同生产要素对应的收入类型、短期收入分配程度评价的方法原理，并能运用评价工具分析不同国家当前的收入分配现状。

2. 能力目标

通过本节课程内容的学习，使学生充分理解各类收入获取的形式、不同国家收入分配平等程度的评价方法，培养学生对知识活学活用的能力，能够在未来管理决策中运用所学的收入分配理论知识对社会现象进行分析。

3. 价值目标

培养学生建立关心中国经济发展现状的意识，培养学生尊重各个职业人群的理念，形成正确的职业观，培养学生综合运用现有知识分析现实问题的能力，引导学生坚定"四个自信"。

（二）主要内容和教学难点与重点

1. 教学内容

按照教学大纲的要求，本节课的主要教学内容分为五个部分。

（1）生产要素的供给与收入类型。结合学生生活经历，分别介绍劳动、土地、资本对应的生产要素提供形式，以及获取收入的类型。

（2）劳动的供给曲线和工资的决定。在介绍生产要素数量与价格一般规律的基础上，引入劳动力追求闲暇的特征，进而说明劳动力供给曲线向后弯曲的特征和原因。

（3）土地的供给曲线和租金的决定。介绍土地及自然资源存在的特殊性，举例分析土地供给数量与地租之间的关系，进而说明土地供给曲线垂直于横轴的特征和原因；在租金概念的基础上，延伸介绍准租金、经济租金和寻租的概念。

（4）资本的供给曲线和利息的决定。在介绍资本的类型与循环过程的基础上，分析资本供给数量与利息的关系，进而说明资本的供给曲线先后弯曲的特征和原因。

（5）收入分配平等程度评价的方法。由生产要素的价格决定过程引入要素所有者收入获取的分析，分别介绍洛伦兹曲线、基尼系数和库兹涅茨倒 U 形假说的含义及评价方法。

2. 教学重点

（1）劳动力、土地和资本的供给数量与价格之间的关系与供给曲线。

（2）洛伦兹曲线、基尼系数和库兹涅茨倒 U 形假说的含义和评价方法。

3. 教学难点

（1）理解劳动力的供给数量随工资的增加出现下降趋势的内在原因和几何表达。

对难点（1）的处理：首先，引入消费者获得效用或满足的两种方式，即通过劳动获取的工资间接获得满足，追求闲暇直接获得满足；其次，说明劳动者要在劳动和闲暇之间做出选择，即劳动和闲暇之间存在替代关系；再次，举例说明在劳动者工资水平较高的情况下，会放弃高收入寻求闲暇的现象；最后，引入工资的替代效用和收入效用，并介绍劳动的供给曲线特征。

（2）理解资本的供给数量随利率的增加出现下降趋势的内在原因和几何表达。

对难点（2）的处理：首先，介绍资本的类型和资本的循环过程；其次，引入消费者出借资本获取利息的过程；再次，举例分析在资本的回报率较高时，消费者通过增加消费以获得更大程度满足的现象；最后，引入利率上升带来的收入效应，并介绍资本的供给曲线特征。

（三）教学方法与手段

1. 教学方法

（1）知识讲解。本门课是经济学基础理论课，涉及众多经济学概念和理论的讲解，学生对这种概念和理论内容较多的课堂普遍缺乏兴趣。因此在课堂中运用多媒体演示、视频播放和重点内容板书相结合的方式开展教学，通过动态的多媒体演示、生动的案例讲解和清晰的逻辑链，吸引学生注意力。

（2）提问与解答。在课堂教学中，通过提问互动的方式引导学生自主思考，例如，在讲解劳动的供给数量随工资的增加出现下降的趋势时，可以先让学生自行思考有哪些符合此规律的场景。实践表明，学生在教师引导下自主思考得出的知识更容易被记忆，且这种自主思考后得到的肯定，更容易激发学生的成就感，增加学生学习本课程的信心和积极性。

（3）案例教学法。当下的学生非常注重知识的实用性，对能够在未来的学习生活中发挥实际作用的知识具有较大的学习兴趣。因此，本课程将有意识地运用社会上和企业中的现实案例，培养学生建立理论联系实际的思维模式。

2. 教学手段

（1）多媒体演示。运用多种形式的多媒体演示将课程内容丰富地呈现出来，包括文字、表格、图片、视频等多种形式。

（2）板书。在对数理模型进行说明的时候，单纯依靠多媒体演示无法让学生跟上教师的思路和课堂的节奏，板书则是一种较好的方式，运用板书推导公式可以让学生集中精力跟着教师的节奏一步一步地完成模型推导。

（3）互联网资料分享。充分利用互联网资源，为学生推荐分享各种网络学习资源，如慕课网站、哔哩哔哩视频网站等，激发学生自主学习的兴趣和热情。同时，采用线上线下相结合的方式，可以进一步提高教师教授和学生学习的效率。

（四）教学过程

1. 教学设计思路

（1）回顾上节课讲授的完全竞争市场条件下及不完全竞争市场条件下厂商对生产要素的需求及厂商使用生产要素的原则，引导学生思考生产要素的所有者在提供要素的过程中会受到什么因素的影响，以引起学生的兴趣和思考，调动学生的积极性，活跃课堂氛围，为本节课程的理论内容讲解做好铺垫。

课程思政的体现：引导学生从要素的需求方和要素的供给方分析生产要素的供给与需求平衡的原理。

（2）对劳动力、资本、土地要素的供给特征及分别与工资、利息、租金的关系进行解释和分析，进而了解不同生产要素的提供与收入获取的过程，并引入不同生产要素的供给曲线。

课程思政的体现：通过对不同类型生产要素获取收入过程的分析，引导学生建立正确的职业观，做到尊重社会上的每种职业，并建立自食其力的人生追求，同时不追捧热门职业者也不否定低端劳动者。

（3）对洛伦兹曲线、基尼系数和库兹涅茨倒 U 形假说的含义及评价方法进行解释。

课程思政的体现：通过介绍我国经济发展背景和收入分配格局的变化，说明我国正处于快速发展的上升期，收入分配不均问题的存在很正常，引导学生坚定建设社会主义事业的决心，树立实现我国收入分配格局转变的信心。

2. 教学过程安排

根据教学要求和教学设计思路，教学过程具体安排如下：

教学意图	教学内容	环节设计
	生产要素的供给	
已学知识回顾与新概念引入	回顾生产要素和对应的收入类型； 回顾完全竞争市场条件下的生产要素需求； 回顾不完全竞争市场条件下的生产要素需求。	构建知识体系框架、提纲挈领。 （2分钟）
概念引入问题提出	多数生产要素都是归私人所有的，因此，要素市场上要素的所有者或供给者是消费者； 消费者向要素市场供给要素会获得收入，包括劳动的工资收入、出租土地的租金收入、贷出资本的利息收入等； 要素的供给与收入一般满足正相关关系，体现为一条向右上方倾斜的供给曲线。	通过案例引入，激发学生兴趣，引发思考。 （5分钟）
核心内容教学重点	消费者通过两种方式获得效用或满足：提供劳动，获得工资收入，间接地得到满足；追求闲暇，直接获得满足（劳动和闲暇具有替代性）。 劳动和闲暇之间的替代关系决定了劳动供给曲线的形状（工资率达到一定高度后，供给曲线开始向后弯曲），引入劳动供给曲线。 工资的替代效应：工资率低于某一特定数值时，消费者以劳动代替闲暇，追求更大效用；工资的收入效应：工资高于某一特定数值时，消费者以闲暇代替劳动，追求更大效用。 劳动的供给曲线分析，见图1。 其中，L为劳动力数量，W为工资，S表示劳动力供给曲线。 劳动市场的均衡和工资的决定，见图2。 其中，D为劳动力需求曲线，S曲线与D曲线的交点E决定了均衡劳动力数量L_E与均衡工资W_E。 劳动供给的影响因素：财富，人口总量与构成，社会习俗，对工资、收入、闲暇的偏好，消费品的价格，政府的税收政策，等等。	通过举例分析、多媒体演示和板书，帮助学生理解基础内容。 （7分钟）

续表

教学意图	教学内容	环节设计
	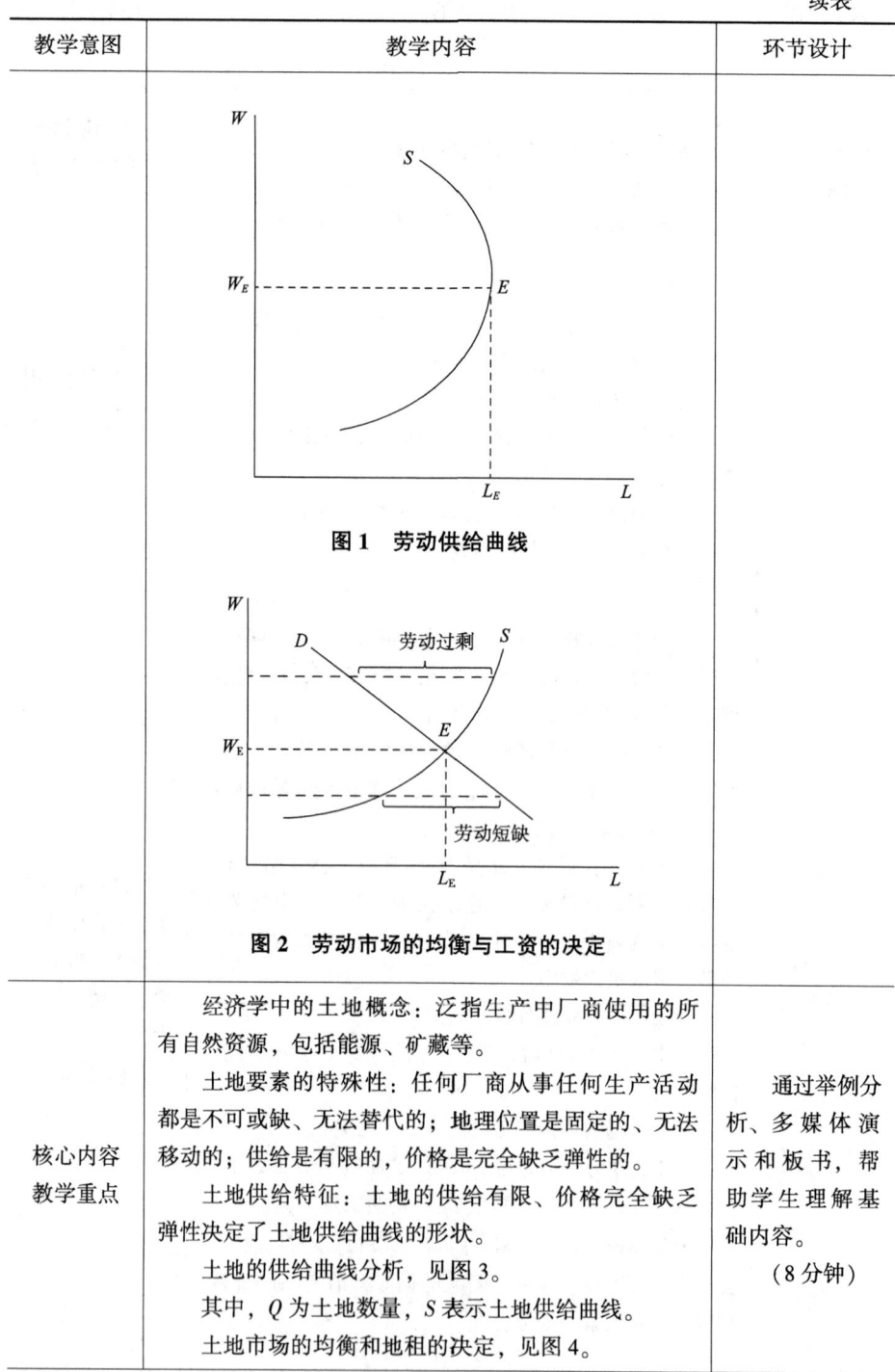 图1　劳动供给曲线 图2　劳动市场的均衡与工资的决定	
核心内容 教学重点	经济学中的土地概念：泛指生产中厂商使用的所有自然资源，包括能源、矿藏等。 土地要素的特殊性：任何厂商从事任何生产活动都是不可或缺、无法替代的；地理位置是固定的、无法移动的；供给是有限的，价格是完全缺乏弹性的。 土地供给特征：土地的供给有限、价格完全缺乏弹性决定了土地供给曲线的形状。 土地的供给曲线分析，见图3。 其中，Q为土地数量，S表示土地供给曲线。 土地市场的均衡和地租的决定，见图4。	通过举例分析、多媒体演示和板书，帮助学生理解基础内容。 （8分钟）

续表

教学意图	教学内容	环节设计
	其中，D 为土地需求曲线，S 曲线与 D 曲线的交点 E 决定了均衡土地数量 Q_E 与均衡地租 R_E。 **图 3　土地供给曲线** **图 4　土地市场的均衡与地租的决定** 租金与准租金的辨析：准租金=固定成本+经济利润。 经济租金和寻租。	
核心内容 教学重点	资本的概念和类型：资本是可以通过人们的经济活动创造出来的要素，表现为厂商所使用的建筑物、机器设备，以及存货三种类型。 资本供给和利息的关系：通常情况下，利率高时，资本的供给量大；利率低时，资本的供给量小；利率水平达到一定高度后，资本供给的数量减少，因为资本的回报率较高时，消费者会增加当前的消费，以得到更大程度的满足。	通过举例分析、多媒体演示和板书，帮助学生理解基础内容。 （7分钟）

续表

教学意图	教学内容	环节设计
	资本的供给曲线分析,见图5。 其中,K为资本数量,i为利率,S表示资本供给曲线。 **图5 资本供给曲线** 资本市场的均衡和利率的决定,见图6。 其中,D为资本需求曲线,S曲线与D曲线的交点E决定了均衡资本数量K_E与均衡利率i_E。 **图6 资本市场的均衡和利率的决定** 考虑货币时间价值的净现值分析。	
阶段小结 知识总结	生产要素的类型和对应收入的类型; 劳动力的供给与工资的关系; 土地的供给与租金的关系; 资本的供给与利率的关系。	内容过度, 承上启下。 (1分钟)

教学意图	教学内容	环节设计
	收入分配平等程度的衡量	
概念引入 问题提出	收入分配理论的引入：生产要素价格的决定过程也就是要素的所有者取得收入的过程。 一个经济体收入分配的公平程度和变动趋势值得关注：短期评价方法有洛伦兹曲线和基尼系数，长期评价方法为库茨涅茨的倒 U 形假说。	案例分析、讲解、多媒体演示、板书。 （2分钟）
核心内容 教学重点	洛伦兹曲线（见图7）：一种用来衡量社会收入分配或财产分配平均程度的曲线。具体做法：将人口按照收入从低到高排列，分别以从最低收入开始的人口累积百分比（P）与这部分人所占有的收入的百分比（I）为横坐标和纵坐标，描点、连线，形成洛伦兹曲线。 **图7 洛伦兹曲线** 举例说明，见表1。 表1 （%） | 人口累积（P） | 收入累计（I） | |---|---| | 0 | 0 | | 20 | 3 | | 40 | 7.5 | | 60 | 29 | | 80 | 49 | | 100 | 100 | 与洛伦兹曲线相关的两条线：绝对平等线和绝对不平等线。	通过举例分析、多媒体演示和板书，帮助学生理解基础内容。 （5分钟）

教学意图	教学内容	环节设计
核心内容 教学重点	基尼系数：收入的不平等面积与完全不平等面积之比就是基尼系数。其中，洛伦兹曲线与绝对平等线间的面积为"不平等面积"，即图中的 A；洛伦兹曲线与绝对不平等线之间的面积为 B；$A+B$ 为"完全不平等面积"。 作图说明（见图 8）。 **图 8 基尼系数** 公式说明：基尼系数：$G = \dfrac{A}{A+B}$。 基尼系数的运用：对社会收入分配和财产分配的情况进行比较；检验收入分配和财产分配的后果；不同国家收入分配不平等程度的比较。 基尼系数的常用划分标准：收入分配绝对平等（<0.2）；收入分配比较平等（0.2~0.3）；收入分配基本合理（0.3~0.4）；收入分配的差距较大（0.4~0.5）；收入差距过于悬殊（>0.5）。	通过举例分析、多媒体演示和板书，帮助学生理解基础内容。 （4 分钟）
核心内容 教学重点	库兹涅茨的倒 U 形假说：在前工业文明向工业文明极为快速转变的经济增长早期，不平等的程度会不断扩大；经过一段时期后会变得稳定；到了增长的后期，不平等的程度将会缩小。 作图说明，见图 9。	通过举例分析、多媒体演示和板书，帮助学生理解基础内容。 （5 分钟）

续表

教学意图	教学内容	环节设计
	图 9　库兹涅茨倒 U 形曲线 经济增长和收入分配不平等程度的变动轨迹构成一条倒"U"形曲线。	
阶段小结 知识总结	洛伦兹曲线； 基尼系数； 库兹涅茨倒 U 形假说。	内容回顾， 加深印象。 （2分钟）
课后思考题		
课后作业 知识巩固	● 简述劳动供给曲线的特征和均衡工资的决定； ● 简述土地供给曲线的特征和地租的决定； ● 怎样用洛伦兹曲线、基尼系数和库兹涅茨曲线说明一国收入分配不平等的现状。	通过课后习题加深学生对课堂知识的理解。 （2分钟）

三、教学效果分析

本课程的教学内容和课程设计符合经管类专业本科一年级学生的知识水平和认知能力，利用多种教学手段和教学方法，尤其是以案例教学营造出的课堂氛围，有效地激发了学生的学习兴趣和思考意愿，有助于学生结合社会经济现象，掌握相关理论，达到学以致用、经世济民的目的；有助于提高学生分析问题、解决问题的能力。本课程为学生介绍的理论概念和分析工具，能够为学生分析和比较各国收入分配格局提供便利。

本课程始终贯穿着正确的三观引导和爱国主义教育，在学生走出校门进入职场之前助其树立正确的职业观和是非观，鼓励学生关注国家经济社会现状，对学生的人生发展起到了良好的指引和启示作用。

效用和边际效用

袁 航

一、课程思政元素发掘

本课程在授课时可能包含以下思政元素。

元素1 制度自信——坚信中国"有效市场"和"有为政府"在扩大消费需求和促进消费升级中的积极作用。"有效市场"是确保资源高效配置、收入与消费能力持续增长的有效抓手;"有为政府"则是弥补市场失灵、调节收入分配、增强弱势群体消费能力、加速形成良好消费环境的有力保障。"有效市场"和"有为政府"相结合,即"无形之手"和"有形之手"形成合力,才能保证消费者"愿意消费"并且"能够消费",最终形成消费需求持续扩大、消费结构持续升级的新格局。

元素2 道路自信——坚定不移走"全面促进消费"之路,超大国内市场消费潜力能够对冲外需紧缩对消费的负面影响。根据第七次全国人口普查结果可以看到,大陆地区人口总体规模达到14.1亿人,相较于2010年第六次人口普查结果,增加了7 205万人,如此庞大的市场规模是拉动消费增长的巨大优势,而且日益庞大的中等收入群体将会继续拉动消费总量上升。十四五期间将是我国新型工业化、信息化、城镇化深入发展的关键时期,有望进一步带动我国国民消费能力的增长,通过消费结构变迁、消费质量提升,加速消费结构升级,深入且彻底地挖掘我国消费潜力,提升消费者效用水平,增进社会整体福利。

元素3 对中国未来消费增长与升级充满必胜信念——中国脱贫攻坚取得举世瞩目的成就,为促进全面消费提供了坚实的物质基础。2021年,在中国共产党成立一百周年的重要历史时刻,我国脱贫攻坚取得了全面胜利,在现行标准下,9 899万农村贫困人口全部脱贫,832个贫困县全部脱贫摘帽,12.8万个贫困村全部出列,区域性整体贫困得到解决,绝对贫困完全消除。从某种意义上来说,农村贫困人口实现脱贫,意味着农村将会释放出一股强大的消费潜力,促进国内消费增长与消费升级。

二、教案设计

（一）教学目标

1. 知识目标

通过本节课程的学习，使学生能够掌握有关效用的基本概念，理解两种不同的消费理论，明确消费者实现均衡时满足的条件，以及掌握利用不同国家消费结构判断一国或地区人民生活水平状况（恩格尔系数）。

2. 能力目标

通过本课程的学习，使学生能够熟练利用消费理论，在个人预算既定的情况下，通过优化消费商品组合，实现个人效用最大化。

3. 价值目标

培养学生的理论分析能力；培养学生主人翁意识，认真对待社会中遇到的每一个民生问题，并结合所学理论进行深入分析，尝试提出应对措施；培养学生的爱国主义价值观；理论联系实际，学以致用。

（二）教学内容和教学重点与难点

效用的基本概念；基数效用论下的消费者均衡；序数效用论下的消费者均衡；价格变化时的消费者均衡：需求曲线；收入变化时的消费者均衡：恩格尔曲线。

（三）教学手段与方法

本节课程以研究型教学为主，采用开放性教学模式，在讲授相关理论的基础上，充分调动学生的积极性，活跃课堂气氛，共同探讨，加深对知识点的理解。在实践环节，引导和鼓励学生查阅国家相关政策文件等资料，结合自己身边的一些案例进行讨论，深化对本节课程的理解。在这个过程中，逐渐培养学生对知识的好奇与兴趣，对解决问题的自觉性、积极性与创造性。

具体的教学手段与方法如下。

1. 发挥教师的引导和学生的主体作用

课堂教学除了教师引导性的讲授、提问和布置习题外，还要不定时地组织学生进行课堂讨论、课后查找资料等，充分利用数字化时代丰富的网络信息资源，进行开放式、研究型教学。在课堂上，教师应该用精炼而准确的语言，将知识以最佳的形式传递给学生，让学生在最短的时间获得最有价值的信息，同时要合理、妥当、精巧地安排课堂讨论活动等，激发学生参与活动的积极性，确保整个课堂知识内容充分而又不乏轻松活跃的气氛。

2. 聚焦国家前沿政策与现实案例，引导学生深入思考

在整个教学过程中，教师不仅是传统知识的普及者，更是新知识的创造

者，需要结合自身的科研成果以及当下中国所面对的国际国内环境，基于国家的发展战略，不断更新教学内容，优化传统知识体系，丰富知识内容，跳出传统的照本宣科，引导学生将所学知识活学活用。

本课程教学中，充分结合国家相关政策文件和发展的战略目标，让学生对本次教学内容有一个全面认知，明确所学内容的重要性和价值。充分发挥集体力量，以教师引导和学生动手查阅资料、搜集案例等形式共同完成教学内容。在这一过程中，学生间相互沟通、相互合作、相互探讨，培养学生发现问题、分析问题、解决问题的能力。

（四）教学过程

1. 教学设计思路

（1）以一个开放性的问题作为开始，让学生思考和讨论消费对一国发展的重要性，并结合自身的经历谈谈消费给个人带来的影响，以此拉近理论与学生的距离，激发学生的兴趣，引入学习内容。

课程思政的体现：在讨论的过程中，引入国家相关政策文件，比如，《中共中央关于制定国民经济和社会发展第十四个五年规划和二〇三五年远景目标的建议》中就提出了"全面促进消费"的问题，体现了政府对促进国内消费的积极引导作用，也反映出学习消费理论的重要性。

（2）通过对最基本的概念和理论进行深入分析，加深学生对基本知识点的理解和掌握。

课程思政的体现：消费理论是经济学中一个非常重要的理论，作为拉动经济增长的三驾马车之一，消费在经济发展中的作用也不言而喻。但是面对国外贸易保护主义抬头，以及全球新冠肺炎疫情等严峻形势，强大国内市场、全面促进消费已经成为重启经济、加快经济发展的有力抓手，中国应坚定不移地走"全面促进消费"之路，超大国内市场消费潜力能对冲外需紧缩对消费的负面影响。十四五期间是我国新型工业化、信息化、城镇化深入发展的关键时期，中国有其道路自信，必能进一步带动我国国民消费能力增强，通过消费结构变迁、消费质量提升，加速消费结构升级，深入挖掘我国消费潜力，提升消费者效用水平，助推后疫情时期经济全面复苏。

（3）灵活掌握知识，强化对所学知识的应用，加深对知识的理解。

课程思政的体现：在应用恩格尔系数分析一个国家或地区居民生活水平的时候，应对中国未来消费增长与升级充满必胜的信念，2021年，我国脱贫攻坚取得了全面胜利，区域性整体贫困得到解决，绝对贫困完全消除。农村贫困人口实现脱贫将会释放出一股强大的消费潜力，为促进全面消费提供坚实的物质基础，最终促进国内消费增长与消费升级。

2. 教学过程安排

根据教学计划和进度要求,需系统安排教学进程。本着提出问题、分析问题和解决问题的总体思路进行安排,优化学生学习效果。教学进程安排如下:

教学意图	教学内容	环节设计
导言	提出简单问题,拉近学生与本课程学习内容之间的距离,比如,让学生思考和讨论消费对一国发展的重要性,并结合自身的经历谈谈消费给个人带来的影响,激发学生的兴趣,引入学习内容。	讨论、师生互动。 (4分钟)
概念引入	结合身边故事,引入效用的概念。在趣味性十足的情况下,让学生捕捉到概念的要点。	案例讲解。 (4分钟)
本课程内容总体框架	(1) 效用和边际效用递减规律; (2) 基数效用论下的消费者均衡; (3) 序数效用论下的消费者均衡; (4) 价格变化时的消费者均衡:需求曲线; (5) 收入变化时的消费者均衡:恩格尔曲线。	讲解、多媒体演示、案例分析、师生互动。 (10分钟)
核心概念解释	效用是指商品满足人的欲望的能力,或者说,效用是指消费者在消费商品时所感受到的满足程度。(利用PPT解释)	讲解。 (4分钟)
基数效用论下的消费者均衡	(1) 总效用和边际效用。 (2) 边际效用递减规律:在一定时间内,在其他商品的消费数量保持不变的情况下,随着消费者对某种商品消费数量的增加,总效用是增加的,但是消费者从该商品连续增加的每一消费单位中所得到的效用增量是递减的。 (3) 边际效用递减规律的特点:边际效用的大小,与消费量成反比。$MU=0$ 时,TU 为最大(见图1)。 边际效用是特定时间内的效用,本次效用递减并不影响下一次的初始效用。 边际效用是决定产品价格的主观标准,产品的需求价格,不取决于总效用,而取决于边际效用,消费量少,边际效用大,价格高,反之则低。所谓"物以稀为贵"。	讲解、多媒体演示、案例分析、板书。 (10分钟)

续表

教学意图	教学内容	环节设计
	[图：边际效用曲线MU与总效用曲线TU，均在Q=5处对应极值] **图1 边际效用曲线（a）和总效用曲线（b）**	
序数效用论下的消费者均衡	（1）消费者偏好：消费者按照自己的意愿和嗜好对可供其消费的商品束进行排序，它是决定消费者行为的重要因素之一。 （2）消费者偏好假定。完整性：对于任何两个商品组合A和B，消费者总是可以做出，而且也只能做出以下三种判断中的一种：A偏好于B；B偏好于A；A和B相同。 例子：苹果>梨，苹果<梨，苹果=梨。 可传递性：如果消费者对A的偏好大于B，对B的偏好大于C，那么，必有对A的偏好大于C。 例子：苹果>橘子，橘子>梨，则苹果>梨。 无限性、非饱和性：如果两个商品组合的区别仅在于其中一种商品的数量不相同，那么，消费者总是偏好含有这种商品数量较多的那个商品组合。 例子：（5支钢笔，6支铅笔）>（4支钢笔，6支铅笔）。 反身性：任何一组商品至少和自身一样好。 （3）无差异曲线是用来表示消费者偏好相同的两种商品的不同数量的各种组合，或者说，它是表示对于消费者来说能产生同等满足程度的各种不同组合点的轨迹（见图2）。	讲解、多媒体演示、案例分析、板书。 （10分钟）

教学意图	教学内容	环节设计

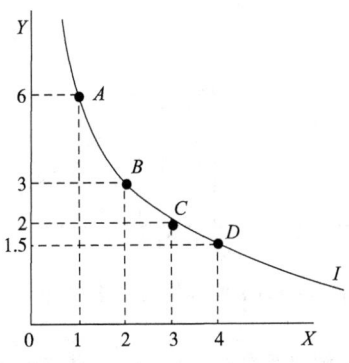

图2 无差异曲线

（4）边际替代率是指在维持效用水平不变的条件下，消费者增加一单位某种商品的消费数量时所需要放弃的另一种商品的消费数量。

（5）预算约束表示在商品价格既定的情况下，收入水平或购买力对消费者购买欲望或效用水平的约束。

（6）消费者均衡。当消费者用有限的收入选择了最偏好的商品组合，即实现了最大效用时，我们就将这种状态称之为消费者均衡。消费者均衡的条件是：预算线的斜率等于无差异曲线的斜率（见图3）。

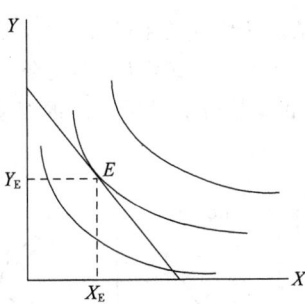

图3 消费者均衡

续表

教学意图	教学内容	环节设计
应用1	价格变化时的消费者均衡：需求曲线（见图4）。 **图4　用价格—消费曲线推导需求曲线**	讲解、多媒体演示、板书。 （5分钟）
应用2	收入变化时的消费者均衡（见图5）：恩格尔曲线。 正常品 消费数量与收入成正比 低挡品/劣等品 较高收入时，消费数量与收入成反比 **图5　收入变化时的消费者均衡** 恩格尔曲线：表示为实现效用最大化的均衡，消费者在每一收入水平上对某种商品需求量的变动情况，即不同的收入水平和商品需求量组合点的变动轨迹（见图6）。 正常品（必需品）　　正常品（奢侈品）　　低挡品/劣等品 **图6　恩格尔曲线**	讲解、多媒体演示、板书。 （5分钟）

四、教学效果分析

本课程的教学内容与课程设计完全符合经管类专业本科一年级学生的认知水平和认识规律。通过多种教学手段，引导学生自主思考、互相讨论加深对知识点的认知。同时，结合我国相关政策文件的解读与现实中真实案例的分析，激发学生的学习热情和积极性，帮助学生更好地将所学知识应用到实践中，达到活学活用，学以致用，以理论指导实践，用实践促进学习的目的。增强学生发现问题、提出问题、分析问题、解决问题的能力，促使学生触类旁通，将此分析问题的思维和方法灵活应用到其他学科的学习中，取得事半功倍的效果。

本课程以爱国主义思想贯穿始终。"全面促进消费"是中国在严峻的国际国内环境下做出的理性决策。在制度自信（坚信中国"有效市场"和"有为政府"在扩大消费需求和促进消费升级中的积极作用）、道路自信（坚定不移走"全面促进消费"之路，超大国内市场消费潜力能对冲外需紧缩对消费的负面影响），以及对中国未来消费增长与消费结构升级充满必胜信念（脱贫攻坚取得举世瞩目的成就，为促进全面消费提供了坚实的物质基础）引导下，保证消费者"愿意消费"并且"能够消费"，带动国民消费能力持续增强，以及释放我国农村市场消费潜力，最终通过消费结构变迁、消费质量提升，加速消费结构升级，助力后疫情时期我国经济快速增长。未来的中国必将是一个消费能力强、消费结构优、人民效用水平大、社会福利水平高的幸福国度。

本课程的学习使学生更加全面地了解了消费理论，以及中国在全面促进消费过程中所做出的努力。学生可以根据自己的观察和了解去感知和认识在促进消费的过程中，现实中所存在的问题，并尝试性地总结出未来带动消费升级的启示和建议。

"公地悲剧"问题的认识与治理

张 芳

一、课程思政元素发掘

本课程在授课时可能包含以下思政元素。
元素1 培养学生对社会热点问题的分析（养老问题、环境问题）能力。
元素2 增强学生的法治意识。
元素3 以习近平新时代中国特色社会主义思想铸魂育人。

二、教案设计

（一）教学目标

1. 知识目标

梳理经济社会行为的相关知识，形成基于主体的知识体系，为解决实际问题提供理论依据、解答试题提供知识依据。

2. 能力目标

以"公地悲剧"现象为话题，探究此类问题的表现、成因与治理措施；培养学生运用经济学的知识思考、分析、解决现实问题的综合探究能力。

3. 思想目标

引导学生关注社会现象和政府政策，使学生科学地对待并分析现实生活中的"公地悲剧"社会现象，培养学生的公民意识和社会责任感。

（二）教学重点与难点

1. 教学重点

（1）掌握"公地悲剧"的含义，能够区分现实生活和社会现象中哪类现象可归类于此。

（2）理解现实生活中产生"公地悲剧"问题的原因及其后果。

（3）了解解决"公地悲剧"问题的途径与方法。

2. 教学难点

（1）让学生掌握并熟练运用公地悲剧的概念分析现实生活。

对难点1的处理：在本节话题引入时，使用学生熟知的身边案例（公用草地、大学寝室、养儿防老等），使其产生共鸣。

（2）让学生理解"公地悲剧"现象的处理措施。

对难点 2 的处理：提出对"公地悲剧"的治理措施。包括外部性的内部化、合理界定产权、制度建设和政府管制等，图文并茂，使得内容更加贴近学生，更易理解。

（三）教学手段与方法

1. 教学手段

（1）多媒体演示。运用多媒体演示将全部课程内容呈现出来，包括文字、图片、视频等多种形式。

（2）板书。在对公地悲剧的概念和解决措施进行说明的时候，单纯依靠多媒体演示无法让学生跟上课堂节奏，这时板书是很好的选择。板书可以让学生跟着教师的节奏，深入理解所提出举措的针对性。

2. 教学方法

（1）知识讲解。微观经济学是一门比较枯燥的经济学基础理论课，学生对此普遍缺乏兴趣。鉴于此，在课堂中改变单纯的灌输式教学，更多地采用故事和理论相结合的方式，启发式互动教学。运用多媒体演示、图片和板书相结合的方式开展教学，通过动态的多媒体演示，让学生把注意力集中到课程上。

（2）案例分析。为增加学生的学习积极性，培养他们理论联系实际的思维模式，课堂上始终贯穿实际案例，这些案例都是学生身边的故事，容易引起学生的共鸣和思考。通过对学生熟知、生活中普遍发生的现象和社会热点问题进行讲述，引起学生的兴趣和思考欲。

（四）教学过程

教学过程安排如下：

教学意图	教学内容	环节设计
	由各国收入差距导入公地悲剧的含义	
问题引入：从各国收入差距现象谈起，通过提出问题导入课程，引发学生对	公地悲剧的定义： 由于公共资源不具有排他性却具有竞用性，因此，如果人们只关注个人福利，公共资源就会被过度使用。 美国生物学家哈丁（Hardin）于 1968 年在《科学》上发表文章《公地悲剧》（"The Tragedy of the Commons"），最早提出公地悲剧问题。 案例： 假设这块草地共养 2 只羊时，每只羊可以带来收	

续表

教学意图	教学内容	环节设计
新知识的兴趣	益200元；养3只羊时，每只羊可以带来收益150元；养4只羊时，每只羊可以带来收益80元。 　　假设牧民甲和牧民乙都在这块草地上养羊，每个牧民可以自己决定是养1只还是养2只，那么会出现什么情况呢？ 　　在教科书中，关于公地悲剧的例子是公用的草地。以前在中国计划经济时期，在内蒙古等有草原的省份，草原、草场本身是公社所有的，草场就成了公地，牧羊人往往愿意多放几只羊，当每个牧民都这样想，而没有人对草场进行维护的时候，就会导致过度放牧。公用草地有这样的现象，公共的渔场也会有过度捕捞的问题。	多媒体演示、讲解，启发式教学、引导学生思考。
公地悲剧的有关案例		
用日常生活中通俗生动的案例引发学生对此概念之内涵和外延的理解	案例1：大学生寝室。 　　在大学里基本没有一个寝室是整洁干净的，为什么没有人打扫卫生？因为在寝室如果你打扫卫生，你就付出了时间成本、花了体力，好处是大家的。这时候对于寝室的环境卫生而言，没有人愿意付出私人的努力打扫，这就是一个公地悲剧问题。 　　案例2：养儿防老。 　　关于养老问题，中国有句古话"养儿防老"，但是孩子太多不一定是个好事。孩子太多，年迈的父母就成了一个公共品，父母是我的，也是你的，单独养老，好处是大家的，成本是自身的。	多媒体演示、讲解，启发式教学、引导学生思考。
公地悲剧的治理措施		
紧扣教学大纲要求，让学生深入理解公地悲剧治理措施的几种方式	第一个解决途径是外部性的内部化。举个例子，河流的污染、湖泊的污染是最为典型的公地悲剧和外部性的问题，比如，太湖爆发的蓝藻事件，是由于太湖周边的工厂及周边的居民生活废水都排到太湖里，太湖就是一个公地，每个人都不愿意去维护其环境。而外部性的内部化，就是将外在的事情自己处理。国家近年来实施河长制或者湖长制，在整个长江流域或者湖泊	讲解、多媒体演示。

续表

教学意图	教学内容	环节设计
	流域，成立一个办公室，河流由这个办公室来管，就不存在外部性问题了，管理得好是办公室的绩效，付出的成本由办公室来承担。 　　在网络空间例子中，语言暴力、言论不文明等问题，一直存在一个争议，即是否实施网络实名制。网络实名制可以将没有人负责的虚拟空间责任化。实名制之后，人们对网络空间的行为、言论可真正负责。 　　第二个解决途径是合理界定产权。以公共草场为例，草场是大家的，羊是牧民自己的，这就造成成本和收益的不匹配。解决方案是大家把草场分了，每个人各自承包一块，每个牧民不可以进入其他人的草场进行放牧，每个牧民对成本收益进行独立核算。外部性问题也就随之解决了。 　　第三个解决途径是制度建设。2020年初暴发的新冠疫情，专家提议立法禁止食用或交易野生动物。为什么这样做呢？一方面有助于人和自然和谐相处，保护野生动物等。另一方面，交易或食用野生动物，虽然可以满足少数人的欲望，但是，会给整个社会带来风险，可能把生物界的病毒带到人类社会中，个人获得了食用野生动物的效用，但风险由整个社会承担。那么进行制度建设，加大惩罚力度，进行立法限制，就可以让这些行为对个体而言成本大幅度上升，使其进行理性决策。 　　同样的道理，立法消除或者禁止室内吸烟也是因为室内吸烟对整个社会具有非常强的负外部性。垃圾分类也是一样的道理。垃圾不分类，随意丢失，会带来后期垃圾处理费用的骤增，而通过立法可以解决负外部性行为。在私人生活中，有一些家庭可能真的会出现子女非常多，但是老人没人照顾的情况，对此，国家除了立法强制子女对老年人的赡养义务外，还建立了一些激励措施，比如，我们现在缴纳个人所得税，可以在其中扣除赡养老人的费用。 　　第四个解决途径是政府管制。在市场失灵的时候，很容易想到让政府出面进行干预，一种常用的方法就	讲解、多媒体演示。

续表

教学意图	教学内容	环节设计
	是征税,例如,对于环境污染,可以征收排污企业的税负,提高企业成本,相关企业就会相应减少污染物的排放。除了税收,罚款也是一种有效的方案。	讲解、多媒体演示。

三、教学效果分析

本课程从微观经济学理论讲授入手,将思政元素润物无声地融入课程教学中,培养学生运用所学的知识思考、分析、解决现实问题的综合探究能力,从而达到课程思政培养高素质专业人才的目的。

美国微软公司的垄断案

赵 娟

一、课程思政元素发掘

本课程在授课时可能包含以下思政元素。

元素1 通过观看视频录像和当年的相关报道，回顾"美国微软公司垄断案"的整个过程，大致了解该案件的起因、诉讼双方争论的焦点，以及最终的审判结果等，为后续案例分析提供背景知识。与此同时，让学生认识到，我国的反垄断法还存在着很多问题需要完善，需要从他国反垄断的历程中吸取经验，制定出一套符合我国实际国情的违法判定原则，并建立专业的反垄断管理机构，为我国企业创造一个良好的竞争秩序。

元素2 通过阅读相关资料，了解美国主要的反托拉斯法中关于市场垄断势力的界定、相应惩处的法规和以往相似案例的司法实践等内容，为本案例的讨论打下良好基础。在梳理相关材料的过程中，要让学生认识到我国反垄断法实践的务实与创新，了解他国反垄断法的精神和具体做法是什么，如何根据行业特点具体细化，相关行政部门间如何分配和协调，以及反垄断法如何与一个国家的具体国情和经济发展阶段相适应等问题。

元素3 通过分小组角色扮演，探讨司法部门与微软公司的争论焦点：司法部门想要认定微软公司的捆绑销售行为违法，还需要提供哪些事实；微软公司应该从哪些角度反驳司法部门的事实认定。在整个过程中，结合所学过的经济学理论知识，拨开现象看到该案件的本质，这也有利于为完善我国反垄断法和相关司法实践提供思路和借鉴。

元素4 通过整理美国反垄断法实施所面临的困境，为完善我国反垄断法提出建议；重新反思垄断概念及其对社会的影响，反思市场结构及其划分方式，反思创新、经济发展与法律之间的关系，这都将有利于构建更适合我国经济发展的全新的社会主义经济理论，从而增强中国特色社会主义的理论自信。

二、教案设计

(一) 教学目标

培养学生从微观层面认识市场经济的能力,为学习后续经济管理类课程提供必要的基础;培养学生运用所学知识对"美国微软公司垄断案"进行解释、分析的能力,初步具备探索和解决经济问题的能力;在教学方法上,强调结合本节讨论的实际案例,以及学生对课外资料的查阅与思考,说明不同市场结构下价格和产量的决定,比较不同市场的经济效率,从而探讨市场机制的运行规律;加强学生把课本知识转化为具体思维体系和方式的能力。在讨论别国案例的过程中,培养学生的家国情怀和使命意识。具体包括以下三个层次。

1. 知识目标

根据学生的认知规律,通过案例讨论、小组互动等方式帮助学生掌握不完全竞争市场理论的主要内容,掌握"差别化定价""捆绑销售""搭配销售"的基本概念,了解市场经济运行规律,并理解反垄断法律立法与执法的基本原理。

2. 能力目标

培养学生运用微观经济理论分析和理解经济现象的能力,包括以下内容:分析企业如何选择营销策略,计算并比较在不同选择中价格的变化、企业利润的变化和消费者剩余的变化,了解政府应该采用何种措施应对企业的不同决策行为。

3. 价值目标

通过考察"美国微软公司垄断案",探索美国反托拉斯法价值导向变化的轨迹,即由最初地注重社会公正到后来的促进经济效率的提升,再到对创新的保护,对知识经济发展的支持。由此,联系我国反垄断法的立法与执法实践,培养学生思考问题的大局观,培养学生的家国情怀和使命感。

(二) 教学内容和教学重点与难点

1. 教学内容

教学大纲要求:明确利润最大化时各种市场结构下企业的盈亏情况,比较市场的差异;要求学生熟悉基础博弈的知识。按照教学大纲的要求,本节课程的主要教学内容分为以下三个部分。

(1) 不完全竞争市场理论的主要内容。

垄断:掌握垄断市场的条件和垄断厂商的需求曲线和收益曲线,理解垄断厂商的短期均衡,了解垄断厂商的供给曲线,理解垄断厂商的长期均衡。

垄断竞争：掌握垄断竞争理论，掌握垄断竞争厂商的需求曲线，了解垄断竞争厂商既定的生产规模，理解垄断竞争厂商的长期均衡，理解垄断竞争与理想的产量，了解垄断竞争厂商的供给曲线。

寡头：掌握古诺模型，掌握伯川德模型，了解斯威奇模型，了解寡头厂商的供给曲线。

（2）差别化定价、捆绑销售与搭配销售。

差别化定价与垄断：理解差别化定价的可行性，掌握线性定价和非线性定价的定义，了解产品多样化与差别化定价之间的关系，掌握不同差别化定价与社会福利之间的关系。

捆绑销售与搭配销售：掌握捆绑销售、搭配销售和强制搭配销售的定义，理解捆绑销售与搭配销售在动机和影响方面的差异。

（3）了解"美国微软公司垄断案"的背景、审判过程和最终判决与执行结果，理解捆绑销售可能为反托拉斯法律实践带来的困境。

2. 教学重点

（1）掌握单一价格垄断者的价格和产量决定，掌握差别化定价与价格和产量的决定，比较不同市场的经济效率。

（2）了解互补品、网络外部性和垄断定价之间的关联；能够借用博弈模型，计算出两家企业在不同条件下（包括独立经营和企业合并）的定价、企业利润和消费者剩余，并比较不同条件下社会福利的变化。

（3）了解反垄断法律与捆绑销售之间的关联，理解"美国微软公司垄断案"的本质，理解反垄断法律立法和执法的原因。

3. 教学难点

（1）如何证明以下结论：两种存在互补关系且具有非零边际成本的产品如果分别由两家垄断企业独立生产，可能会导致严重的无效率，而如果两家企业合并就会使得生产者和消费者都受益。

对难点（1）的处理：假定两种存在互补性产品的市场需求曲线，且两种产品的边际成本不为零；在两家企业分别生产的条件下，计算出企业各自的产品定价、企业利润和消费者剩余；在两家企业合并的条件下，计算出整体定价、企业联合利润和消费者剩余；比较上述两种情形下产品定价、企业利润和消费者剩余的大小，从而得出结论。

（2）如何解释如下问题：假定网景公司是一家很小的公司，任何合并都相当于被微软吞并，从而失去所有的经营独立性。公司管理部门于是决定拒绝合并的提议，继续单独出售它们的浏览器。因此，微软选择研发自己的浏览器，然后与它的 Windows 捆绑出售。在这种情况下，市场会怎样发展呢？

对难点（2）的处理：假定 Windows 和 Navigator 的市场需求曲线，且假定两种产品的边际成本为零；计算出两家企业独立生产和合并生产时产量、定价和企业利润的数值解，然后进行比较；借助于上述计算过程中的数值解，分析如果网景公司拒绝合并，微软开发 Internet Explorer 之后，有关两家企业浏览器价格战的结果。数值比较之后发现，微软的捆绑销售行为支持了竞争而不是压制竞争。

（三）教学方法与手段

1. 教学方法

（1）知识讲解。微观经济学是一门相对枯燥的经济学基础理论课，不仅是因为课程中包含了很多数学模型和推导，还因为微观经济学关注的是经济现实问题，这对于尚未走出校园的本科生来说，增加了理解难度，使得学生普遍感觉很难理解，对其缺乏兴趣。鉴于此，本课程在课堂中改变单纯的灌输式教学，更多地采用启发式和互动式教学。在教学中对本节的重点内容进行反复强调，例如，定价策略是企业决策的核心，企业利润和消费者剩余的计算是贯穿本节课始终的重点，因此，在课程教学中时刻强调基本的经济学模型设定与计算方法，以加深学生的认识。

（2）行动学习。为了让学生真正掌握本节课涉及的"美国微软公司垄断案"，专门设计教学环节，让学生模拟司法部门和企业部门，明确双方的争论焦点，使学生能够在模拟的案件审判中了解每个部门的目标和行为选择。

（3）案例分析。为增加学生的学习积极性，培养他们理论联系实际的思维模式，课堂上始终贯穿实际案例，从而引起学生的共鸣和思考。使学生认识到微观经济学的知识和理论就在身边，也切身感受到我国政府在制定和执行法律法规中的艰辛，从而产生一种家国情怀和使命感。

2. 教学手段

（1）多媒体演示。运用多媒体演示将全部课程内容呈现出来，包括文字、表格、图片、视频等多种形式。

（2）板书。在对数理模型进行说明的时候，单纯依靠多媒体演示无法让学生跟上课堂节奏，这时板书是很好的选择，板书推导公式可以让学生跟着教师的节奏一步一步地完成模型推导。

（四）教学过程

本案例的课程思政体现在各个教学环节，融入每个知识点的传授中，现从整体教学进程的角度，介绍本案例的思政融入点。

教学意图	教学内容	环节设计
课堂导入	【案例背景简介】大致了微软公司的相关业务；微软垄断案的大致经过，其中比较重要的是，了解最初杰克逊法官举证的相关事实认定，以及微软公司的相应辩解过程，从而了解诉讼双方争论的焦点；了解案件的最初审判结果和最终审判结果。 思政融入点： （1）"美国微软公司垄断案"的发展在现代社会中颇具代表性，在我国反垄断法实践过程中，也可能会遇到类似的问题。 （2）从案件本身可以看到当代垄断法规制的重心是禁止滥用市场支配地位。在数字经济时代，从保护及防止知识产权滥用的角度看，传统的反垄断法已随之发生了显著的变化。吸收他国的经验与教训，有利于完善我国反垄断法，建立健全反垄断管理机构，为我国企业创造一个良好的竞争秩序。 （3）微观经济学是一种重要的逻辑分析工具，可以借此理解经济过程具体是什么，从而能够对经济制度和经济政策结果做出评价。学习和掌握微观经济学相关知识和理论不仅仅是为了学好一门课程，还是为了更好地理解世界，了解政策，读懂每一种社会现象或政府政策背后的经济学机理，进而成为相关领域的专业人员。	观看视频录像和当年国内外相关报道。
法律条款	【法律条款简介】查阅美国反托拉斯法三部基本法规：1890年《谢尔曼反托拉斯法》，以及1914年《克莱顿反托拉斯法》和《联邦贸易委员会法》。主要查阅这三部法规中关于市场垄断势力的界定、相应惩处的法规和以往相似案例的司法实践等内容；查阅我国反垄断法的相关立法与执法实践。 思政融入点： （1）美国的反垄断体系，从1890年的《谢尔曼的托拉斯法》至今已经过了100多年的反垄断立法与执法实践。2008年，我国才开始实施反垄断法，距今只有十几年。党中央提出的"四个自信"，来源于实践、来源于人民、来源于真理。坚持"四个自信"，更应该采取一种开放包容的心态，接受与批判他国在反垄断实践中的经验与教训。	观看视频录像并查阅相关资料。

续表

教学意图	教学内容	环节设计
	（2）政府在法律法规制定过程中发挥着重要作用，从历史的角度回顾各国相关反垄断实践，更能够理解政府在反垄断立法与执法过程中的艰辛，有利于培养学生思考问题的大局观，培养学生的家国情怀和使命感。	
审判过程	1. 初审结果：将微软一分为二。 【行动学习】将学生分成两个小组，分别扮演司法部门与微软公司。司法部门根据美国反托拉斯法中关于市场垄断势力的界定、相应惩处的法规和以往相似案例的司法实践等内容，提出事实认定。微软公司提出反驳。这里以司法部门事实认定为主。 思政融入点： 着重阐述传统经济学中关于垄断对市场的危害：垄断会破坏市场竞争，带来效率损失，阻碍中小企业的发展；垄断还伴随着寻租；垄断在一定程度上会遏制创新。 2. 终审结果：撤销原判，双方和解。 【行动学习】将学生分成两个小组，分别扮演司法部门与微软公司。根据初审结果，微软公司提起上诉。司法部门不再坚持要求将微软一分为二，同时放弃追究微软将IE浏览器与Windows操作系统捆绑销售的责任。这里以微软公司反驳为主。 思政融入点： （1）整个案件体现了美国反托拉斯法价值导向变化的轨迹，即由最初注重社会公正到后来促进经济效率的提升，再到对创新的保护，对知识经济发展的支持。这是该案件最精彩的地方，深挖案件的本质，对我国反垄断法律实践具有借鉴意义。 （2）数字经济时代高科技信息产业会出现大量新问题，原有经济理论需要发展，原有法律必须加以修订。重新反思垄断概念及其对社会的影响，反思市场结构及其划分方式，反思创新与法律之间的关系，都将有利于构建更适合我国经济发展的全新的经济理论，从而增强中国特色社会主义的理论自信。	组织学生扮演司法部门与微软公司。

续表

教学意图	教学内容	环节设计
微软案的困境	"美国微软公司的垄断案"引发的美国反托拉斯法执法困境： （1）技术创新所产生的多功能产品的捆绑销售与搭售之间的区别应该如何界定？ （2）促进技术创新与反垄断执行之间的矛盾应如何协调？ **【视频播放】**拆分标准石油公司背后的纷争，欧盟反垄断案微软落败。 介绍美国原有的捆绑销售经典案例，介绍在美国微软案之后，其他国家对于微软公司的处罚决定，例如，欧盟、韩国、日本等国家。 思政融入点： （1）美国司法部门和法院已经发现了微软滥用其市场势力捆绑独立的商品作为扩展其浏览器市场地位的证据。然而，终审法官与初审法官的最大分歧在于处理办法不同：初审法官认为唯一能够阻止进一步违法行为的办法是将微软分解为单独的公司，就像20世纪90年代前标准石油公司被肢解一样；而终审法官没有那么极端，仅仅是加强了对微软公司行为的约束并且监督这些约束的执行情况。 （2）"美国微软公司垄断案"的处理方式在美国已经得到了认可，但是在其他国家，微软就没有那么幸运了。微软案证明了在这个互补品和"相互联系"品的时代，这种事件将是难以避免的。对于我国而言，必须加强对经济理论的研究，加强对于反垄断法的研究，从而应对数字经济时代社会经济现实中出现的各种各样的新问题。	视频播放、讲解。

三、教学效果分析

本课程思政环节的设计不仅增强了学生的参与感和获得感，还从知识与能力、情感与态度、价值与立场等多个维度，实现了价值塑造、能力培养、知识传授于一体的教学目标。2020—2021学年上半学期，本教学案例在微观经济学课堂上首次采用便收到了良好效果。学生普遍反映，在学习"市场理论"这部分内容时，通过对于"美国微软公司垄断案"的回顾与分析，加深了对于微观经济学基础理论的认识。在认识到美国反托拉斯法实施过程中所面临的困境后，也开始反思我国反垄断法立法与执法，从而培养了学生的家国情怀和使命感。

2000年9月亚马逊公司差别定价试验

赵 娟

一、课程思政元素发掘

本课程在授课时可能包含以下思政元素。

元素1 通过观看视频录像和当年相关报道，回顾2000年9月亚马逊公司差别定价试验的整个过程，大致了解定价试验的背景和过程，为后续案例分析提供背景知识。

元素2 通过分小组角色扮演，探讨不同消费者与亚马逊公司的争论焦点。在整个过程中，结合所学过的经济学理论知识，拨开现象看到该案例的本质，着重分析亚马逊公司差别定价试验失败的原因。

元素3 亚马逊公司的这次差别定价试验是电子商务发展史上的一个经典案例，这不仅是因为亚马逊公司本身是网络零售行业的一面旗帜，还因为这是电子商务史上第一次大规模的差别定价试验，并且在很短的时间内就以惨败告终。本课程通过分析该案例，从中得到启示，并为中国企业经营提出建议。重新反思垄断概念及其对社会的影响，反思市场结构及其划分方式，反思创新与经济发展之间的关系，这都将有利于构建更适合我国经济发展的全新的社会主义经济理论，从而增强中国特色社会主义的理论自信。

二、教案设计

（一）教学目标

培养学生从微观层面建立对市场经济的认识，为后续学习经济管理类课程提供必要的基础；培养学生熟练运用所学知识对"2000年9月亚马逊公司差别定价试验"进行解释、分析，初步具备探索和解决经济问题的能力。在教学方法上，强调结合本节课讨论的实际案例，以及学生对课外资料的查阅与思考，说明不同市场结构下价格和产量的决定，比较不同市场的经济效率，从而探讨市场机制的运行规律；加强学生把书本知识转化为具体思维体系和方式的能力。在讨论别国案例的过程中，培养学生的家国情怀和使命意识。具体包括三个层次：

1. 知识目标

根据学生的认知规律,通过案例讨论、小组互动等方式帮助学生掌握不完全竞争市场理论的主要内容,了解差别化定价的基本概念,了解市场经济运行规律,并理解反垄断法律立法与执法的基本原理。

2. 能力目标

培养学生运用微观经济理论分析和理解经济现象的能力,包括:分析企业如何选择营销策略,计算并比较在不同选择中价格的变化、企业利润的变化和消费者剩余的变化,以及了解政府应该采用何种措施应对企业的不同决策行为。

3. 价值目标

通过考察"2000年9月亚马逊公司差别定价试验",探索亚马逊公司企业经营理念变化的轨迹,由此,培养学生思考问题的大局观,培养学生的家国情怀和使命感。

(二)教学内容和教学重点

1. 教学内容

(1)不完全竞争市场理论的主要内容。

垄断:掌握垄断市场的条件,掌握垄断厂商的需求曲线和收益曲线,理解垄断厂商的短期均衡,了解垄断厂商的供给曲线,理解垄断厂商的长期均衡。

垄断竞争:掌握垄断竞争理论,掌握垄断竞争厂商的需求曲线,了解垄断竞争厂商既定的生产规模,理解垄断竞争厂商的长期均衡,理解垄断竞争与理想的产量,了解垄断竞争厂商的供给曲线。

寡头:掌握古诺模型,掌握伯川德模型,了解斯威奇模型,了解寡头厂商的供给曲线。

(2)差别化定价。差别化定价与垄断:理解差别化定价的可行性,掌握线性定价和非线性定价的定义,了解产品多样化与差别化定价之间的关系,掌握不同差别化定价与社会福利之间的关系。

(3)了解"2000年9月亚马逊公司差别定价试验"的背景、过程以及失败的原因,分析网络营销中差别定价策略存在的潜在风险及其可能的防范措施。

2. 教学重点

掌握单一价格垄断者的价格和产量决定,掌握差别化定价与价格和产量的决定,比较不同市场的经济效率。

(三)教学手段与方法

1. 教学方法

(1)知识讲解。在课堂中改变单纯的灌输式教学,更多地采用启发式和互动式教学。在教学中对本节课的重点内容进行反复强调,例如,定价策略是企业决策的核心,企业利润和消费者剩余的计算是贯穿本节课始终的重点,因此,在教学中时刻强调基本的经济学模型设定与计算方法,以加深认识。

(2)行动学习。为了让学生真正掌握本节课涉及的"2000年9月亚马逊公司差别定价试验",专门设计教学环节,让学生模拟不同消费者和亚马逊公司,明确双方的争论焦点,使得学生能够在模拟的案例中了解每个部门的目标和行为选择。

(3)案例分析。为增强学生的学习积极性,培养他们建立理论联系实际的思维模式,课堂上始终贯穿实际案例,从而引起学生的共鸣和思考,使学生认识到微观经济学的知识和理论就在身边。

2. 教学手段

(1)多媒体演示。运用多媒体演示将全部课程的内容呈现出来,包括文字、表格、图片、视频等多种形式。

(2)板书。在对数理模型进行说明的时候,单纯依靠多媒体演示无法让学生跟上课堂节奏,这时板书是很好的选择,板书推导公式可以让学生跟着教师的节奏一步一步地完成模型推导。

(四)教学过程

本的课程在各个教学环节将思政内容融入每个知识点的传授中,具体安排如下:

教学意图	教学内容	环节设计
课堂导入	【案例背景介绍】通过观看视频录像和当年的相关报道,回顾"2000年9月亚马逊公司差别定价试验"的整个过程,大致了解定价试验的背景和过程,为后续案例分析提供背景知识。 思政融入点: (1)"2000年9月亚马逊公司差别定价试验"在现代社会中颇具代表性。在我国网络营销实践过程中,也可能会遇到类似的问题。 (2)微观经济学是一种重要的逻辑分析工具,可以借此理解经济过程具体是什么,从而能够对经济制度和经济政策结果做出评价。学习和掌握微观经济学相关知识和理论不仅仅是为了一门课程,还是为了更好地理解世界,了解政策,读懂每一种社会现象或政府政策背后的经济学机理,进而成为相关领域的专业人员。	观看视频录像和当年国内外相关报道。

续表

教学意图	教学内容	环节设计
案例过程	【行动学习】将学生分成两个小组，分别扮演消费者与亚马逊公司，还原整个案件的发展过程。 思政融入点： 亚马逊公司违背商业伦理的行为曝光后，不仅自己的声誉会到影响，整个网络零售行业都受到了牵连，但因为亚马逊公司本身就是网上零售的市场领导者，占有最大的市场份额，所以它无疑会从行业信任危机中受到最大的打击，由此可见，亚马逊公司的策略是极不明智的。	组织学生扮演消费者与亚马逊公司。
试验失败的原因分析	提出问题：亚马逊公司的管理层在投资人要求迅速实现盈利的压力下开始了这次有问题的差别定价试验，结果很快便以全面失败而告终，那么，亚马逊差别定价策略失败的原因究竟何在？ 思政融入点： 结合微观经济学基础原理，总结出在亚马逊公司的这次差别定价试验中，战略上的失误是导致试验失败的根本原因，而实施上的诸多问题则是导致其惨败和速败的直接原因。	

三、教学效果分析

本课程思政环节的设计不仅增强了学生的参与感和获得感，还从知识与能力、情感与态度、价值与立场等多个维度，实现了价值塑造、能力培养、知识传授于一体的教学目标。2020—2021 学年上半学期，本教学案例在微观经济学课堂上首次采用便收到了良好效果。学生普遍反映，在学习"市场理论"这部分内容时，通过对"2000 年 9 月亚马逊公司差别定价试验"的回顾与分析，加深了对于微观经济学基础理论的认识。

宏观经济学

课程性质：专业课
课程类别：理论课
授课对象：经管类专业本科生

"宏观经济学"课程是首都经济贸易大学经管类专业本科二年级上学期的专业必修课。在"微观经济学"课程知识的基础上，本课程以国民收入理论为核心，研究国民收入的生产、分配和使用的规律，其特点是总量分析；分析国民生产总值、国民收入、总投资、总消费、物价水平、外汇收支等总量的变化及其相互关系；探索国民收入支出与国民收入来源之间的均衡状况以及由于不均衡所产生的通货膨胀、失业等问题。

　　"宏观经济学"旨在通过对国民经济总量相互关系的研究，揭示宏观经济运行过程中的矛盾、宏观经济变化规律，以及政府的宏观经济政策对国民经济的影响。通过本课程的学习，学生能够对宏观经济运行过程中的各种矛盾产生更加深刻的认识，对宏观经济运行机制有更全面的了解，运用宏观经济学的分析方法，认识宏观经济运行规律，看懂宏观经济政策的含义，正确认识中国特色社会主义市场经济的运行规律，尤其是政府和市场在经济运行中的角色与作用。

从宏观经济运行视角认识世界与中国

杜雯翠

"宏观经济运行与国民收入核算"教学单元是"宏观经济学"课程的第一课,也是这门课程的重点和难点。因为学生首次接触宏观经济学,需要对宏观经济运行体系有一个初步的全景了解,还需要初步掌握宏观经济学的研究对象和方法,本节课是整个宏观经济学的基础,为整个学期的课程学习打下基础,帮助学生顺利迈入宏观经济学的大门。

一、课程思政元素发掘

本课程在授课时可能包含以下思政元素。

元素1 通过观看新闻联播,了解宏观经济学与国家社会运行、人民生活之间的关联,通过宏观经济学知识点的梳理,对宏观经济运行有大致了解,进而对中国特色社会主义道路的发展有坚定信心。

元素2 通过小组角色扮演,了解宏观经济运行的四部门,正确认识政府在脱贫攻坚、环境保护、公共卫生等公共物品供给方面的支出,从而感受社会主义国家的制度优越性。

元素3 了解1952—2011年中国城乡居民人均储蓄存款余额的历史变化,帮助学生认识中国经济增长的原因,从而更加深刻地理解中国奇迹。

元素4 了解1871—2003年全球主要经济体的GDP变动情况,认识经济发展的历史趋势与特点,认识中国增长奇迹。

元素5 通过民国时期恶性通货膨胀的介绍,认识通货膨胀与国民政府覆亡的重要关系,从而树立对中国特色社会主义道路的坚定信心。

元素6 了解世界十大污染事件及其对人民生活造成的严重影响,使学生认识到GDP并不是衡量国民收入的完美指标,进而体会生态文明思想的深刻内涵与重要意义。

二、教案设计

(一)教学目标

本课程主要围绕宏观经济学是什么、宏观经济运行流程、如何衡量一国经济活动三个问题展开，引导学生了解宏观经济运行体系，认识国民收入核算的基本方法，了解改革开放以来中国经济高速增长被称为"中国奇迹"的原因，引导学生发散思维，加强其把课本知识转化为具体思维体系和方式的能力，最终培养学生的民族自豪感、家国情怀和使命意识。具体包括四个层次：

1. 知识目标

根据学生的认知规律，通过案例讨论、小组互动等方式帮助学生掌握宏观经济学的基本概念，了解宏观经济运行循环流程，掌握国民收入核算的基本方法和原理。

2. 能力目标

培养学生掌握宏观经济运行的分析方法和思想，在教学中让学生运用国民收入核算的相关理论知识核算一国经济发展水平，运用 GDP、GNP、CPI、PPI 等指标和方法比较、衡量一国经济活动状况。

3. 情感目标

培养学生思考问题的大局观，认识中国改革开放的历史，感受改革开放以来中国经济的高速发展，体会新中国创造的"中国奇迹"在中华民族发展历史长河中的突出作用，提高对现实宏观经济的感受力。

4. 价值目标

培养学生的家国情怀、自豪感和使命感，正确认识中国与发达国家在经济发展中存在的差距。

(二) 教学内容和教学重点与难点

1. 教学内容

按照教学大纲的要求，本课程的主要教学内容分为三个部分。

(1) 宏观经济运行与宏观经济的均衡：掌握宏观经济循环流程与宏观经济均衡的条件，理解储蓄、投资、政府预算与对外贸易的含义及其在宏观经济运行中的角色与作用。

(2) 经济活动水平的衡量：掌握 GDP、GNP、CPI、PPI 等衡量经济活动水平的指标，区分名义 GDP 和实际 GDP 的差别，以及"潜在产出"和"产出缺口"的含义。

(3) 国民收入的核算方法：理解支出法和收入法两种常用的核算国民收入的方法，了解以 GDP 为核心核算国民收入的缺陷。

2. 教学重点

(1) 掌握宏观经济循环流程，以及两部门经济、三部门经济、四部门开放经济下宏观经济的均衡条件，了解私人储蓄在宏观经济均衡中的作用。

（2）掌握国内生产总值（GDP）、国民生产总值（GNP）、国内生产净值（NDP）、国民生产净值（NNP）、国民收入（NI）、个人收入（PI）、个人可支配收入（PDI）的含义和联系，以及名义 GDP 与实际 GDP 的区别。

（3）掌握消费者价格指数（CPI）、生产者价格指数（PPI）、GDP 平减指数三个常用价格指数的含义与计算方法。

（4）理解核算国民收入和 GDP 的最基本方法：支出法和收入法，以 GDP 为核心核算国民收入的缺陷。

3. 教学难点

（1）让尚未涉世的本科生从宏观角度理解家庭部门、企业部门、政府部门、外国部门是如何通过产品市场、要素市场、金融市场和国际市场实现宏观经济循环的。

对难点（1）的处理：在本节课话题引入时，以 2020 年 8 月 23 日的新闻联播为题材，运用基本的宏观经济学原理解读每条新闻，使学生了解宏观经济学就在他们身边，时时刻刻发生着。而通过"宏观经济学"课程的学习，则可以读懂新闻，从专业角度认识时事，看懂宏观政策，并运用宏观政策做出个人生活决策。

（2）让学生理解 GDP 虽然是衡量国民收入的核心，但在现实中却存在一些缺陷。

对难点（2）的处理：针对 GDP 核算存在的两大缺陷，选取学生身边的例子讲解，尽量与学生产生共鸣，并通过适当的视频材料，帮助学生理解 GDP 无法真实反映国民的福利水平。

（三）教学方法与手段

1. 教学方法

（1）知识讲解。宏观经济学是一门比较枯燥的经济学基础理论课，不仅是因为课程中包含了很多数学模型和推导，还因为宏观经济学关注的是整个宏观经济运行问题，这对于尚未走出校园的本科生来说，更增加了理解难度，使得学生普遍感觉理解难度大，缺乏兴趣。因此，在教学中对本节课的重点内容进行反复强调，例如，GDP 是国民收入核算的核心，GDP 的含义、计算、缺陷是贯穿本节课始终的重点，在教学中时刻强调 GDP 对国民收入的衡量，以加深认识。

（2）行动学习。为了让学生真正掌握本章涉及的宏观经济循环流程，专门设计教学环节，让学生模拟家庭部门、企业部门、政府部门、外国部门，感受四部门之间是如何实现宏观经济循环的，也使得学生能够在模拟的经济循环中了解每个部门的目标和行为选择。

(3) 案例分析。为增加学生的学习积极性，培养他们建立理论联系实际的思维模式，课堂上始终贯穿实际案例，这些案例都是学生身边的故事，容易引起学生的共鸣和思考。例如，在本节课话题导入时用"新闻联播"作为课程导入载体，通过每条新闻的宏观经济学解读，使学生认识到宏观经济学的知识和理论就在身边，切身感受到中国经济发展的成果，从而产生一种民族自豪感和使命感。

2. 教学手段

(1) 多媒体演示。运用多媒体演示将全部课程内容呈现出来，包括文字、表格、图片、视频等多种形式。

(2) 板书。在对数理模型进行说明时，单纯依靠多媒体演示无法让学生跟上课堂节奏，这时板书是很好的选择，板书推导公式可以让学生跟着教师的节奏一步一步地完成模型推导。

（四）教学过程

本课程思政内容体现在各个教学环节，融入每个知识点的传授中，现从整体教学进程的角度，介绍本课程的具体安排。

教学意图	教学内容	环节设计
课堂导入	梳理每条新闻，找到其所对应的宏观经济学知识点，板书每条新闻标题及其对应的宏观经济学知识点，包括经济增长、国民经济核算、物价、财政政策、货币政策、国际收支、国际贸易等，最终通过板书将上述知识点串联起来，形成本课程的核心知识体系。 思政融入点： (1) 宏观经济学就在你我身边，我们生活在其中，也是宏观经济循环运行的一份子。 (2) 学习和掌握宏观经济学相关知识和理论不仅仅是为了一门课程，还是为了更好地理解世界，了解政策，读懂每一个政策背后的宏观经济运行目标，进而成为读得懂政策的专业人员。 (3) 微观经济学研究的是个人和企业的最优决策，宏观经济学研究的是整体国民经济的运行，虽然相比微观经济学，宏观经济学多了几分晦涩和空泛，但作为一个经管专业的本科生，不仅要了解个体是如何做出决策的，还要理解宏观经济是如何运行的，并以此指导生活，参与到宏观经济运行中。	视频播放2020年8月23日"新闻联播"。

续表

教学意图	教学内容	环节设计
宏观经济运行与宏观经济的均衡	1. 宏观经济循环流程与宏观经济均衡的条件 【行动学习】角色扮演宏观经济运行的四部门。 将学生分成小组，每组四名成员，分别扮演宏观经济运行中的家庭部门、企业部门、政府部门、外国部门，四个部门通过产品市场、要素市场、金融市场、国际市场相互交易，形成了宏观经济循环流程。 思政融入点： （1）宏观经济运行是一个有机整体，四部门通过四个市场相互联系，形成循环。 （2）政府在宏观经济运行中发挥着重要作用，引导学生正确认识政府在脱贫攻坚、环境保护、公共卫生等公共物品供给方面的支出，尤其是新冠疫情影响下，中国各地政府在公共卫生支出方面做出的努力，感受社会主义国家在公共支出方面的制度优越性。 2. 储蓄、投资、政府预算与对外贸易 【历史资料】1952—2011年中国城乡居民人均储蓄存款余额（见表1）。	角色扮演、梳理知识体系。

表1　1952—2011年中国城乡居民人均储蓄存款余额（元）

年份	城乡人均储蓄存款	年份	城乡人均储蓄存款	年份	城乡人均储蓄存款	年份	城乡人均储蓄存款
1952	1.5	1967	9.7	1982	66.5	1997	3 744.3
1953	2.1	1968	10	1983	86.9	1998	4 279.4
1954	2.6	1969	9.4	1984	117	1999	4 735.6
1955	3.2	1970	9.6	1985	154.5	2000	5 075.8
1956	4.3	1971	10.6	1986	210.2	2001	5 779.5
1957	5.4	1972	12.1	1987	285.1	2002	6 763.5
1958	8.4	1973	13.6	1988	348.7	2003	8 019.9
1959	10.2	1974	15	1989	467.3	2004	9 196.6
1960	10	1975	16.2	1990	622.7	2005	10 787
1961	8.4	1976	17	1991	798.1	2006	12 293
1962	6.1	1977	19.1	1992	1 003.2	2007	13 051
1963	6.6	1978	21.9	1993	1 283	2008	16 407
1964	7.9	1979	28.8	1994	1 794.7	2009	19541
1965	9	1980	40.5	1995	2 449.4	2010	22 619
1966	9.7	1981	52.3	1996	3 147.1	2011	25 505

续表

教学意图	教学内容	环节设计
	储蓄在宏观经济均衡中扮演着非常重要的角色,也是现有研究解释中国增长奇迹的因素之一,了解中国居民储蓄的历史变化有助于认识中国经济增长的原因。 思政融入点:1952—2011年中国城乡居民储蓄存款余额的历史变动,从1952年的1.5元到2011年的2.55万元,反映出中国居民生活水平的逐渐提高,中国在创造"国强"奇迹的同时,还实现了"民富"。	
经济活动水平的衡量	1. 衡量经济活动水平的指标 【历史资料】1987—2003年德、日、法、美、英GDP变动。 欧美发达国家的经济增长路径是相似的,大多是从二战后开始了快速的经济增长,而在这个过程中,美国和日本的经济增长速度高于其他几个发达经济体(见图1)。 图1 1871—2003年德、日、法、美、英五国的GDP变动 思政融入点:科学看待中国的工业化发展,一方面,中国工业取得了举世瞩目的辉煌成就,是世界上第一大工业国,2010年就超过了美国,是全球拥有联合国产业分类目录最全的国家;另一方面,中国的工业化比发达国家晚了七八十年,美国在1955年就完成了工业化,德国1965年完成工业化,日本1972年完成工业化,韩国1995年完成工业化,而中国到2020年才基本实现工业化,2035年才能实现全面工业化。 2. 名义国内生产总值和实际国内生产总值 【视频播放】中国民国时期的恶性通货膨胀。	视频播放、比较分析、讲授案例。

续表

教学意图	教学内容	环节设计
	中华民国时期曾爆发过极为严重的通货膨胀。100元法币在1937年可以买两头黄牛，到了1938年就只能买一头了，而1939年一头都买不起，只能买一只猪；1941年法币急速下跌，只能买一袋面粉；1943年可买鸡一只；1945年可买两个鸡蛋；1946年可买固体肥皂六分之一块；1947年可买煤球一个；1948年可买大米两粒；1949年可买一粒大米的24.5‰。这种贬值速度几乎是无法想象的。 　　思政融入点：通货膨胀是贯穿于中华民国最后几年的突出问题，也是影响人民生活的关键要素，在国民政府人为制造却无力控制的通货膨胀下，人民群众的日常生活由紧张、骚乱而最终陷于绝望。物价漫无限制地飞涨，人民对生活产生恐慌，也对国民政府失去了最后的信任和希望，这就是通货膨胀与国民政府覆亡的关系。	
国民收入的核算方法	以GDP为核心核算国民收入的缺陷： 　　(1) 这种核算体系并不能真实地反映一个经济体的总产出。 　　(2) 现行的国民收入核算体系并不能真实地反映国民的福利水平。 　　【视频播放】世界十大污染事件。 　　马斯河谷烟雾事件、洛杉矶光化学烟雾事件、多诺拉烟雾事件、伦敦烟雾事件、四日市哮喘病事件、日本熊本县水俣病事件、富山痛痛病事件、爱知米糠油事件、博帕尔事件、切尔诺贝利核污染事件。 　　思政融入点：一个国家或地区的GDP水平越高，所消耗的资源就越多，造成的污染就可能越严重。因此，如何实现高质量发展是未来中国经济发展亟须解决的问题，也正是在这样的背景下，习总书记提出了"绿水青山就是金山银山""生态兴则文明兴，生态衰则文明衰"等系列生态文明思想。2012年11月，党的十八大首次将生态文明建设作为"五位一体"总体布局的一个重要部分；十八届三中、四中全会先后提出"建立系统完整的生态文明制度体系""用严格的法律制度保护生态环境"，将生态文明建设提升到制度层面；十八届五中全会提出"创新、协调、绿色、开放、共享"的新发展理念，生态文明建设的重要性愈加凸显。通过本思政内容的融入，可以帮助学生深入理解生态文明建设的内涵与意义。	视频播放、案例讲解。

三、教学效果分析

本课程的教学内容和课程设计符合经管类本科二年级学生的知识水平和认知规律，由多种教学手段，尤其是案例教学营造出的生动、活泼的教学氛围，可以有效激发学生的学习兴趣、调动学生的学习积极性。课程思政环节的设计不仅增强了学生的参与感和获得感，还从知识与能力、情感与态度、价值与立场等多个维度，实现了价值塑造、能力培养、知识传授于一体的教学目标。在初次接触"宏观经济学"这门课程时，通过"新闻联播"实现课程导入，使他们能够在较短时间内快速了解宏观经济学涉及的知识体系，从而对宏观经济运行有了生动认识。教师对全球主要经济体上百年经济发展趋势的历史比较，以及新中国建立以来中国经济发展的趋势分析，使学生正确认识了"中国奇迹"，更加坚定了中国特色社会主义的道路自信。

涨！涨！涨！
——透过通货膨胀看经济社会发展

杜雯翠

"通货膨胀与失业"教学单元是"宏观经济学"课程的内容，也是重点和难点。因为二年级本科生尚未走进社会，也没有太多的生活经验，因而从直观上很难对物价上涨、通货膨胀等知识点产生共鸣，这也为本节课的讲授提出了更高要求。

一、课程思政元素发掘

本课程在授课时可能包含以下思政元素。

元素1 通过20世纪20年代德国的过度通货膨胀、20世纪80年代阿根廷的恶性通货膨胀、20世纪40年代中华民国的恶性通货膨胀这三个案例的介绍，以及通货膨胀知识点的梳理，帮助学生了解通货膨胀产生的背景及其经济社会后果，进而深刻认识中国革命取得胜利的本质原因。

元素2 通过小组角色扮演，了解通货膨胀对固定收入人群、不固定收入人群、储蓄者、债权人、债务人的差异化影响，从而认识到通货膨胀对不同社会阶层财富分配的影响。

元素3 了解1978—2019年中国历年的居民消费价格指数和商品零售价格指数变化趋势，帮助学生认识改革开放以来中国物价波动的原因。

元素4 了解改革开放以来中国转型时期历次通货膨胀，以及政府的反通货膨胀政策，认识中国政府是如何综合运用财政政策和货币政策预防、应对通货膨胀的，进而坚定对中国社会主义制度优越性的认识。

二、教案设计

（一）教学目标

本课程主要围绕通货膨胀是什么、如何衡量通货膨胀、通货膨胀产生的原因、通货膨胀的经济社会后果、反通货膨胀政策等问题展开，引导学生了解通货膨胀产生的背景、原因、机理、后果，认识通货膨胀的基本类型，了解改革开放以来中国经历的几次通货膨胀以及政府的反通货膨胀政策，催化学生发散思维，加强其把课本知识转化为具体思维体系和方式的能力，最终培养学生的民族自豪感、家国情怀和使命意识。具体包括以下四个层次。

1. 知识目标

根据学生的认知规律，通过案例讨论、小组互动等方式帮助学生掌握通货膨胀的基本概念，了解通货膨胀产生的原因，掌握政府在应对通货膨胀中采取的常见措施。

2. 能力目标

培养学生掌握分析通货膨胀产生原因的能力，在教学中让学生运用通货膨胀的相关理论知识判断一国的通货膨胀类型。

3. 情感目标

培养学生理性思考问题的习惯，正确认识通货膨胀的好处与坏处，了解中国民国时期和改革开放以来经历的不同类型的通货膨胀，感受当代中国政府在反通货膨胀中采取的积极有效的政策手段，提高对中国特色社会主义经济政策优越性的深刻认识。

4. 价值目标

培养学生的家国情怀、自豪感和使命感，正确认识中国与其他国家在应对通货膨胀时采取的差异化经济政策，从而体会经济社会体制的差别化，坚定社会主义信仰。

（二）教学内容和教学重点与难点

1. 教学内容

按照教学大纲的要求，本节课的主要教学内容分为以下三个部分。

（1）通货膨胀的定义及类型：掌握通货膨胀和通货紧缩的定义，理解通货膨胀的不同类型划分方法。

（2）通货膨胀产生的后果与原因：掌握通货膨胀对不同阶层财富分配的影响，及其对资源配置和社会总产出的影响，理解产生通货膨胀的三种原因。

（3）反通货膨胀的政策：理解紧缩性经济政策和收入政策是如何反通货膨胀的，了解其他反通货膨胀的政策。

2. 教学重点

（1）掌握通货膨胀的定义和类型，学会区分通货膨胀的不同类型。

（2）掌握通货膨胀对财富分配、资源配置、经济产出的影响，以及产生通货膨胀的三种原因。

（3）掌握政府反通货膨胀的各类政策。

3. 教学难点

（1）如何让尚未涉世的本科生从宏观角度理解通货膨胀中物价的普遍、

持续上涨。

对难点（1）的处理：在本节课话题引入时，以 20 世纪 20 年代德国的过度通货膨胀、20 世纪 80 年代阿根廷的恶性通货膨胀、20 世纪 40 年代中华民国的恶性通货膨胀这三个案例导入，结合"蒜你狠""姜你军"等生活现象，运用基本的宏观经济学原理解读每个生活现象和历史事件，使学生了解到通货膨胀就在他们身边。

（2）理解反通货膨胀的政策措施。相比于微观经济学，宏观经济学理论对于本科生来说本身就不易理解，如何从政府的角度出发，理解反通胀措施就更加困难了，这也是本节课的难点之一。

对难点（2）的处理：通过梳理 1978—2019 年中国历年的通货膨胀，以及中央政府针对不同类型通货膨胀所采取的政策措施，帮助学生了解宏观经济现实，理解中国政府是如何应对通货膨胀的。

（三）教学方法与手段

1. 教学方法

（1）知识讲解。宏观经济学是一门比较枯燥的经济学基础理论课，不仅是因为课程中包含了很多数学模型和推导，还因为宏观经济学关注的是整个宏观经济的运行问题，这对于尚未走出校园的本科生来说，更加增加了理解难度，使得学生普遍感觉理解难度大，缺乏兴趣。鉴于此，在课堂中改变单纯的灌输式教学，更多地采用启发式和互动式教学。

（2）行动学习。为了让学生真正掌握本课程涉及的通货膨胀的经济后果，专门设计教学环节，让学生模拟固定收入人群、不固定收入人群、储蓄者、债权人、债务人，感受通货膨胀对不同人群的差异化影响。

（3）案例分析。为增加学生的学习积极性，培养他们建立理论联系实际的思维模式，课堂上始终贯穿实际案例，帮助学生产生共鸣和思考。例如，在本节课话题导入时用"蒜你狠""姜你军"等生活现象，运用基本的宏观经济学原理解读每个生活现象和历史事件，使学生了解到通货膨胀就在他们身边。

2. 教学手段

（1）多媒体演示。运用多媒体演示将全部课程内容呈现出来，包括文字、表格、图片、视频等多种形式。

（2）板书。在对数理模型进行说明时，单纯依靠多媒体演示无法让学生跟上课堂节奏，这时板书是很好的选择，板书推导公式可以让学生跟着教师的节奏一步一步地完成模型推导。

（四）教学过程

本案例的课程思政体现在各个教学环节，融入每个知识点的传授中，现从整体教学进程的角度,介绍本课程的具体安排。

教学意思	教学内容	环节设计
通货膨胀的定义及类型	1. 通货膨胀的定义 通货膨胀(inflation)指在一段时间内,一般物价水平或价格水平持续、显著上涨的经济现象。 三层含义:持续性、大多数商品和服务的价格水平、隐蔽的通货膨胀。 【视频播放】20 世纪 20 年代德国的过度通货膨胀、20 世纪 80 年代阿根廷的恶性通货膨胀、20 世纪 40 年代中华民国的恶性通货膨胀。 (1)德国:第一次世界大战后,胜利的同盟国要求德国偿还巨额的赔款,德国政府通过大量发行货币来筹资。20 世纪 20 年代德国的通货膨胀达到令人难以置信的程度,1923 年底,物价比两年前高了 200 亿倍。 (2)阿根廷:20 世纪 80 年代,阿根廷年通货膨胀率达到 450%,1990 年初之前的 12 个月,通货膨胀率飙升至 20 000%。 (3)中华民国:1935 年国民党政府实行法币制度,1940 年起进入恶性通货膨胀阶段,物价上升指数超过通货增发指数。到抗日战争结束的 1945 年 8 月,法币发行指数为 394.84,同期重庆物价指数为 1 795.00。 思政融入点: (1)通过了解发生在两次世界大战之间的德国恶性通货膨胀,可以洞悉现代通货膨胀的机理与危害,以及通货膨胀对世界格局造成的影响。 (2)中华民国恶性通货膨胀造成货币贬值、物价飞涨、人民生活日益贫困、国民经济逐渐崩溃。 (3)通货膨胀的背后是当局政府信用的沦丧,货币失去信用,政府失去人心。 2. 通货膨胀的类型 (1)按照价格水平上涨的幅度划分:温和的通货膨胀(不超过 10%)、奔腾的通货膨胀(10%~100%)、超级通货膨胀(超过 100%)。 (2)按照对不同商品价格的影响程度划分:平衡的通货膨胀(每种商品的价格均按同一比例上涨)、非平衡的通货膨胀(各种商品的价格按不同比例上涨)。 (3)按照人们对物价上涨的预期划分:可预期的通货膨胀(惯性通货膨胀)、不可预期的通货膨胀。	视频播放、课堂讲授。

续表

教学意思	教学内容	环节设计
通货膨胀产生的后果与原因	1. 通货膨胀产生的后果 （1）通货膨胀可能会改变收入以及财富在不同社会阶层之间的再分配。 （2）通货膨胀在很大程度上降低了经济效率，使资源无法得到最优配置。 （3）通货膨胀还会对社会总产出产生影响。 **【行动学习】**将学生分成小组，每组四名成员，分别扮演固定收入人群、不固定收入人群、储蓄者、债权人、债务人，在不同程度的通货膨胀率设定下，通过交易场景的设计和演绎，帮助学生感受不同程度的通货膨胀对于不同人群的差异化影响。 思政融入点： （1）非平衡的或不可预期的通货膨胀对固定收入人群产生不利影响，对不固定收入人群产生有利影响。 （2）通货膨胀对储蓄产生不利影响，使储蓄者的收入水平下降。 （3）不可预期的通货膨胀还会将债权人的一部分财富再分配给债务人，使债权人的利益受到损害，使债务人获得意外收益。 （4）通货膨胀对于不同阶层的人民来说，影响是不同的。 2. 通货膨胀产生的原因 （1）需求拉动的通货膨胀：是指由于总需求的增加超过了总供给而引起的价格水平持续、显著上涨的经济现象，又被解释为过多的货币追逐过少的商品。 （2）成本推动的通货膨胀：是指由于供给方面成本的提高而引起的价格水平持续、显著上涨的经济现象，分为工资推动的通货膨胀和利润推动的通货膨胀。 （3）结构性通货膨胀：是指由于经济结构因素的变化导致的价格水平持续、显著的上涨，引发通货膨胀。 **【历史资料】**1978—2019年中国居民消费价格指数和商品零售价格指数变化情况。 居民消费价格指数（CPI）、商品零售价格指数（PPI）	角色扮演、知识梳理。

续表

教学意思	教学内容	环节设计
	是用来衡量物价水平变化的重要指标，梳理1978—2019年中国物价水平波动情况，可以帮助学生认识改革开放以来中国物价的波动及其原因（见图1）。 **图1　1978—2019年中国CPI、PPI变动** 思政融入点：1978—2019年中国居民消费价格指数和商品零售价格指数的历史变动反映出中国物价水平变化。改革开放以来，中国共发生过五次较为严重的经济波动，它们都以扩张性的宏观经济政策，特别是金融政策为开端，导致物价上涨和经济过热。通过对改革开放以来中国历史上几次相对较严重的通货膨胀背景的梳理，理解产生通货膨胀的原因，正确认识一定程度的通货膨胀是有利于促进经济增长的，也进一步理解社会主义国家在应对通货膨胀时展现出的制度优越性。	
反通货膨胀政策	两种主要的反通货膨胀的政策。 （1）紧缩性经济政策：又称为用经济衰退抑制通货膨胀的政策，这是一种反需求拉动通货膨胀的经济政策。 （2）收入政策：针对成本推进的通货膨胀而提出的一项反通货膨胀政策，是政府为了抑制通货膨胀而采取的对工资收入和产品价格上升进行某种限制的政策。 其他反通货膨胀的政策：调整税收政策，增加有效供给的政策，对通货膨胀预期的管理政策、利率政策、汇率政策。	讲授。

续表

教学意思	教学内容	环节设计
	【历史资料】改革开放以来中国政府历次反通货膨胀政策措施。 　　改革开放以来，中国政府在不同阶段采取了差异化的反通胀措施。 　　(1) 1979—1981年采取的紧缩措施：压缩固定资产投资和基建项目，压缩国防经费和行政管理费用，加强银行信贷管理，冻结企业存款。 　　(2) 1984—1986年采取的紧缩措施：要求各地制订计划制止物价继续上升，监督压缩基建项目，中国人民银行采取紧缩性货币政策，加强贷款额度控制，连续两次上调存款利率和贷款利率。 　　(3) 1978—1990年采取的紧缩措施：政府急剧压缩固定资产的投资规模，停止审批计划外建设项目，强化物价管理，实行"强制着陆"的宏观调控政策，提高存款准备金率，调整利率政策。 　　(4) 1991—1995年采取的紧缩措施：提高存贷款利率，加强深化改革，整体推进金融体制改革，建立新的财税体制。 　　(5) 2003—2008年采取的紧缩措施：实行稳健的财政政策和从紧的货币政策。 　　思政融入点：科学看待改革开放以来中国的通货膨胀，一方面，要科学认识通货膨胀，一定程度的通货膨胀能够刺激经济，促进增长。另一方面，改革开放以来中国的通货膨胀是由于经济因素和制度因素等各方面因素叠加而成的，各个阶段中国政府的反通货膨胀政策都是以紧缩性的财政政策和货币政策为主，同时全面推进深化改革。中国政府的反通胀政策和措施选择在降低通胀率的同时，优化了资源配置，促进了经济的进一步增长。与本节课开始的三个恶性通货膨胀案例相比，这充分体现了中国特色社会主义制度的优越性。	

三、教学效果分析

本课程的教学内容和课程设计符合经管类本科二年级学生的知识水平和

认知规律。由多种教学手段,尤其是案例教学营造出的生动、活泼的教学氛围,可以有效激发学生的学习兴趣、调动学生的学习积极性。课程思政环节的设计不仅增强了学生的参与感和获得感,还从知识与能力、情感与态度、价值与立场等多个维度,实现了价值塑造、能力培养、知识传授于一体的教学目标。在初次接触通货膨胀这一概念时,通过20世纪20年代德国、20世纪80年代阿根廷、20世纪40年代中华民国三个恶性通货膨胀案例的导入,以及"蒜你狠""姜你军"等生活现象的分析,使学生能够在较短时间内快速了解通货膨胀的知识体系,从而对通货膨胀的成因、后果和应对措施有了生动认识,使其能够正确认识改革开放以来的通货膨胀,了解中国政府的反通货膨胀政策及政策效果,感受到中国特色社会主义制度的优越性,更加坚定中国特色社会主义的道路自信。

从宏观经济政策理论看疫情期间的宏观政策

李 琛

一、课程思政元素发掘

本课程在授课时可能包含以下思政元素。

元素 1 理解"六保""六稳"政策的意义。中央首次提出"六稳"是在 2018 年 7 月，当时，中美贸易摩擦加剧，外部环境发生明显变化，经济运行稳中有变，稳中有忧。中央审时度势，未雨绸缪，旗帜鲜明地提出"要做好稳就业、稳金融、稳外贸、稳外资、稳投资、稳预期工作"，把"六稳"作为实现中国经济稳中求进的基本要求。在"六稳"发力下，我国经济经受住了外部环境变化的冲击，保持了平稳健康的发展。"六保"分别是：保居民就业、保基本民生、保市场主体、保粮食能源安全、保产业链供应链稳定、保基层运转。2020 年伊始，突如其来的疫情严重冲击了我国经济，造成前所未有的影响。经济形势发生重大变化，外部环境严重恶化，经济平稳健康发展面临一系列新挑战和新风险。有鉴于此，中央及时做出新的安排，在扎实做好"六稳"的基础上，提出了"六保"的新任务，形成了"六稳"加"六保"的工作框架。

元素 2 坚持和完善中国特色社会主义制度。党的第十九届四中全会通过了《中共中央关于坚持和完善中国特色社会主义制度、推进国家治理体系和治理能力现代化若干重大问题的决定》。全会提出，中国特色社会主义制度是党和人民在长期实践探索中形成的科学制度体系，我国国家治理的一切工作和活动都依照中国特色社会主义制度展开，我国国家治理体系和治理能力是中国特色社会主义制度及其执行能力的集中体现。全会认为，实践证明，中国特色社会主义制度和国家治理体系是以马克思主义为指导、植根中国大地、具有深厚中华文化根基、深得人民拥护的制度和治理体系，是具有强大生命力和巨大优越性的制度和治理体系，是能够持续推动拥有近十四亿人口大国进步和发展、确保拥有五千多年文明史的中华民族实现"两个一百年"奋斗目标进而实现伟大复兴的制度和治理体系。全会强调，我国国家制度和国家治理体系具有多方面的显著优势，比如坚持党的集中统一领导，坚持党的科学理论，保持政治稳定，确保国家始终沿着社会主义方向前进的显著优势等，这些显著优势，是我们坚定中国特色社会主义道路自信、理论自信、制度自信、文化自信的基本依据。全会提出，坚持和完善社会主义基本经济制度，推动经济高质量发展。公有制为主体、多种所有制经济共同发展，按劳分配为主体、多种分配方式并存，社会主义市场经济体制等社会主义基本经济制度，既体现了社会主义制度的优越性，又同我国社会主义初级阶段社会生产力发展水平相适应，是党和人民的伟大创造。

二、教案设计

（一）教学目标

在市场经济条件下，市场机制的调节并不能自动保证宏观经济总是维持均衡状态，而且市场自发调节所发挥作用的时间很长。在这种背景下，需要政府采用宏观经济政策干预经济运行，包括财政政策和货币政策，即需求管理政策。教师在讲授理论知识的基础上，通过行动学习和案例讨论等教学手段和互动式教学方法调动学生主动学习的积极性。目的在于催化学生的发散思维，加强其把课本知识转化为具体思维体系和方式的能力，培养学生理性思考的习惯，具体包括知识、能力和价值三个层面。

1. 知识目标

根据学生的认知规律，通过行动学习、案例讨论等方式帮助学生熟练掌握宏观经济政策的目标、工具和类型、效果，学会用 IS-LM 模型分析宏观经济政策对经济的影响，掌握财政政策和货币政策这两个宏观经济政策，了解政府如何用宏观经济手段干预市场。

2. 能力目标

注重培养学生的经济学思维和直觉，让学生可以运用所学的 IS-LM 模型和宏观经济政策等相关经济学理论知识分析现实生活中的具体政策的效果，培养学生将所学知识活学活用的能力。

3. 价值目标

培养学生关心中国经济发展情况的意识；培养学生对现实的分析能力；使学生认识到中国特色社会主义的制度优势，理解党的领导在国家治理现代化中的关键地位。

（二）教学内容和教学重点与难点

1. 教学内容

按照教学大纲的要求，本章的主要教学内容分为三个部分。

（1）宏观经济政策的目标；

(2) 财政政策和货币政策的工具和类型；

(3) 财政政策和货币政策的效果。

2. 教学重点

掌握 IS-LM 模型分析法；掌握不同宏观经济政策类型下，对应的政策工具有哪些；掌握如何分析财政政策和货币政策的效果。

3. 教学难点

通过 IS-LM 模型分析财政政策和货币政策的效果，包括图形分析和数值计算；理解为什么财政政策会产生挤出效应。

(三) 教学方法与手段

1. 教学方法

(1) 知识讲解。宏观经济学是一门比较枯燥的经济学基础理论课，学生普遍缺乏兴趣。鉴于此，在课堂中运用多媒体演示、视频和板书相结合的方式开展教学，通过动态的多媒体演示、生动的案例教学法和自然的思考逻辑链，吸引学生注意力。

(2) 数值计算。为增强学生的学习积极性，培养他们建立理论联系实际的思维模式，课堂上始终贯穿数值计算，帮助学生思考。

(3) 引导学生自主思考。课堂教学中善用提问互动的方式引导学生自主思考，例如，在讲解宏观政策工具时，可以先让学生自行思考现实中见到的各种政策工具对应的是何种类型的宏观政策。实践表明，学生在教师引导下自主思考得出的知识更容易被记忆，且这种自主思考得到肯定的成就感会增加学生学习本门课程的信心和积极性。

2. 教学手段

(1) 多媒体演示。运用多媒体演示将全部课程内容呈现出来，包括文字、表格、图片等多种形式。

(2) 板书。在对数理模型进行说明的时候，单纯依靠多媒体演示无法让学生跟上课堂节奏，这时板书是很好的选择，板书推导公式可以让学生跟着教师的节奏一步一步地完成模型推导。

(3) 互联网资料分享。充分利用互联网资源，以"00 后"大学生喜欢的方式向他们分享课外资料。"00 后"从小生活在互联网时代，擅长用搜索引擎和社交平台了解信息。本课程通过为学生推荐分享网络学习资源，激发学生自主学习的兴趣和热情。线上线下相结合，提高教师教授和学生学习的效率。

(四) 教学过程

1. 教学设计思路

(1) 回顾上节课讲的 IS-LM 模型，请学生思考国家如何通过宏观政策影响经济发展。引起学生的兴趣和思考，调动学生积极性，活跃课堂氛围，为后面的理论内容讲解做好铺垫。

课程思政的体现：除了市场无形之手的力量外，帮助学生理解我国为什么要用宏观经济政策干预经济。

（2）对关键的概念进行解释和分析，帮助学生具体了解财政政策和宏观经济政策的政策工具和政策类型。

课程思政的体现：通过解读宏观经济政策工具和类型，进一步理解在疫情期间我国实行的"六保""六稳"政策中涉及的宏观经济政策工具，以及采取的是哪种类型的政策。

（3）通过 IS-LM 模型具体分析宏观经济政策的效果。

课程思政的体现：通过分析宏观经济政策的效果，理解我国为什么要实行"六保""六稳"政策。

2. 教学进程安排

根据教学要求和教学计划，对教学进程进行如下系统安排：

教学意图	教学内容	环节设计
	宏观经济政策的目标	
导言	简要回顾上节课内容，回忆 IS-LM 模型如何得到，本节课将使用 IS-LM 模型分析财政政策和货币政策这两个宏观经济政策如何调节经济，以及这两个宏观经济政策发挥作用的条件，在不同的经济发展情况下需要使用不同的宏观经济政策。	多媒体演示、讲解。（2分钟）
背景	在市场经济条件下，市场机制的调节并不能保证宏观经济总是维持均衡状态，而且市场自发调节所发挥作用的时间很长。在这种背景下，需要政府采用宏观政策来干预经济运行，包括财政政策和货币政策，即需求管理政策。	讲解、多媒体演示。（2分钟）
本节课程总体框架	（1）宏观经济政策的目标； （2）财政政策和货币政策的工具和类型； （3）财政政策和货币政策的效应。	使学生了解本节课涉及的主要内容。（1分钟）

续表

教学意图	教学内容	环节设计
	宏观经济政策的目标	
紧扣教学大纲要求，让学生初步认识宏观经济政策	宏观经济政策的四个目标。 （1）保持经济持续、均衡增长：持续稳定、均衡增长。 （2）实现充分就业：包括摩擦性失业在内的充分就业。 （3）稳定价格水平：不是指每种商品的价格固定不变，也不是指价格水平绝对不变，而是指价格水平的相对稳定。 （4）平衡国际收支：适度官方储备资产前提下的国际收支平衡。 四个目标之间的关系。 （1）互补性：政府并非追求某一目标或某一目标的实现，而是同时促进多个目标的实现。 例如：保持经济持续均衡增长目标与充分就业目标。 （2）替代性：政府要实现某一目标，就无法同时实现另一目标，甚至要以牺牲另一目标为代价。 例如：经济增长、充分就业与稳定价格水平之间的关系。 政府在选择政策目标时，要考虑本国经济运行周期的阶段特征和社会所面临的紧迫任务。	讲解、多媒体演示。 （10分钟）
	宏观经济政策的工具和类型	
结合宏观经济运行解释财政政策的工具和类型	财政政策：是指政府通过变动政府支出和税收来影响总需求，进而影响经济增长、就业和价格水平的政策。 财政政策的两个工具： （1）政府支出：政府对商品和服务的购买以及政府向家庭的转移支付。 （2）税收：政府向家庭和企业征税获得的税收收入。 两种类型的财政政策： （1）扩张性财政政策（增加政府支出，减少税收）。 （2）紧缩性财政政策（减少政府支出，增加税收）。 回顾三部门经济的均衡条件、政府购买乘数、IS曲线。	讲解、多媒体演示、板书。 （10分钟）

续表

教学意图	教学内容	环节设计
掌握货币政策的工具和类型	三部门均衡条件： $$Y = AD = C + I + G$$ $$C = C_0 + c(Y - T + TR)$$ 则均衡产出为 $$Y = \frac{C_0 + cTR + I + G - cT}{1 - c}$$ 政府购买乘数 $$m = \frac{1}{1 - c}$$ 政府部门与财政政策影响的IS曲线（见图1） $$Y = \frac{A - bi}{1 - c} = m(A - bi)$$ 图1　IS曲线 货币政策：货币当局或中央银行通过控制货币供给，并通过变动货币供给影响利率，进而影响投资需求和总需求，并进一步影响经济增长、就业和价格水平的政策。 两种类型的货币政策： （1）扩张性货币政策（增加货币供给，降低利率）。 （2）紧缩性货币政策（减少货币供给，提高利率）。 货币政策的工具： （1）法定存款准备金率、再贴现率、公开市场业务。 　A. 法定存款准备金率：指金融机构按规定向中央银行缴纳的存款准备金占其存款总额的比率。目的之一是防止挤兑。 　B. 再贴现率：指中央银行向商业银行和其他金融机构放款的利率。具体过程是商业银行将已贴现未到期票据做抵押，向中央银行借款时预扣取得的利率。	讲解、多媒体演示、板书。 （10分钟）

续表

教学意图	教学内容	环节设计
	C. 公开市场业务：指中央银行在公开市场上买卖有价证券以控制货币供给和利率的政策行为，主要工具包括国库券、公债等。 （2）三个选择性工具：不动产信用控制（房地产信贷）、消费者信用控制（耐用品信贷）、证券市场信用控制（证券交易的贷款）。 （3）其他工具：道义劝告（利用中央银行的权威进行）。 回顾中央银行货币供需（见图 2）、货币市场均衡、LM 曲线（见图 3）。 图 2　货币供需曲线　　图 3　中央银行与货币政策影响 LM 曲线	
	财政政策和货币政策的效应	
掌握财政政策效应	财政政策有效性和挤出效应（见图 4）。 图 4　财政政策的有效性和挤出效应 财政政策的有效性和挤出效应的传导机制。	板书、多媒体演示、讲解。 （6 分钟）

图 2 中：$M = M/P$，$L = kY - hi$

图 3 中：
$$Y = \frac{1}{k} \cdot \frac{M}{P} + \frac{hi}{k}$$
$$i = \frac{1}{h}\left(kY - \frac{M}{P}\right)$$

图 4 中：增加政府支出
$Y_3 - Y_1 = \Delta Y = mg \cdot \Delta G$
$Y_3 - Y_2 = $ 挤出效应

续表

教学意图	教学内容	环节设计
	（1）政府增加支出 $\triangle G$，通过乘数效应，国民收入理应增加 Y_3-Y_1。 （2）在货币市场上，国民收入增加引起对货币需求的增加，而货币供给保持不变，故利率 i 上升。 （3）在产品市场上，利率 i 上升进一步引起私人投资需求下降，私人投资需求下降又会引起国民收入下降。 （4）政府公共投资所带来的国民收入增加会被一部分私人投资需求下降所抵消，产生所谓的"挤出效应"。	
掌握货币政策效应	货币政策的有效性（见图5）。 **图5　货币政策的有效性** 货币政策的有效性及其传导机制。 （1）均衡点 E_1 的国民收入水平 Y_1 小于充分就业时的国民收入水平 Y_2，央行增加货币供给。 （2）均衡点由 E_1 右移到 E_2，产出水平扩大至 Y_2。 （3）国民收入增加，利率下降，货币政策不存在挤出效应。 货币供给增加与利率下降具有同样的作用，利率下降不仅可以满足货币市场的需求，还可以通过刺激投资需求函数增加国民产出。	板书、多媒体演示、讲解。 （6分钟）
解读"六保""六稳"政策	
解读现实中的宏观经济政策	2018年6月，中央经济工作会议首次提出"六稳"方针。 2020年4月，中共中央政治局会议提出做好"六保"工作。	多媒体演示、讲解。 （5分钟）

续表

教学意图	教学内容	环节设计
	"六稳"指的是稳就业、稳金融、稳外贸、稳外资、稳投资、稳预期工作;"六保"指的是保居民就业、保基本民生、保市场主体、保粮食能源安全、保产业链供应链稳定、保基层运转。 通过保居民就业实现稳就业,通过保基本民生、保市场主体实现稳投资,通过保产业链供应链稳定实现稳外资、稳外贸。	
	总结和延伸阅读	
加强对本节课内容的理解;了解课后阅读材料,扩展视野	总结。 使用 IS-LM 模型分析财政政策和货币政策的效应。 课后思考题。 宏观政策有效性在封闭经济和开放经济下有区别吗? 延伸阅读 [1] 张连城. 经济学教程 [M]. 北京:经济日报出版社,2007. [2] 曼昆. 经济学原理:宏观经济学分册 [M]. 梁小民,等,译. 北京:北京大学出版社,2012.	师生互动、资料分享。 (3分钟)

三、教学效果分析

本课程的教学内容和课程设计符合经济学本科二年级学生的知识水平和认知能力,利用多种教学手段,尤其是以案例教学营造出的课堂氛围,有效地激发了学生的学习兴趣和思考意愿,有助于学生结合社会经济现象掌握相关理论,达到学以致用、经世济民的目的;有助于提高学生分析问题、解决问题的能力。本课程为学生介绍的理论概念和分析工具,能够使学生深刻地感受到中国是如何调控经济的。

"大国经济"
——基于国内生产总值的解读

李 琛

通过本课程的学习,学生应能够掌握国内生产总值的定义、计算以及核算。该部分内容有助于学生初步理解宏观经济的运行。

一、课程思政元素发掘

本课程在授课时可能包含以下思政元素。

元素1 理解大国经济的内涵。习近平总书记在重要文章《国家中长期经济社会发展战略若干重大问题》一文中,两次提到"大国经济"。所谓经济大国(economic power),一般指在一定历史时期中经济实力比较强大,在世界经济中占有重要地位的国家。确定一个经济大国的标准,国际上并无统一规定。不过在考虑一个国家的经济实力时,人们通常会用多种经济指标说明一国在某时期中的相对经济优势,这些经济指标中就包括国内生产总值。只有真正认识和了解什么是国内生产总值,才能夺取我国经济改革的更大胜利,实现中华民族伟大复兴。

元素2 从需求端理解经济增长的三驾马车。从支出角度看,GDP是最终需求——投资、消费、净出口三种需求之和,因此经济学上常把投资、消费、出口比喻为拉动GDP增长的"三驾马车",这是对经济增长原理最生动形象的表述。我国有14亿人口,人均国内生产总值已经突破1万美元,是全球最大最有潜力的消费市场。居民消费优化升级,同现代科技和生产方式相结合,蕴含着巨大增长空间。我们要牢牢把握扩大内需这一战略基点,使生产、分配、流通、消费各环节更多依托国内市场实现良性循环,明确供给侧结构性改革的战略方向,促进总供给和总需求在更高水平上实现动态平衡。

二、教案设计

(一)教学目标

国内生产总值(GDP)是核算体系中一个重要的综合性统计指标,也是中国新国民经济核算体系中的核心指标。它可以反映一国(或地区)的经济实力和市场规模,被公认为是衡量国家经济状况的最佳指标。教师在讲授国内生产总值的定义、计算以及核算等理论知识的基础上，通过行动学习和案例讨论等教学手段和互动式教学方法调动学生主动学习的积极性，目的在于催化学生的发散思维，加强其把课本知识转化为具体思维体系和方式的能力，最终培养学生理性思考的习惯，具体包括知识、能力和价值三个层面。

1. 知识目标

根据学生的认知规律，通过行动学习、案例讨论等方式帮助学生熟练掌握国内生产总值的含义、计算及核算，学会用国内生产总值衡量经济活动水平，掌握核算国内生产总值的不同方法，了解宏观经济如何运行。

2. 能力目标

注重培养学生的经济学思维和直觉，让学生可以运用所学的国内生产总值的含义和核算等相关经济学理论知识分析身边的经济活动是否能够创造国内生产总值，培养学生对知识活学活用的能力。

3. 价值目标

培养学生关心中国经济发展的意识，培养学生的综合分析能力，树立以人为本的科学发展观。

（二）内容和教学重点与难点

1. 教学内容

按照教学大纲的要求，本课程的教学内容分为三个部分。

（1）国内生产总值的定义与特征。给出国内生产总值的正式定义，强调国内生产总值的主要特征。根据国内生产总值的定义和六大特征，分别举例说明并判断身边的经济活动是否能够创造国内生产总值，最后给出国内生产总值和国民生产总值的区别和联系。

（2）国内生产总值和通货膨胀率的计算。根据是否进行价格调整，将国内生产总值分为名义国内生产总值和实际国内生产总值，并给出具体计算方法。名义国内生产总值与实际国内生产总值的差异主要体现在最终产品的现期价格与基期价格水平的变动上。最后给出衡量最终产品价格水平变动的三种常用的价格指数，以及用三种价格指数衡量通货膨胀率的优缺点。

（3）国内生产总值的三种核算方法。重点讲解国内生产总值的支出法、收入法、生产法三种核算方法。

2. 教学重点

掌握国内生产总值的定义与特征，常用价格指数和通货膨胀率的计算，掌握国内生产总值的三种核算方法。

3. 教学难点

理解国内生产总值的特征，国内生产总值平减指数、消费价格指数

(CPI)、生产价格指数（PPI）三个价格指数的计算。

（三）教学方法与手段

1. 教学方法

（1）知识讲解。宏观经济学是一门比较枯燥的经济学基础理论课，学生普遍缺乏兴趣。鉴于此，在课堂中运用多媒体演示、视频和板书相结合的方式开展教学，通过动态的多媒体演示、生动的案例教学法和自然的思考逻辑链，吸引学生的注意力。

（2）数值计算。为增强学生的学习积极性，培养他们建立理论联系实际的思维模式，课堂上始终贯穿数值计算，帮助学生思考。

（3）引导学生自主思考。课堂教学中善用提问互动的方式引导学生自主思考，例如，在讲完国内生产总值的含义及特征时，可以先让学生自行思考对应的现实生活中的经济活动是否创造国内生产总值。实践表明学生在教师引导下自主思考得出的知识更容易被记忆，且这种自主思考得到肯定的成就感会增加学生学习本门课程的信心和积极性。

2. 教学手段

（1）多媒体演示。运用多媒体演示将全部课程内容呈现出来，包括文字、表格、图片等多种形式。

（2）板书。在对数理模型进行说明的时候，单纯依靠多媒体演示无法让学生跟上课堂节奏，这时板书是很好的选择，板书推导公式可以让学生跟着教师的节奏一步一步地完成模型推导。

（四）教学过程

1. 教学设计思路

（1）回顾上节课讲的宏观经济运行情况，请学生思考国家间如何实现经济水平横向比较。引起学生的兴趣和思考，调动学生的积极性，活跃课堂氛围，为后面的理论内容讲解做好铺垫。

课程思政的体现：学习习近平总书记重要文章《国家中长期经济社会发展战略若干重大问题》中提到的"大国经济"的观点，理解刻画国家经济的指标。

（2）对关键的概念进行解释和分析，帮助学生运用国内生产总值判断社会上的经济活动是否创造国内生产总值。

课程思政的体现：通过解读国内生产总值的构成和核算，进一步理解"大国经济"。

（3）在提出概念并解读概念后，进行数值计算完成国内生产总值教学单元的课程内容，使学生对国内生产总值模块有一个总体性认识。

课程思政的体现：通过支出法核算国内生产总值，理解推动经济增长的"三架马车"的作用。

2. 教学进程安排

根据教学要求和教学计划，对教学进程进行如下系统安排：

教学意图	教学内容	环节设计
国内生产总值的概念		
导言	简要回顾上节课的内容，使学生回忆宏观经济如何运行。宏观上国家间如何实现横向比较，而国内生产总值就可以反映一国的经济实力和市场规模。	多媒体演示、讲解。（3分钟）
背景	国内生产总值是核算体系中一个重要的综合性统计指标，也是中国新国民经济核算体系中的核心指标。它可以反映一国（或地区）的经济实力和市场规模，被公认为是衡量国家经济状况的最佳指标。	讲解、多媒体演示。（2分钟）
本节课程总体框架	（1）国内生产总值的概念； （2）国内生产总值和通货膨胀的计算； （3）三种核算方法。	使学生了解本节课涉及的主要内容。（2分钟）
深入理解并掌握国内生产总值的含义及特征	国内生产总值指在一定时期内（一个季度或一年），一个国家或地区的经济中所生产出的全部最终产品和劳务的价值。 1. 国内生产总值的要点 （1）市场价值。国内生产总值是市场价值，总产出的价值由市场价格反映，不包括家庭生产活动。 （2）最终产品的价值。这一指标衡量的是最终产品的价值，不是中间产品的价值。看产品是否由最终消费者购买来判断产品是中间产品还是最终产品，例如，卖给汽车销售商的汽车是中间产品，卖给消费者的汽车是最终产品。 （3）生产的物品和劳务。衡量的是生产活动。二手交易（例如，二手车、二手房交易）和金融投资/转移支付（借贷资金、炒股）都不包括在国内生产总值里。	讲解、多媒体演示。（15分钟）

续表

教学意图	教学内容	环节设计
	（4）一定时期内。国内生产总值是流量而不是存量，其衡量的是在一定时期内发生的生产价值，通常是一年或一个季度（三个月）。 （5）一个国家或地区。衡量的生产价值局限于一个国家（或地区）的地理范围内，是一个地域概念。思考：中国有一个企业在美国进行生产，这个企业的活动应计入中国还是美国的国内生产总值里？ 2. 国内生产总值和国民生产总值的区别和联系 国民生产总值：一个国家或一个地区的常住居民在一定时期所拥有的生产要素所生产的全部最终产品的市场价值。 GDP 与 GNP 的区别： （1）GDP 是一个地域概念，GNP 是一个国民概念。 （2）GDP 是一个生产概念，GNP 是一个收入概念。 用公式表示： GNP＝GDP＋常住居民在国外获得的要素收入－非常住居民从本国获得的要素收入 思考：中国人在美国工作获得的收入应计入中国的 GNP 还是美国的 GNP？	
	国内生产总值和通货膨胀率的计算	
结合案例计算掌握国内生产总值的计算	根据是否进行价格调整，将国内生产总值分为名义 GDP 和实际 GDP，并给出具体计算方法。 名义 GDP：按当年商品和服务市场价格计算的国内生产总值。计算公式为： $$名义\ GDP = \sum_{i=1}^{i=n} P_i Q_i$$ 实际 GDP：按基期最终产品的不变价格计算出的国内生产总值。计算公式为： $$实际\ GDP = \sum_{i=1}^{i=n} \bar{P}_i Q_i$$ 其中：P_i 表示第 i 种最终产品的现期价格，$\bar{P}_i$ 表示第 i 种最终产品的基期价格，Q_i 表示第 i 种最终产品的数量。	讲解、多媒体演示、板书。 （5分钟）

教学意图	教学内容	环节设计
	名义 GDP 与实际 GDP 的差异主要体现在最终产品的现期价格与基期价格水平的变动上。 案例：计算每年的名义 GDP 和实际 GDP（见表1）。 **表 1** 	年份	价格与数量			
---	---	---	---	---
	苹果价格（元）	苹果数量	萝卜价格（元）	萝卜数量
2010	3	100	2	50
2011	4	150	3	100
2012	5	200	4	150		
掌握衡量价格水平变动的三种指数	衡量最终产品价格水平变动的三种常用的价格指数为： （1）GDP 平减指数。又称 GDP 缩减指数、GDP 隐含缩减指数，是指在给定的一年中，名义 GDP 与实际 GDP 的比值。计算公式为： 　　GDP 平减指数＝名义 GDP/实际 GDP×100 （2）消费价格指数。又称消费者价格指数、零售物价指数、生活费用指数。表示不同时期为购买一篮子商品所支付的成本的价格指数。 一篮子商品通常包括食品、衣服、燃油、交通、学费、日常生活所必须的商品和服务。 消费价格指数反映了价格水平变动对居民生活费用的实际影响。 （3）生产价格指数。又称生产者价格指数。衡量生产过程中各个阶段生产者索取的价格。 生产价格指数衡量的是企业购买一篮子物品和劳务的总费用，测度了商品流通初期阶段的价格水平及其变化。 利用 GDP 平减指数计算通货膨胀率： $$\pi_i = \frac{GDP_t - GDP_{t-1}}{GDP_{t-1}}$$	讲解、多媒体演示、板书。 （5分钟）

续表

教学意图	教学内容	环节设计
掌握通货膨胀率的计算和衡量	其中，π_t 为通货膨胀率，GDP_t 为 t 年的 GDP 平减指数。 例子：某一经济体 2013 年的名义 GDP 为 10 万亿元，实际 GDP 也是 10 万亿元；2014 年的名义 GDP 是 12.1 万亿元，实际 GDP 是 11 万亿元。求每年的 GDP 平减指数以及通货膨胀率。 到底选择哪种价格指数（见表 2）衡量通货膨胀率？ 表 2 	价格指数	优点	缺点
消费价格指数	直接反映物价水平变动对居民生活的影响，人们更加关注这一指标	一篮子商品的范围和权重的确定具有人为因素，权重的调整需要时间，不能及时反映通货膨胀
生产价格指数	较早表明价格水平变动的趋势	生产价格指数变动对居民生活不会产生直接影响，人们兴趣不大
国内生产总值平减指数	不存在人为设定，涉及价格水平包括所有商品和服务	暂无		讲解、多媒体演示、板书。 （5 分钟）

国内生产总值的核算

教学意图	教学内容	环节设计
掌握国内生产总值三种核算方法	（1）支出法：将国内生产总值视为对所有最终商品和劳务的总支出。 GDP=家庭消费支出+政府购买+投资支出+净出口 $GDP = C + I + G + (X - M)$	板书、多媒体演示、讲解。 （7 分钟）

续表

教学意图	教学内容	环节设计
	（2）收入法。将国内生产总值视为所有经济主体收入的加总。 $GDP = C + SH + SF + TA = C + S + TA$ （3）生产法：将国内生产总值视为所有厂商对商品价值贡献的加总。 $GDP = \Sigma$ 各产业部门的总产出 $- \Sigma$ 各产业部门的中间消耗	
	总结和延伸阅读	
加强对本节课内容的理解；了解课后阅读材料，扩展视野	总结： 国内生产总值指在某一个既定时期内一个国家（或地区）生产的所有最终物品与劳务的市场价值。 课后思考题： 国内生产总值并不是衡量一个经济社会福利大小的完美指标，除了国内生产总值外还有哪些因素会影响经济社会的福利？ 延伸阅读 ［1］张连城.经济学教程［M］.北京：经济日报出版社，2007. ［2］曼昆.经济学原理：宏观经济学分册［M］.梁小民，等，译.北京：北京大学出版社，2012.	师生互动、资料分享。 （6分钟）

三、教学效果分析

本课程的教学内容和课程设计符合经管类专业本科二年级学生的知识水平和认知能力，利用多种教学手段，尤其是以案例教学营造出的课堂氛围，有效地激发了学生的学习兴趣和思考意愿，有助于学生结合社会经济现象掌握相关理论，达到学以致用、经世济民的目的，有助于提高学生分析问题、解决问题的能力。本课程为学生介绍的理论概念和分析工具，能够使学生深刻地感受到中国的经济实力。

财政政策与货币政策下的扩内需战略

申始占

一、课程思政元素发掘

本课程在授课时可能包含以下思政元素。

元素1 理解中国特色社会主义市场经济的调控政策。财政政策和货币政策又称为需求管理政策。根据凯恩斯的理论，其指的是要确保经济稳定，政府要审时度势，主动采取一些财政政策和货币政策，即变动支出水平、税率以及利率以稳定总需求水平，使之接近物价稳定的充分就业水平。其中，财政政策是指为促进就业水平提高，减轻经济波动，防止通货膨胀，实现稳定增长而对政府财政支出、税收和借债水平所进行的选择，或对政府财政收入和支出水平所做的决策。货币政策是指中央银行为实现其特定的经济目标而采用的各种控制和调节货币供应量和信用量的方针、政策和措施的总称。货币政策的实质是国家对货币的供应根据不同时期的经济发展情况而采取"紧""松""适度"等不同的政策趋向。财政政策和货币政策的配合是我国维持经济稳定最常见的方式，对于社会主义市场经济的发展起到了重要的推动作用。

元素2 理解需求管理政策与我国构建双循环格局的联系。需求管理政策产生的前提是有效需求不足理论。有效需求是指预期可给雇主（企业）带来最大利润量的社会总需求，有效需求是总供给与总需求相等从而处于均衡状态的社会总需求，包括消费需求（消费支出）和投资需求（投资支出），并决定社会就业量和国民收入的多少。有效需求并不一定能保证达到充分就业的国民收入。由于人们会受到边际消费倾向递减、资本边际收益率递减以及流动性偏好的影响，市场的有效需求总是不足的。有效需求问题是当前我国宏观经济的核心问题。为应对当前复杂的国际形势，我国采取了多种措施拉动内需，刺激经济增长，以实现扩内需战略的顺利实施。

元素3 理解扩内需战略对于我国经济发展的重要意义。2021年3月，《中华人民共和国国民经济和社会发展第十四个五年规划和二〇三五年远景目标纲要（草案）》提出，加快构建以国内大循环为主体、国内国际双循环相互促进的新发展格局。其中,国内大循环战略的重头戏就是扩内需战略。习近平总书记指出,我们要清醒认识当前疫情防控和经济社会发展形势的复杂性,把扩大内需放到更加重要的位置,着力在出实招、下实功、见实效上下功夫,形成拉动经济发展的新格局,为加快恢复生产生活秩序注入新动能。面对一切困难和挑战,只要我们坚定必胜信心,在坚持实施扩大内需战略上下足功夫,不断释放内生动力,激活发展潜能,就一定能战胜困难和挑战,夺取疫情防控和经济社会发展"双胜利"。财政政策和货币政策作为克服有效需求不足的主要手段,将成为未来扩内需战略的重要抓手。

二、教案设计

(一) 教学目标

1. 知识目标

通过本节课程的学习,能够掌握财政政策和货币政策的生成机制与主要内容,并掌握需求管理政策在我国扩内需战略中的作用,深刻理解当前可以采取何种措施来实现我国的扩内需战略。

2. 能力目标

通过本节课程的学习,能够运用财政政策和货币政策理论分析我国需求管理政策的实施,进而延伸到为当前的扩内需战略提出具体的方案。

3. 价值目标

培养学生的知识运用能力,培养学生对当前国家经济政策的关切度。

(二) 教学内容和教学重点与难点

1. 教学内容

财政政策理论,货币政策理论,扩内需战略。

2. 教学重点

财政政策和货币政策的主要内容,宏观经济政策的目标、工具和类型,经济中的内在稳定器,财政政策和货币政策的效应,财政政策和货币政策的综合运用,财政政策和货币政策的国际传导。

3. 教学难点

综合运用财政政策和货币政策的相关知识,分析我国当前经济发展所面临的困境,并提出相应的解决措施。

(三) 教学方法与手段

1. 教学方法

(1) 知识讲解。宏观经济学是一门比较抽象但又内容丰富的经济学基础理论课，由于宏观经济学与现实生活存在较为直接的联系，因此，大多数学生对它具备比较浓厚的兴趣。鉴于此，在课堂中运用多媒体演示、板书和案例相结合的方式开展教学，能够更加注重理论和实际的结合，帮助学生较为容易地理解我国当前的经济战略布局。

（2）案例分析。为加强学生基础理论的掌握程度，更为直观地了解宏观经济学理论和现实世界的紧密联系，本课堂特意选取财政政策和货币政策在农地制度改革中的应用作为案例，该案例贴近我国当前的经济大形势，更容易引起学生的共鸣和思考。比如，为应对欧美国家对我国经济发展的打压，2020年5月下旬"两会"期间，习近平总书记再次强调，要"逐步形成以国内大循环为主体、国内国际双循环相互促进的新发展格局"。其中，国内大循环指的就是以扩内需为主的战略。

（3）引导学生现学现用。新时代青年学生往往注重知识的价值，以及所学知识能否在未来的学习生活中发挥作用。因此，本课程有意识地培养学生运用丰富的经济学理论知识对现实问题进行分析的能力，让学生具备分析我国经济发展形势的视野和思维模式，了解处理相关问题的宏观经济政策。

2. 教学手段

（1）PPT演示。运用PPT演示将经济思想史课程内容呈现出来，包括文字、图片、表格等多种形式。

（2）板书。在对逻辑衔接进行说明的时候，如果单纯依靠多媒体演示并不能让学生跟上课堂节奏，而通过板书画出逻辑循环图的方式是很好的选择，板书将逻辑图示以及某些关键词语的重现更有利于学生理解课堂内容。

（四）教学过程

1. 教学设计思路

（1）以我国双循环战略作为切入点，引出需求管理政策。以发生在现实生活中的国家经济战略为切入点，引起学生的兴趣和思考，调动学生积极性，活跃课堂氛围，为后面的理论内容讲解做好铺垫。

课程思政的体现：学习2020年以来习近平总书记提出的重大理论观点，即深化供给侧结构性改革，充分发挥我国超大规模市场优势和内需潜力，构建国内国际双循环相互促进的新发展格局。

（2）通过提出问题、分析问题和解决问题的思路完成宏观经济学中"财政政策"和"货币政策"教学单元的课程内容，使学生对需求管理政策基本知识及其应用有一个总体性认识，在理解市场机制作用的基础上能够认识到财政政策和货币政策在扩内需战略中的重要作用。

课程思政的体现:从经济学的角度理解习近平总书记提出的扩内需的重要战略,把握党中央对于构建国内国际双循环相互促进的新发展格局。

(3) 对关键的概念进行解释和分析,帮助学生运用宏观经济学理论知识分析当前的经济形势,并运用财政政策和货币政策为扩内需战略提出建议。

课程思政的体现:培养当代学生解决中国问题的责任感和担当感。

2. 教学过程安排

根据教学要求和教学计划,本着提出问题、分析问题和解决问题的总体思路进行系统安排。始终以问题为导向、分析为重点、应用为巩固和目的的原则,加强学生的学习效果。教学进程安排如下:

教学意图	教学内容	环节设计
需求管理政策		
导言	简要回顾上节课内容,使学生回忆 IS-LM 曲线的主要内容。具体包括产品市场的均衡、货币市场的均衡与一般均衡等。	多媒体演示、讲解。(2分钟)
问题的引入	中国经济形势。	讲解、多媒体演示。(2分钟)
本节课程总体框架	(1) 需求管理:定义与观点; (2) 中美贸易战; (3) 双循环格局; (4) 扩内需战略。	使学生了解本节课涉及的主要内容。(1分钟)
掌握需求管理政策的产生	需求管理:指的是要确保经济稳定,政府要审时度势,主动采取一些财政政策和货币政策,即变动支出水平、税率以及利率以稳定总需求水平,使之接近物价稳定的充分就业水平。 需求管理政策的成因在于有效需求不足。由于人们会受到边际消费倾向递减、资本边际收益率递减以及流动性偏好的影响,市场的有效需求总是不足的。	讲解、多媒体演示、板书。(3分钟)

续表

教学意图	教学内容	环节设计
	财政政策和货币政策	
掌握财政政策和货币政策的主要内容	财政政策：财政政策是国家制定的指导财政分配活动和处理各种财政分配关系的基本准则。它是客观存在的财政分配关系在国家意志上的反映。 财政政策工具：政府支出和政府收入。 财政政策分类： （1）自动稳定的财政政策和相机抉择的财政政策。其中，自动稳定的财政政策，是指财政制度本身存在一种内在的、不需要政府采取其他干预行为就可以随着经济社会的发展自动调节经济运行的机制。相机抉择的财政政策，是指政府根据一定时期的经济社会状况，主动灵活地选择不同类型的反经济周期的财政政策工具，干预经济运行行为，实现财政政策目标。 （2）扩张性财政政策、紧缩性财政政策和中性财政政策。扩张性财政政策是指通过财政分配活动增加和刺激社会的总需求，主要措施有：增加国债、降低税率、提高政府购买和转移支付。紧缩性财政政策是指通过财政分配活动减少和抑制总需求，主要措施有：减少国债、提高税率、减少政府购买和转移支付。中性财政政策是指财政的分配活动对社会总需求的影响保持中性。 货币政策：货币政策指的是运用各种工具调节货币供应量以调节市场利率，通过市场利率的变化影响民间的资本投资，影响总需求进而影响宏观经济运行的各种方针措施。 货币政策工具：控制货币发行，控制和调节对商业银行的贷款，推行公开市场业务，改变存款准备金率，调整再贴现率，选择性信用管制，直接信用管制。 货币政策分类： （1）一般性政策。法定存款准备金率政策、再贴现政策和公开市场业务政策。 （2）选择性货币政策工具。消费者信用控制、证券市场信用控制、优惠利率、预缴进口保证金等。 （3）补充性货币政策。直接信用控制、间接信用控制、道义劝告、窗口指导等。	讲解、多媒体演示、板书。 （11分钟）

续表

教学意图	教学内容	环节设计
掌握财政政策和货币政策的政策组合	（1）"双松"政策。用扩张性财政政策增加总需求；用扩张性货币政策增加货币供给、降低利率、刺激总需求增加，同时克服扩张性财政政策的"挤出效应"。 （2）"双紧"政策。通过紧缩性货币政策引起货币供应量的减少和利率水平的上升，降低总需求水平；实施紧缩性财政政策，降低总需求，并防止利率过分提高。 （3）紧的财政政策和松的货币政策。通过减少政府支出等紧缩性财政政策措施压缩总需求，防止出现"挤出效应"；用扩张性货币政策增加货币供应量和降低利率，激励私人部门投资的增长，并促进经济增长。 （4）松的财政政策和紧的货币政策。通过减税等扩张性财政政策措施刺激需求，增加供给；用紧缩性货币政策控制通货膨胀。	讲解、多媒体演示、案例分析、互动教学。（11分钟）
	财政政策和货币政策与扩内需战略	
掌握扩内需战略	成因。 （1）疫情的影响：疫情使得进出口业务受阻，外需低迷。作为发展经济三驾马车之一的"出口"显然是行不通了。 （2）中美贸易摩擦：中国的经济迅猛发展，已经从低端密集产业链发展到了以芯片、5G 为主的高端制造领域，严重威胁到作为世界霸主的美国。加之美国疫情不断恶化，造成经济严重受挫。美国开始转移矛盾到中国，联合其他国家抵制华为，关闭中国驻美国休斯敦总领馆，试图阻挠中国的"外循环"经济。 （3）逆全球化形势：经济的衰退使得各社会矛盾激化，因此为了转移社会矛盾转而加大了对外贸易摩擦，逆全球化形势日益凸显。 政策演进。 （1）2020 年 5 月 14 日，中央政治局常务委员会会议提出："充分发挥我国超大规模市场优势和内需潜力，构建国内国际双循环相互促进的新发展格局。" （2）2020 年 7 月 21 日，习近平总书记在主持召开的企业家座谈会上强调，要"逐步形成以国内大循环为主体、国内国际双循环相互促进的新发展格局"。	讲解、多媒体演示、板书。（7分钟）

续表

教学意图	教学内容	环节设计
	（3）2020年7月30日，中央政治局会议释放出"加快形成以国内大循环为主体、国内国际双循环相互促进的新发展格局"的信号。 （4）2021年3月5日，《中华人民共和国国民经济和社会发展第十四个五年规划和二〇三五年远景目标纲要（草案）》提出，加快构建以国内大循环为主体、国内国际双循环相互促进的新发展格局。	
	财政政策和货币政策的应用	
掌握财政政策和货币政策与扩内需战略的结合	（1）用消费需求带动投资需求。从需求链看，投资只是中间需求，消费才是最终需求，如果消费不足，扩投资无异于饮鸩止渴，反而会加剧过剩。欧美国家的"滞胀"是前车之鉴，所以我们要坚持用消费牵引投资，避免重蹈覆辙。 （2）用下游投资带动上游投资。一方面，投资要以消费为牵引；另一方面，扩投资也要有主次之分。 （3）用进口带动出口。一般来说，一个国家出口的目的是带动进口，若不进口，则代表着对国际分工收益的放弃。所以，应实施积极的进口政策。当前全球资源产品价格大幅下跌，扩大进口无疑可降低国内生产成本，提升出口竞争力。	讲解、多媒体演示、板书。 （9分钟）

三、教学效果分析

本课程的教学内容和课程设计符合经管类本科二年级学生的知识水平和认知能力，利用多种教学手段，尤其是以案例教学营造出的课堂氛围，有效地激发了学生的学习兴趣和思考意愿，有助于学生结合社会经济现象掌握相关理论，达到学以致用、经世济民的目的；有助于提高学生分析问题、解决问题的能力。本课程为学生介绍的理论概念和分析工具，能够使学生深刻地感受到我国扩内需战略所面临的巨大挑战。

在我国着力推进社会主义市场经济建设的背景下，通过课程学习，有助于学生更好地理解党中央对扩内需战略的高度关注。"双循环"格局关系到我国改革开放与现代化建设全局,关系到中国特色社会主义事业的建设。通过本课程的学习,有助于学生更好地认识我国解决扩大内需战略的紧迫性和必要性,体会习近平总书记对建设"双循环"格局的深刻用意和长远眼光。

总需求与总供给模型

王晓星

通过本课程的学习，使学生掌握总需求和总供给曲线的基本含义和图形推导，掌握三种类型的总供给模型，了解总需求和总供给所确定的一般价格水平和收入。

一、课程思政元素发掘

本课程在授课时可能包含以下思政元素。

元素1 理解中国坚持新发展理念、构建新发展格局的重要意义。2015年，习近平总书记在主持起草"十三五"规划建议时，创造性地提出了创新、协调、绿色、开放、共享的新发展理念，自此开启了我国经济发展的新格局和新境界。发展是一个动态变化和不断更新的过程，2021年是"十四五"规划开局之年，我国也将迈入新的发展阶段。从外部因素看，当今世界正经历百年未有之大变局，我国发展所面临的外部环境日渐复杂。从内部因素看，我国经济发展过程中的不平衡不充分问题仍然突出，提升发展质量是解决矛盾和问题的重要抓手。我们只有把新发展理念贯穿经济社会发展的全过程，才能够更好地满足人民日益增长的美好生活需要，实现更高质量、更有效率、更加公平、更可持续、更为安全的发展。

元素2 正确把握我国社会主要矛盾的变化。党的十九大报告明确指出："中国特色社会主义进入新时代，我国社会主要矛盾已经转化为人民日益增长的美好生活需要和不平衡不充分的发展之间的矛盾。"这是关乎我国发展全局的重大政治判断。正确认识和把握我国社会主要矛盾的变化，对于深刻理解我国发展新的历史方位，贯彻落实以习近平同志为核心的党中央关于在新的时代条件下建设社会主义现代化强国、实现中华民族伟大复兴中国梦的一系列重大战略部署具有重要意义。

元素3 了解我国供给侧结构性改革的内涵和意义。2010年以来，我国经济增速有所放缓，经济整体运行呈现出新的特征和趋势。其中供需不平衡不协调问题开始凸显，表现为供给侧调整滞后于需求侧的变化。这要求在适度扩大总需求的同时加快推进供给侧结构性改革，通过改革纠正供需错位错配和要素配置扭曲的问题，减少无效和低端供给，扩大有效和中高端供给，最优化要素流动，以实现更高水平的供需平衡。供给侧结构性改革的目的在于调整经济结构，优化要素配置，提高经济发展质量。

二、教案设计

（一）教学目标

1. 知识目标

通过本节课程的学习，能够推导总需求和总供给曲线并理解其含义，运用总需求和总供给框架进行价格和收入分析。

2. 能力目标

通过本节课程的学习，培养学生的经济学思维和直觉，提高对现实中我国新发展理念和供给侧结构性改革的认识。

3. 价值目标

增强"道路自信"，树立爱国主义情怀与宏伟志向；关心国家战略，关注民生问题。

（二）教学内容和教学重点与难点

1. 教学内容

总需求和总需求曲线，总供给和总供给曲线，总需求和总供给模型。

2. 教学重点

总需求的定义，总需求曲线的推导，总供给曲线的定义、类型和推导，总需求和总供给模型。

3. 教学难点

总需求和总供给曲线的推导。

（三）教学方法与手段

1. 教学方法

（1）知识讲解。宏观经济学是一门比较枯燥的经济学基础理论课，学生普遍缺乏兴趣。鉴于此，在课堂中运用多媒体演示、视频和板书相结合的方式开展教学，通过动态的多媒体演示、生动的案例教学法和自然的思考逻辑链，吸引学生的注意力。

（2）引导学生自主思考。课堂教学中善用提问互动的方式引导学生自主思考，例如，在讲授完不同类型的总供给曲线后，可以让学生尝试自己判断现实中不同条件下的总供给曲线形状。实践表明，学生在教师引导下自主思考得出的知识更容易被记忆，且这种自主思考得到肯定的成就感会增加学生学习本门课程的信心和积极性。

(3) 引导学生现学现用。新时代学生往往注重知识的价值，关心学的知识能否在未来的学习生活中发挥作用。因此，本课程有意识地培养学生建立理论联系实际的思维模式，课堂上学习总需求和总供给曲线知识，课下思考如何运用这些知识读懂新闻、研究中国需求供给调节政策等相关问题。

2. 教学手段

（1）多媒体演示。运用多媒体演示将全部课程内容呈现出来，包括文字、表格、图片等多种形式。

（2）板书。在对数理模型进行说明时，单纯依靠多媒体演示无法让学生跟上课堂节奏，这时板书是很好的选择，板书推导公式可以让学生跟着教师的节奏一步一步地完成模型推导。

（四）教学过程

1. 教学设计思路

（1）以几个现实案例引出本节课程的主题，提出总需求和总供给等概念请学生思考。

从权威政府工作报告和中央有关政策文件的导入开始，了解中国发展理念和发展格局的变化，引起学生的兴趣和思考，调动学生的积极性，活跃课堂氛围，为后面的理论内容讲解做好铺垫。

课程思政的体现：了解现阶段我国社会主要矛盾的变化，认识到我国坚持新发展理念、构建新发展格局的必要性。

（2）从历史上的几次石油危机所引起的石油供给减少开始，了解总供给冲击对经济的影响。

课程思政的体现：认识中国实行供给侧结构性改革的重要意义，培养学生关心国家战略、关注民生的意识。

2. 教学过程安排

根据教学要求和教学计划，本着提出问题、分析问题和解决问题的总体思路对教学进程进行系统安排。始终以问题为导向、分析为重点、应用为巩固和目的的原则，加强学生的学习效果。教学进程安排如下：

教学意图	教学内容	环节设计
总需求和总需求模型		
导言	此前宏观经济学导论章节介绍了宏观经济学中短期经济模型：IS-LM模型。本节课是在该模型基础上得出的总需求曲线，并结合总供给曲线进行分析。	多媒体演示、讲解。 （1分钟）

续表

教学意图	教学内容	环节设计
问题的引入	我国社会主要矛盾的变化。	讲解、多媒体演示。(1分钟)
本节课程总体框架	(1) 总需求曲线的定义：在一定时期内，经济社会在一般价格水平上对最终品和劳务的需求总量，通常用 AD 表示。 (2) 总需求曲线斜率向右下方倾斜的原因：①庇古的财富效应；②凯恩斯利率效应；③蒙代尔—弗莱明汇率效应；④税收效应。	使学生了解本节课涉及的主要内容。(8分钟)
掌握总需求曲线推导及其斜率变化的影响因素	(1) 由 IS-LM 模型推出总需求曲线（见图1）。 **图1 总需求曲线** $$\begin{cases} I(r) = S(Y) \\ \dfrac{M}{P} = L_1(Y) + L_2(r) \end{cases}$$ (2) AD 曲线的斜率的影响因素。 IS 曲线的斜率：IS 曲线越陡峭，表明投资对利率变化越不敏感，此时移动 LM 曲线对均衡收支的影响也会越小，AD 曲线越陡峭；反之亦然（见图2）。	讲解、多媒体演示、板书。(10分钟)

教学意图	教学内容	环节设计
	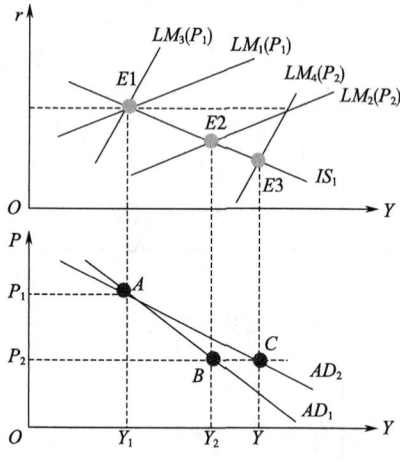 **图 2　IS 曲线的斜率** LM 曲线的斜率：LM 曲线越陡峭，LM 曲线的斜率越大，货币需求对利率变动的反应越不敏感，移动 LM 曲线对均衡收支影响会越大，AD 曲线越平坦；反之亦然（见图 3） **图 3　LM 曲线的斜率** （3）AD 曲线的移动：扩张性财政政策和货币政策将增加总需求，AD 曲线向右移动。紧缩性财政政策和货币政策将减少总需求，AD 曲线向左移动。	

教学意图	教学内容	环节设计
	总供给和总供给曲线	
总供给曲线的概念及其三种类型	1. 总供给曲线 定义：总产量与一般价格水平之间的关系。按照货币工资和价格水平进行调整所要求的时间的长短，宏观经济学将总供给曲线分为三种：古典总供给曲线、凯恩斯总供给曲线和常规总供给曲线。 影响 GDP 的相关因素： （1）人力资源：包含劳动力的数量与质量水平。 （2）自然资源：包括所有可以用来生产和提供服务的资源，如土地、森林、矿产和海洋等。 （3）资本积累：人为生产的有形资料，如工厂、机器设备和道路等。 （4）技术水平：投入和产出之间的变换关系。 2. 总供给曲线的类型 （1）古典 AS 曲线（短期）：充分就业水平上的一条垂线（见图 4）。 假定：货币工资具有完全的伸缩性。 结论：垂直的 AS 曲线说明在短期（长期）影响总需求的财政政策和货币政策只能导致物价上涨甚至通货膨胀，不能改变产量。 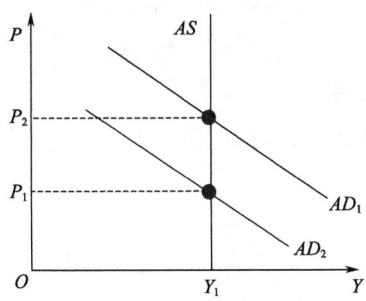 **图 4　古典 AS 曲线** （2）凯恩斯主义 AS 曲线（短期）（见图 5）。 假定：短期，货币工资和价格均具有刚性。 结论：在实现充分就业之前，经济社会可以按给定价格供给任意国民收入。 政策含义：只要国民收入或产出低于充分就业水平，一国就可以通过政策增加需求，使经济达到充分就业。	讲解、多媒体演示、板书、案例分析。 （20 分钟）

续表

教学意图	教学内容	环节设计
	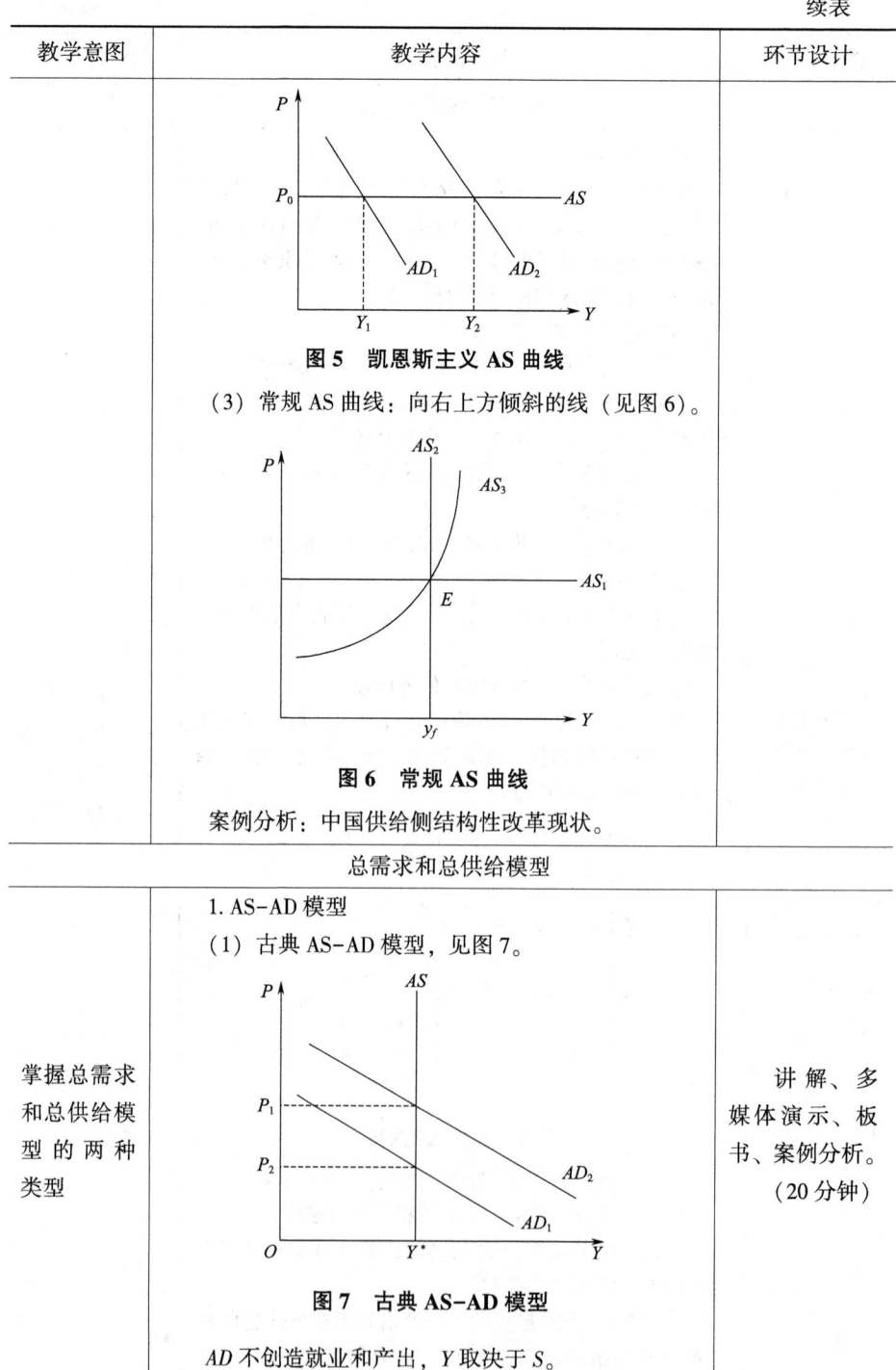

图5 凯恩斯主义AS曲线

（3）常规AS曲线：向右上方倾斜的线（见图6）。

图6 常规AS曲线

案例分析：中国供给侧结构性改革现状。 | |
| | 总需求和总供给模型 | |
| 掌握总需求和总供给模型的两种类型 | 1. AS-AD模型
（1）古典AS-AD模型，见图7。

图7 古典AS-AD模型

AD不创造就业和产出，Y取决于S。 | 讲解、多媒体演示、板书、案例分析。（20分钟） |

教学意图	教学内容	环节设计
	（2）凯恩斯 AS-AD 模型，见图 8。 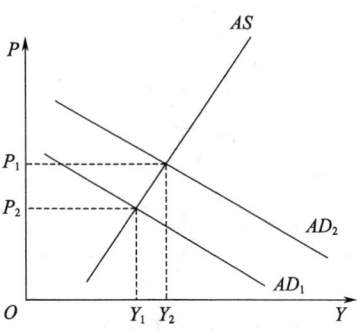 **图 8　凯恩斯 AS-AD 模型** AD 创造就业和产量，Y 取决于 AD。 意义：绿色 GDP 能够反映经济发展水平和经济增长与自然环境和谐统一的程度，本质上代表了国民经济增长的净正效应。绿色 GDP 在 GDP 中所占比例越高，表明国民经济增长对环境的负面影响越低，经济增长与自然环境协调性越高。核算绿色 GDP 时，需要在 GDP 中扣除经济增长造成的环境污染损失和资源耗竭价值，是统筹"人与自然和谐发展"的直观体现，有利于推动"区域统筹发展"和"国内外统筹发展"。此外，绿色 GDP 核算能够真实衡量经济增长的实际效应，抛弃一味追求经济增长速度的倾向，提高公众的环境和资源保护意识。 2. 一般价格水平和收入的决定 总需求大于总供给将导致一般价格水平的上升。一般价格水平的上升，一方面使实际货币供给量减少，从而使利率提高，投资下降，总需求减少；另一方面使实际工资下降，从而使劳动需求量增加，就业增加，总供给增加，最终使总需求和总供给达到相等，从而达到均衡状态。反之亦然。 理想的均衡状态是产品市场、货币市场、劳动市场的同时均衡（见图 9）。	

教学意图	教学内容	环节设计
总需求和总供给变化对于价格水平和收入的影响	**图 9　理想的均衡状态** 3. 一般价格水平的变动 （1）总需求减少。总需求曲线左移将产生两个结果：一是收入减少，就业减少；二是一般价格水平下降（见图10）。 **图 10　总需求减少** 政府可以采取扩张性政策，如增加政府购买支出、减少税收、增加货币供给量等，从而右移总需求曲线，以此来增加就业与收入，进而实现充分就业均衡。 （2）总需求增加。总需求曲线右移将产生两个结果：一是收入、就业变化很小；二是一般价格水平上升。这种经济现象被称为"通货膨胀"（见图11）。	

教学意图	教学内容	环节设计
	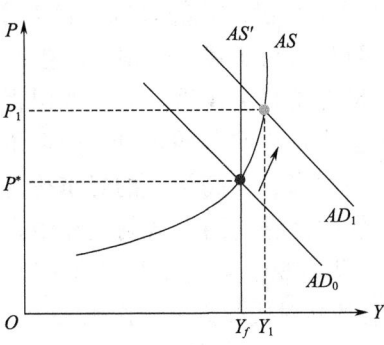

图11　总需求增加

政府可以采取紧缩性政策，如减少政府购买支出、增加税收、减少货币供给量等，从而使总需求曲线左移，以此来降低通货膨胀率。

（3）总供给减少。总供给持续减少将导致一般价格水平持续上涨，但收入却在不断减少。这种经济现象被称为"滞胀"。面对"滞胀"，凯恩斯主义政策失灵（见图12）。

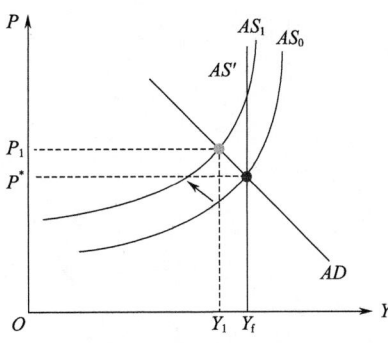

图12　总供给减少

案例分析：改革开放以来中国总需求和总供给管理的政策实践。 | |

三、教学效果分析

本课程的教学内容和课程设计符合经管类专业本科二年级学生的知识水平和认知能力，利用多种教学手段，尤其是以案例教学营造出的课堂氛围，有效地激发了学生奋发学习与参与实践的热情。学生课堂发言与课下讨论更加积极，参与创新实践活动热情日益高涨。通过本课程的学习，培养了学生的家国人文情怀，扩展了学生认识问题的视野，塑造了正确的价值观。本课程引导学生从不同角度进行思考，提高学生的经济伦理、思想道德素养、科学思维认知和实践能力。使学生感受到中国制度和中国道路的优越性，树立正确的人生观、价值观、世界观，切实坚持"道路自信"，拥有"文化自信"，成为有担当有责任感的新时代社会主义接班人。

国民生产和经济核算

王晓星

一、课程思政元素发掘

本课程在讲授时可能包含以下思政元素。

元素1 理解中国改革开放的经济社会发展成就。改革开放是发展中国特色社会主义、实现中华民族伟大复兴的必由之路。改革开放以来,我国经济发展和社会发展成果举世瞩目,目前稳居世界第二大经济体的地位,综合国力和国际影响力显著提升。在产业发展方面,我国坚持巩固做强第一产业、优化升级第二产业、积极发展第三产业,产业结构在动态调整中实现优化和升级。当下我国农业基础地位日渐稳固,工业开始迈向价值链的中高端,服务业成长为国民经济支柱产业。我国经济增长已经由主要依靠投资、出口拉动转向投资、出口和消费协同拉动,经济运行质量和效益提升明显,内生动力持续增强,为今后的高质量发展奠定了良好基础。

元素2 理解中国经济高质量发展的意义和内涵。党的十九届五中全会明确将"高质量发展"作为"十四五"时期经济社会发展的重要指导思想之一。要坚定不移贯彻创新、协调、绿色、开放、共享的新发展理念,以推动高质量发展为主题,统筹发展和安全,加快建设现代化经济体系,加快构建以国内大循环为主体、国内国际双循环相互促进的新发展格局。经过改革开放40多年的艰苦努力,我国经济从零增长到正增长,从低俗增长到高速增长,目前已经到了转变发展方式,优化发展方向,增强发展动力,追求高质量发展的新阶段。提倡高质量发展,是适应经济新常态发展的主动选择,是贯彻新发展理念的根本体现,也是建设社会主义现代化经济体系的必由之路。高质量发展需要创新增长方式,保证经济数据的精确、产品质量的可靠、资源配置的合理。要树立以智慧经济为主导,以创新、高效、节能、环保为核心,推动经济、政治、文化、社会、生态五位一体全面发展的增长方式。

元素3 了解我国绿色GDP核算和内涵与现状。党的十六届三中全会提出了"树立全面、协调、可持续的科学发展观"和"五个统筹"的发展战略,其核心理念在于"以人为本"。绿色GDP与可持续发展密不可分,其内涵主要体现在三个方面：一是经济可持续发展，二是社会可持续发展，三是生态可持续发展。2006年9月7日，国家环保总局和国家统计局共同发布了《中国绿色国民经济核算研究报告2004》。这是在国家层面我国首份有关环境污染经济核算的报告，也是第一份基于全国31个省份和41个部门的环境污染核算报告。至此，我国绿色GDP核算官方大门正式开启。虽然绿色GDP核算面临诸多障碍，但如果没有此类指标体系，我们就无法衡量实际发展水平，无法用科学的基础数据支撑可持续发展战略，也就无法实现经济社会统筹均衡发展。因此，我们应当立即开始探索和实验，逐步建立起符合我国国情的绿色GDP核算体系，使绿色GDP切实在我国普及。

二、教案设计

（一）教学目标

1. 知识目标

通过本课程的学习，学生能够掌握GDP的概念和主要的核算方法，了解国民经济核算方法的不足与进展。

2. 能力目标

通过本课程的学习，学生的经济学思维和直觉，以及对现实中GDP等经济数据内涵认识与分析能力有所提高。

3. 价值目标

增强"道路自信"，树立爱国主义情怀与宏伟志向；提升节约资源、爱护环境的绿色人文道德修养。

（二）教学内容和教学重点与难点

1. 教学内容

GDP的定义和基本概念，GDP的主要核算方法以及对方法的评价，了解GDP核算体系的前沿发展与应用。

2. 教学重点

GDP的定义及其他经济指标，GDP的核算方法，中国国民经济的核算演变，绿色GDP核算的现状与发展。

3. 教学难点

GDP的定义以及GDP的三种核算方法。

（三）教学方法与手段

1. 教学方法

（1）知识讲解。宏观经济学是一门比较枯燥的经济学基础理论课，学生普遍缺乏兴趣。鉴于此，应在课堂中运用多媒体演示、视频和板书相结合的方式开展教学，通过动态的多媒体演示、生动的案例教学法和自然的思考逻辑链，吸引学生注意力。

（2）引导学生自主思考。课堂教学中善用提问互动的方式引导学生自主思考，例如，在讲完规模报酬变化的种类后，可以给出例子让学生尝试计算判断不同生产函数的规模报酬。实践表明，学生在教师引导下自主思考得出的知识更容易被记忆，且这种自主思考得到肯定的成就感会增加学生学习本课程的信心和积极性。

（3）引导学生现学现用。新时代学生往往注重知识的价值，关心学的知识能否在未来的学习生活中发挥作用。因此，本课程有意识地培养学生建立理论联系实际的思维模式，课堂上学习国民收入核算知识，课下思考如何运用这些知识读懂统计数据、研究中国的国民收入核算方法等相关问题。

2. 教学手段

（1）多媒体演示。运用多媒体演示将全部课程内容呈现出来，包括文字、表格、图片等多种形式。

（2）板书。在对数理模型进行说明的时候，单纯依靠多媒体演示无法让学生跟上课堂节奏，这时板书是很好的选择，板书推导公式可以让学生跟着教师的节奏一步一步地完成模型推导。

（四）教学过程

1. 教学设计思路

（1）以几个现实案例引出本课程的主题，提出 GDP 和 GNP 等概念请学生思考。

从国家统计公报与 IMF 组织等网站报告链接、权威 GDP 等数据导入开始，了解中国与国际经济形势、中国人均 GDP 变化，引起学生的兴趣和思考，调动学生的积极性，活跃课堂氛围，为后面的理论内容讲解做好铺垫。

课程思政的体现：认识到改革开放以来我国经济社会发展取得的举世瞩目的成就，增强"道路自信"，提升爱国意识。

（2）提出"GDP 与绿色发展的关系"这一思辨问题，对绿色 GDP 概念和核算方法等进行解释和分析。

课程思政的体现：认识中国经济绿色高质量发展对国际经济的促进作用，使学生意识到中国的负责任大国形象和地位。

2. 教学过程安排

根据教学要求和教学计划，本着提出问题、分析问题和解决问题的总体思路对教学进程进行系统安排。始终以问题为导向、分析为重点、应用为巩固和目的的原则，加强学生的学习效果。教学进程安排如下：

教学意图	教学内容	环节设计
	国内生产总值的概念	
导言	此前宏观经济学导论章节介绍了宏观经济学三个最基本也是最重要的概念和数据：国内生产总值、消费者价格指数和失业率。本节课即是对第一个概念的展开介绍。	多媒体演示、讲解。 (1分钟)
问题的引入	改革开放以来中国GDP的变化。	讲解、多媒体演示。 (1分钟)
本节课程总体框架	（1）国内生产总值：定义与规则； （2）GDP的定义； （3）核算GDP所要注意的规则。	使学生了解本节课涉及的主要内容。 (2分钟)
掌握GDP的基本概念和其他衡量国民收入的总量指标	（1）国内生产总值（GDP）：一国在给定时期内生产的全部最终品和服务的总价值。 （2）国民收入核算的其他总量指标。 国内生产净值（NDP）：NDP＝GDP−固定资产折旧。固定资产折旧不涉及新价值的创造，而是生产过程中原有价值的转移。 国民收入（NI）：生产要素所获得的全部收入。NI＝NDP−间接税−企业转移支付+政府补贴。 个人收入（PI）：PI＝NI−公司所得税−社会保险（税费）−公司未分配利润+政府给个人的转移支付+利息调整。 个人可支配收入（DPI）：个人实际可以使用的全部收入。指个人收入中经过各项社会性扣除之后（如税收、养老保险等）剩余的部分。	讲解、多媒体演示、板书。 (6分钟)

续表

教学意图	教学内容	环节设计
	GDP 的核算方法	
掌握核算 GDP 的三种方法	1. 生产法核算 GDP 定义：基于生产的维度，一国在给定期间内生产的所有产出和服务价值减去生产过程中所使用的中间产品的价值总和，从而得到 GDP 数值。 （1）市场价值：不计入不能在市场交换的产品和服务。 （2）新生产的产品和服务的市场价值。 （3）最终产品和服务：相对于中间产品和服务，中间产品和服务在同一时期生产，但会在生产其他产品和服务的过程中消耗。 2. 支出法核算 GDP （1）定义：基于支出的维度，由于产出和服务最终会趋向市场，市场需求者（包括家庭、企业和政府等）在购买产出和服务时会有支出，因而可以基于总支出的角度核算 GDP。 （2）四大类支出：消费（C）、投资（I）、政府购买（G）、净出口（NX）。 $$GDP = C + I + G + NX$$ 消费支出（C）：本国居民在购买最终产品和服务时所花费的支出。可以进一步分类为耐用消费品支出、非耐用消费品支出、服务支出。 投资支出（I）：固定资产投资、住宅投资、企业存货投资等。 政府购买（G）：政府对最终产品和服务的购买，包括国防支出、基础设施建设支出等。 净出口（NX）：一国的出口减去进口。 出口：一个国家的产品和服务出口到国外，这些产品和服务被国外消费者所购买。 进口：本国消费者购买的外国产品和服务。 3. 收入法核算 GDP （1）范围：五大类收入，三大类其他项目。 五大类收入——国民收入（NI）：劳动者收入、所有者收入、个人的租金收入、公司利润、利息净额。	讲解、多媒体演示、板书、案例分析。 （20 分钟）

续表

教学意图	教学内容	环节设计
	劳动者收入：工人工资、雇主给予的工资外津贴、雇主向社保机构缴纳的社保费用。 所有者收入：包括资本收入和劳动收入。 个人租金收入：个人在出租土地和其他资产时的租金收入。 公司利润：公司销售收入扣除相关成本项后所保有的净剩余。 （2）三大类其他项目：企业间接税、折旧、国外要素净支付。 折旧：对一定期间内因经济活动消耗的固定资本的补偿。折旧是被扣除的项目，因此需要重新加回。 案例：三种方法核算中国 GDP 的结果比较。	
	GDP 核算与绿色发展	
掌握绿色GDP 核算的概念和我国绿色GDP 的发展实践	绿色 GDP 概念的提出。 （1）传统 GDP 核算方法的不足： GDP 不能反映经济发展方式付出的代价。 GDP 不能反映社会成本。 GDP 不能反映经济增长的效率和效益。 GDP 不能准确反映一国财富的变化。 GDP 不能反映一些重要的非市场经济活动。 （2）绿色 GDP 概念的提出。 定义：绿色 GDP 是 20 世纪 90 年代形成的国民经济核算新概念。1993 年联合国在修订后的《国民经济核算体系》中指出，GDP 可以分为总值和净值。总值为扣除资源消耗成本和环境退化成本后的 GDP；净值为扣除资源消耗成本、环境退化成本和固定资产折旧后的 GDP。 意义：绿色 GDP 能够反映经济发展水平以及经济增长与自然环境和谐统一的程度，本质上代表了国民经济增长的净正效应。绿色 GDP 在 GDP 中所占比例越高，表明国民经济增长对环境的负面影响越低，经济增长与自然环境协调性越高。核算绿色 GDP 时，需要在 GDP 中扣除经济增长造成的环境污染损失和资源消耗价值，是统筹"人与自然和谐发展"的直观体	讲解、多媒体演示、板书、案例分析。 （8 分钟）

续表

教学意图	教学内容	环节设计
	现,有利于推动"区域统筹发展"和"国内外统筹发展"。此外,绿色GDP核算能够真实衡量经济增长的实际效应,抛弃一味追求经济增长速度的倾向,提高公众的环境和资源保护意识。	
掌握绿色GDP的核算内容及方法	(1) 核算范围:包括土地资源及相关的土地生态环境、水资源及相关的水生态环境,还包括森林资源及相关的森林生态环境、矿产资源、海洋资源、大气环境和再生资源等。根据联合国综合环境与经济核算体系(SEEA),绿色GDP核算是在原有GDP核算的基础上扣除自然生态资源的生产消耗、退化和治理等成本,再加上环境改善所带来的收入。 (2) 调整项目:自然生态环境资源的消耗;自然生态环境资源的损失成本;对自然生态环境资源的维护、治理和再生的成本;自然生态环境资源的改善收入。 (3) 核算方法:传统的GDP-自然生态环境资源的消耗-自然生态环境资源的损失成本-对自然生态环境资源的维护、治理和再生的成本+环境资源的改善收入。	讲解、多媒体演示、板书。 (8分钟)
中国绿色GDP发展实践	(1) 中国绿色GDP发展进程大致包括三个阶段:第一阶段,介绍引进和初步估算;第二阶段,环境经济核算以及绿色GDP向政府管理部门的管理工具过渡;第三阶段,在政府部门主导下开始探索。 (2) 核算结果。国家环保总局和国家统计局共同发布的我国第一份有关环境污染经济核算国家报告——《中国绿色国民经济核算研究报告2004》数据显示,2004年因环境污染造成的全国经济损失为5 118亿元。当下中国绿色发展取得了显著成就,中国的绿色GDP增幅已经开始超越同期GDP增幅。2016年,绿色GDP总量平均增幅达到7.58%,超越同期GDP增幅的0.08%。中国人均绿色GDP增长率稳步增长。 案例分析:夏季达沃斯论坛推进绿色"一带一路"倡议助力全球绿色经济发展。	讲解、多媒体演示。 (4分钟)

三、教学效果分析

　　本课程的教学内容和课程设计符合经管类专业本科二年级学生的知识水平和认知能力，利用多种教学手段，尤其是以案例教学营造出的课堂氛围，有效地激发了学生奋发学习与参与实践的热情。学生课堂发言与课下讨论更加积极，参与创新实践活动的热情日益高涨。通过本课程的学习，培养了学生的家国人文情怀，扩展了学生认识问题的视野，为其塑造了正确的价值观。此外，在课下，与学校绿色创新实践和宣传活动相配合，教导学生环保行为的践行，如教室的人走灯灭、生活中的日常节水和食堂就餐节俭等，做到"知行合一"。本课程将思政教育贯穿在课程教学全过程与师生关系中，持续培育学生良好品德与专业素养。

财政政策与经济增长
——以公共教育支出为例

张冬洋

一、课程思政元素发掘

本课程在授课时可能包含以下思政元素。
元素1 教育公平与公共教育支出。
元素2 在党的领导下，我国公平教育的政策历程和取得的成就。

二、教案设计

（一）教学目标

（1）掌握外部性和公共品等知识点。
（2）掌握我国促进公平教育的政策历程和取得的成就。
（3）通过讨论我国公共教育支出所反映的问题以及对教育公平的影响，培养学生经济学思维能力。

（二）教学内容

早在1993年国家发布的《中国教育改革和发展纲要》中就提出，国家财政性教育经费支出占国民生产总值的比重应达到4%，后来改用财政性教育经费支出占GDP的比重这一衡量指标，这也是很多经济发达国家的经验目标。2012年我国公共教育支出首次达到这一目标，公共教育经费总额有了很大的提升，但是纵观普通教育各阶段的生均公共教育经费，差异非常明显，隶属于地方的高校和教育部直属的高校之间在生均公共教育经费方面也有较大差距。本课程的教学难点为引导学生利用宏观经济学知识，判断上述差异是否合理，并阐述具体理由；要求学生判断国际上是否也符合这种趋势。如果存在问题，我们又该如何解决这些问题。

（三）教学手段与方法

案例：案例给出了普通教育各阶段的生均公共教育支出的数据见表1（这里给出的是2019年教育事业支出的省份层面数据）。

表1　各省份生均公共教育支出　　　　　　　　单位：元

地区	一般公共预算教育事业费和基本建设支出	事业费支出	个人部分	公用部分	基本建设支出
北京	61 061.29	59 768.35	38 164.78	21 603.57	1 292.94
天津	32 417.47	31 982.56	25 443.49	6 539.07	434.91
河北	11 957.52	11 839.75	8 848.36	2 991.40	117.77
山西	14 436.18	14 372.75	11 245.62	3 127.13	63.43
内蒙古	16 670.30	16 468.98	12 331.58	4 137.40	201.32
辽宁	13 927.62	13 870.01	11 208.86	2 661.15	57.61
吉林	17 082.61	16 965.94	12 621.09	4 344.86	116.67
黑龙江	15 770.44	15 706.44	12 108.36	3 598.08	64.00
上海	33 931.41	33 284.99	21 955.18	11 329.81	646.42
江苏	21 595.75	21 525.14	17 326.74	4 198.40	70.61
浙江	22 612.16	22 125.88	17 159.72	4 966.16	486.28
安徽	15 110.54	15 021.25	10 734.57	4 286.68	89.30
福建	17 098.36	16 981.91	12 914.80	4 067.11	116.45
江西	12 426.77	12 223.94	7 114.74	5 109.20	202.83
山东	15 518.63	15 493.97	11 938.08	3 555.89	24.66
河南	10 042.40	9 862.89	6 454.83	3 408.06	179.51
湖北	17 416.46	17 416.46	13 362.20	4 054.25	
湖南	12 930.65	12 803.34	9 426.19	3 377.15	127.31
广东	18 286.86	17 090.30	13 371.81	3 718.49	1 196.56
广西	10 644.42	10 423.78	7 219.14	3 204.64	220.64
海南	16 864.04	16 165.70	9 806.25	6 359.44	698.35
重庆	16 161.57	15 389.89	11 277.07	4 112.83	771.67
四川	13 878.40	13 762.47	10 297.13	3 465.34	115.93
贵州	12 367.58	12 241.82	9 534.57	2 707.25	125.76
云南	13 927.28	13 782.05	10 894.08	2 887.97	145.23
西藏	32 719.86	28 525.15	21 314.65	7 210.51	4 194.71
陕西	16 335.75	15 732.04	11 085.17	4 646.86	603.71

续表

地 区	一般公共预算教育事业费和基本建设支出	事业费支出			基本建设支出
			个人部分	公用部分	
甘肃	13 234.76	13 051.63	10 237.13	2 814.50	183.13
青海	19 199.67	17 881.64	13 910.92	3 970.72	1 318.03
宁夏	13 562.60	13 313.32	8 728.48	4 584.84	249.29
新疆	19 468.47	18 414.19	13 998.44	4 415.76	1 054.28

学生可以依据数据，讨论我国公共教育支出所反映的问题以及对教育公平的影响，从而提出解决建议和对未来的展望，对于公共教育支出有一个基本的认识。让学生了解到从新中国成立之初提出"教育向工农开门"，到21世纪提出"把促进公平作为国家基本教育政策"，党和政府始终把促进教育公平作为执政理念、行动目标和政策措施，在一个人口众多的国家，全面实现了九年制免费义务教育，到2018年九年义务教育巩固率达到94.2%，学前教育毛入园率达到81.7%，高中阶段教育毛入学率达到88.8%，高等教育即将步入普及化阶段，人均受教育年限从1949年的1.6年提高到2018年的10.6年，走完了发达国家近200年才走完的历程，谱写了促进教育公平的历史华章，创造了促进教育公平的中国模式，为世界教育公平进程提供了宝贵经验和重要动力。

（四）教学过程

教学的总体思路为要求学生自己查找小学、初中、高中、地方高校、部属高校的教育经费。然后，分析数据特点：以2019年为例，从生均公共教育经费的数据可见，小学、初中、高中、地方高校、部属高校分别是9 686.16元、13 641.95元、12 583.68元、18 670.83元、31 143.45元。除了高中阶段略低于初中阶段，其他阶段是学历越高经费支出越高（数据来源：教育部 国家统计局 财政部《关于2019年全国教育经费执行情况统计公告》）。

经过学生查找资料和讨论，大家提出了数据所反映的问题，并尝试给出解决建议。讨论结果归纳如下：

第一，我国初、中等教育公共经费明显低于高等教育，这与世界一些经济、教育比较发达的国家事实相反。可能的原因是：由于普通教育里的初、中等教育属于基础教育，一般不会跟市场的用人需求、科研转化需求直接对接，所以很难从市场直接获得教育经费。高等教育培养的是直接进入就业市场的劳动力,高校的很多科研项目可以直接转化为市场需要的技术、商品等,因此能够比较容易地从市场获得资金。因此,财政性资金应该多向初、中等教育倾斜,保证初、中等教育经费的充足。

第二,在中等教育中,高中生均公共教育经费低于初中生均公共教育经费。高中已经不属于义务教育阶段,这会对高中生均公共教育支出有降低影响,然而,高中阶段对于个人而言至关重要,在这一阶段学生不仅要学习大量知识,还要面临高考,因此这一阶段的公共教育经费加之学生所缴学费应能保障高中生较好的学习资源和环境。

第三,部属高校生均公共教育经费远高于地方高校生均公共教育经费,这一情况需要得到改善。部属高校和地方高校都是培养高学历人才的地方,都需要一定水平的公共教育经费支持。况且,地方高校数量远多于部属高校,为国家培养了更多的大学生,公共教育经费应该大力支持地方高校。从教育经费来源情况看,由于部属高校平均而言综合竞争力较高,从市场机制获得发展经费和校友捐赠方面更具优势,公共教育经费应该更倾斜于地方高校,以保证部属高校和地方高校之间总经费的生均教育经费差距不会太大。事实上,位于北京、上海的部属高校和地方高校近几年的生均公共教育经费支出差距在缩小,甚至地方高校的生均公共教育经费支出高于部属高校,但如要缩小全国的地方高校生均公共教育经费支出与部属高校间的差距,任务还比较艰巨。

从以上分析可见,我国总体公共教育经费支出规模在最近20多年来有了长足的发展,也达到了当初制定的目标,但支出结构还存在较多问题。国家应该在保障总的公共教育支出规模的同时,相应调整支出结构,提高初、中等教育的公共教育支出水平,缩小部属高校和地方高校之间的公共教育经费支出差距。唯有这样,我们4%以上的财政性教育经费支出规模才能最大化发挥它促进教育水平提升的作用。

三、教学效果分析

选取"公共教育支出比较"这样的案例进行分析,非常贴合学生的生活和体验,学生在分组讨论以后,争先恐后地发言,积极发表对问题的看法,几乎所有学生都主动发了言。很多学生结合自己的求学经历和家乡的教育情况,解释数据背后的故事,一堂教学课下来大家听到了我国很多地区的教育资源情况,不仅了解了我国普通教育各阶段公共教育经费支出的数量级和对比情况,还真切感受到这些数字带给不同地区的办学环境差异和不同地区学生的求学体验。

同时，需要注意图示中的平均数据展示的只是平均水平，与有些学生对家乡的教育水平感知是有差异的。比如，北京的学生认为北京市属高校似乎不比位于北京的部属高校的公共教育经费投入少。我们在查找和对比分地区的数据后发现，北京市属高校的公共教育经费投入在近几年来已高于位于北京的部属高校。所以，在做这样全国数据的案例分析时，也需要考虑和讨论地区差异。

最后，让学生以教育公平作为切入点，理解为人民服务是中国共产党的根本宗旨，执政为民是中国共产党的基本执政理念。使全体人民受益，让所有人分享改革开放的成果，是国家各项工作总的指导思想。

从 GDP 核算看中国经济高质量发展

张　芳

一、课程思政元素发掘

本课程在授课时可能包含以下思政元素。

元素 1　"志存高远，学以报国"的创新人才培养。

元素 2　爱国赤子情怀，践行绿色发展。

元素 3　绿色经济与高质量发展。

二、教案设计

（一）教学目标

1. 知识目标

夯实基础知识，使学生掌握 GDP 的概念、GDP 的核算方法，了解国民经济核算方法的不足与进展。

2. 能力目标

培养专业能力，提高学生对 GDP 等经济数据内涵认识与分析能力，对核算体系前沿发展与应用的专业学习能力，及其围绕绿色经济发展的创新思维与实践能力，为国家绿色发展、家乡建设服务。

3. 思想目标

提高全面素质，包括思想道德素质、科学素质、文化素质、身心素质，全面提高学生的社会责任感。思想道德素质包括树立爱国主义情怀与宏伟志向；科学素质包括深度掌握绿色经济前沿理论发展、增强科学精神；文化素质包括提升节约资源、爱护环境的绿色人文道德修养；身心素质包括知行合一，身体力行。

（二）教学内容和教学重点与难点

1. 教学内容

了解 GDP 核算的主要理念，掌握 GDP 核算的方法，理解 GDP 核算存在的不足。

2. 教学重点

掌握 GDP 的概念、GDP 的核算方法，了解国民经济核算方法的不足与进展；理解中国绿色 GDP 核算，绿色经济与高质量发展的认识和实践及现实生活中产生问题的原因。

3. 教学难点

（1）理解绿色发展前沿理论，能够对中国区域绿色发展方式进行比较。

对难点（1）的处理：对大学生绿色文化创新实践等进行分析比较。

（2）理解国家为什么要以 GDP 为主要的经济核算指标，但政府又不能搞 GDP 崇拜。

对难点（2）的处理：讨论过程中鼓励大家参与创新实践，并给出方向引导建议。

（三）教学手段与方法

1. 启发式课堂教学

包括启发式提问、引导提问、知识难点与观点解析。

2. 课堂思辨式讨论

结合 PPT 课件、各类资讯链接与文献观点解析，提出思辨主题，分组讨论总结。

3. 课后线上线下讨论

通过宏观经济学微信学习群推送学习强国、经济学专业网站、主流经济媒体等公众号。

（四）教学过程

教学意图	教学内容	环节设计
	权威数据实践对比——经济学知识基础	
从国家统计公报、IMF 组织等网站、权威 GDP 等数据导入开始，了解中国与国际经济形势	理论实践比对，夯实基础知识。从国家统计公报、链接 IMF 组织网站等、权威 GDP 数据导入开始，了解中国与国际经济形势、中国人均 GDP 变化。复习提问 GDP 的概念、核算方法。提出"GDP 竞赛是否合理"这一问题，使学生不仅意识到中国改革开放的巨大成就，增强"道路自信"，而且了解和重视高质量发展。通过理论实践比对，加深对知识的理解，夯实基础理论。	多媒体演示、讲解，启发式教学、引导学生思考。

续表

教学意图	教学内容	环节设计
国际新闻资讯视频——中国道路自信		
通过播放视频，引发学生对GDP与绿色发展关系的认识，增强中国道路自信	了解国际动态，提升爱国意识。播放绿色经济动态与中国绿色发展实践的视频，提出"GDP与绿色发展的关系"这一问题，使学生意识到中国负责任大国的形象和地位，以及中国经济绿色高质量发展对国际经济的促进作用，提升学生的爱国意识和社会责任感。	讲解、多媒体演示。
前沿理论观点思辨——专业科学能力		
紧扣教学大纲要求，让学生深入理解GDP的核算	前沿理论思辨，激发创新思维。包括对获诺贝尔经济学奖的国际知名经济学家对GDP核算观点的解析，介绍我国绿色GDP核算的研究文献与国家统计局的制度创新实践。通过理论前沿分析，提升学生的专业素养，培养学生理论创新思维认知。	讲解、多媒体演示。
创新赛事动员鼓励——全面素质提升		
通过资讯链接宣传绿色能源企业实践与国家创新基地实践，激励学生认真学习经济学理论，多观察多学习多实践	实践赛事动员，全面提升素质。通过资讯链接宣传绿色能源企业实践与国家创新基地实践，激励学生认真学习经济学理论，多观察多学习多实践。"纸上得来终觉浅，绝知此事要躬行"，鼓励学生关注国家与家乡绿色生态建设。拳拳爱国心，就要关心国家战略；来自家乡，就要有乡土情怀。关注绿色经济发展动态，切实参与绿色校园文化营建。	讨论与总结。
教学资讯链接说明		
拓展课堂内容	（1）教学内容拓展。教学中依次进行如下内容讲解，包括国家统计局GDP数据分析、国民经济核算学会绿色GDP论文、著名经济学家观点、时评与资讯视频、企业绿色实践与国家绿色发展区域创新基地建设的介绍。 （2）资讯与视频链接列表。 ①国家统计局统计公报（国家统计局网站）；②世界经济展望报告（IMF网站）；	讲解、多媒体演示。

续表

教学意图	教学内容	环节设计
	③［第一时间］直击夏季达沃斯论坛 推进绿色"一带一路"倡议 助力全球绿色经济发展_CCTV节目官网-CCTV-2_央视网（cctv.com）；④［北京2022］20190819 冬奥筹备贯穿绿色办奥理念_CCTV节目官网-CCTV-5_央视网（cctv.com）；⑤张东光：环境成本及其对GDP调整问题思考（stats.gov.cn）（国家统计局网站-国民经济核算研究会论文）；⑥上海市应对气候变化和绿色发展综合统计报表制度（stats.gov.cn）（国家统计局网站-地方统计调查制度实践）；⑦隆基股份李峰：以实际行动践行绿色发展社会责任-新华网（xinhuanet.com）（新华网-能源频道）。	

三、教学效果分析

2021年是中国共产党百年华诞。本课堂在设计过程中以党史学习教育为契机，深入理解学校提出的：牢牢把握教师队伍"主力军"、课程建设"主战场"和课堂教学"主渠道"，把党史学习教育与思想政治教育结合起来，把"四史"特别是党史教育有机融入思政课和日常思政教育中，立德树人，讲好这堂"大思政课"。本课堂采取思辨式主题课上课下、线上线下研讨。主题主要包括结合GDP核算与中国高质量发展目标与绿色发展实践，引导学生思考国家绿色发展战略实践与GDP的关系，理论联系实践；通过让学生搜集家乡GDP数据资料与其他学生辩论"GDP竞赛是否可取"，引导学生关注家乡经济发展，并形成思辨式学习方法。

（1）激励了学生奋发学习与参与实践的热情。学生课堂发言与课下讨论更加积极，参与创新实践活动热情日益高涨，学生以绿色发展、绿色经济、绿色能源等选题参与各类创新大赛并取得良好成绩。

（2）培养了学生的家国人文情怀，扩展了认识问题的视野，塑造其正确的价值观。

（3）立德树人，以身作则，教学相长，共同进步。与学校绿色创新实践和宣传活动相配合，教导学生环保行为的践行，如教室的人走灯灭、生活中的日常节水和食堂就餐节俭等,做到"知行合一"。将思政教育贯穿在课程教学全过程与师生关系中,持续培育学生良好品德与专业素养。

(4) 多媒体课件不断适时更新,持续补充新形势、新观点、新材料,丰富充实教学内容。

(5) 采取多重教材交叉学习,提倡学生结合专业特点与其他课程交叉学习,相互借鉴,并鼓励学生多质疑多思考。

政治经济学

课程性质：专业课
课程类别：理论课
授课对象：经济学专业本科生

本课程为经济学理论基础课，在人才培养方案中居于主导地位，其作用在于培养学生掌握马克思主义经济学的思想、观点和方法，为学习经济学专业课程奠定理论思想基础和方法论基础。学生学完本课程后，在思想上树立马克思主义的正确世界观与历史观，坚定社会主义信念；在知识上掌握马克思主义经济学的基本原理，初步具备运用马克思主义经济学原理正确分析和认识现实经济问题的能力，基本了解新时代中国特色社会主义市场经济制度的先进性。

"课程思政"下的政治经济学教学

张锦冬

一、课程思政元素发掘

本课程在讲授时可能包含以下思政元素。

元素 1 政治经济学是经济学专业的专业基础课,通过阐述马克思主义经济学的思想、观点和方法,为学习经济学专业课程奠定理论思想基础和方法论基础,充分体现经济学专业人才培养的核心要求。学生学完本课程后,应在思想上树立马克思主义的正确世界观,坚定社会主义和中国特色社会主义建设的决心。

元素 2 强化学生社会主义制度自信的理念。通过系统讲授政治经济学的劳动价值理论、剩余价值理论、资本积累理论、社会总资本的再生产和流通理论、平均利润理论以及利息、地租理论等核心理论,从个人、社会、国家三个层面,深入挖掘政治经济学所蕴含的体现新时代中国特色社会主义思想、社会主义核心价值观等方面的思政元素,培养学生对社会主义制度的自信。

元素 3 积极引导学生树立社会主义先进文化自信的理念。结合中国特色社会主义的伟大实践,阐述新中国成立 70 多年来,特别是改革开放 40 多年来的理论和实践探索,深入挖掘中国特色社会主义伟大成就背后的文化优势,积极传播和弘扬中华优秀传统文化、革命文化和社会主义先进文化,培育学生对中华传统文化的自信,滋养学生健康成长。

元素 4 增强学生民族自信心和社会责任感。授课过程中,结合国际国内时事,利用国际国内两个大局和两种资源,引导学生运用正确的立场、观点、方法认识并分析问题,让学生更深刻地认识世界、理解中国,增强民族自信心和社会责任感,为中华民族的崛起而努力学习。

二、教案设计

（一）教学目标

1. 知识目标

通过讲授为经济学专业的学生打下坚实的理论思想基础和方法论基础。

2. 能力目标

通过学习基础理论，为经济学专业的学生提供运用理论分析现实问题的能力。

3. 价值目标

通过系统学习经济学专业基础理论，树立培养人才的核心理念，使学生在思想上树立马克思主义的世界观，坚定社会主义和中国特色社会主义建设的决心。

（二）教学内容和教学难点

1. 教学内容

政治经济学（资本主义部分）的知识体系包括资本的生产过程、资本的流通过程和资本生产的总过程，并以此顺序构成教学内容的逻辑主线。教学内容主要包括：商品、货币、价值规律、资本与剩余价值、资本积累、资本的循环和周转、社会总资本的再生产和流通、社会总资本再生产的周期性和经济危机、平均利润和生产价格、商业资本和商业利润、借贷资本与利息、资本主义信用和资本主义地租、垄断资本主义的产生和发展以及当代资本主义经济的特征等。

导论

政治经济学的产生：①古希腊色诺芬的经济思想，亚里士多德的经济思想，"政治经济学"一词的出现，重商主义的理论，资产阶级古典政治经济学的主要代表人物和主要理论观点。②马克思主义政治经济学的创立，马克思主义辩证唯物主义与历史唯物主义学说的创立，马克思、恩格斯对政治经济学研究的开始，马克思的《资本论》创作史，列宁、斯大林、毛泽东对马克思主义政治经济学的继承和发展。

物质资料生产是政治经济学研究的出发点；政治经济学研究的对象——生产关系；政治经济学研究的任务：揭示社会经济运动规律；政治经济学的研究方法：唯物辩证法、从抽象到具体的叙述方法、逻辑与历史统一的方法、定性分析与定量分析相结合的方法。

第一章　商品

第一节　商品的二因素：使用价值和价值

商品是资本主义经济的细胞，商品包含着资本主义一切矛盾的胚芽，简单商品生产和商品流通是资本主义生产方式的前提和出发点，从商品开始研究资本主义符合历史与逻辑统一的方法。

第二节　生产商品的劳动二重性：具体劳动和抽象劳动

具体劳动的定义，具体劳动的特点；抽象劳动的定义，抽象劳动的特点；具体劳动与抽象劳动的对立统一；马克思劳动二重性学说的伟大意义。

第三节 简单商品经济的基本矛盾

私人劳动，社会劳动；私人劳动与社会劳动的矛盾；私人劳动和社会劳动的矛盾是私有制下商品生产一切矛盾的根源；解决基本矛盾就要使私人劳动顺利转化为社会劳动，关键在于商品交换；生产商品劳动的二重性，决定了商品的二因素。

第四节 商品的价值量

价值量的决定；个别劳动时间，社会必要劳动时间；社会必要劳动时间对商品生产的重大意义；简单劳动，复杂劳动；简单劳动和复杂劳动的关系；劳动生产率及其决定因素；单位商品价值量与劳动生产率的关系；同一劳动时间创造的价值总量与劳动生产率的关系。

第二章 货币

第一节 价值形式的发展和货币的起源

使用价值形式，价值形式。

第二节 货币的本质和职能

货币是固定充当一般等价物的特殊商品。价值尺度：价值的内在尺度和外在尺度；价格；价格标准；商品价格和商品价值、货币价值的关系；价值尺度和价格标准的关系。流通手段：商品流通；物物交换转化为商品流通后，商品经济出现的新矛盾；货币流通规律；铸币；纸币；通货膨胀。贮藏手段：储蓄与贮藏手段的区别，货币作为贮藏手段所起的作用。支付手段：支付手段与价值尺度、流通手段、贮藏手段的关系；货币作为支付手段进一步扩大了商品经济的矛盾；货币流通公式的修正。世界货币：货币越出国界，在国与国的经济关系中发挥一般等价物作用；必须是足值的贵金属。

第三节 商品拜物教

拜物教是指人们把某种物种神秘化，并把它当作偶像来崇拜的一种社会现象；商品拜物教是由于商品经济中商品支配商品生产者的命运。商品拜物教是由商品形式本身引起的。

第三章 价值规律

第一节 价值规律的基本内容和作用形式

价值规律的基本内容：价值决定与价值交换。商品价值量由社会必要劳动时间决定的必然趋势是通过价格自发围绕价值上下波动得到贯彻的；供求关系；商品生产者之间的竞争。

第二节 价值规律的作用

调节社会劳动在各部门的分配，刺激商品生产者改进技术和提高劳动生产率，导致商品生产者的优胜劣汰，不同所有制下作用形式、程度、范围的不同。

第四章 资本与剩余价值

第一节 货币转化为资本

资本的最初表现形式；商品流通和资本流通的共同点和根本区别，资本总公式及其矛盾；解决资本总公式矛盾的条件；解决资本运动总公式矛盾的关键。劳动力成为商品必须具备的两个条件；劳动力价值的确定；劳动力商品的特殊性；区分劳动力和劳动的重大意义；劳动力买卖形式上的平等所掩盖的事实上的剥削关系。

第二节 资本主义的劳动过程和价值增殖过程

劳动过程的一般性质，资本主义劳动过程的特点，资本主义生产过程是劳动过程与价值增殖过程的统一。资本主义商品生产的价值形成过程，价值形成过程转化为价值增殖过程，劳动二重性在价值形成和价值增殖过程中的作用。资本的本质，剩余价值规律是资本主义的基本经济规律。

第三节 生产剩余价值的基本方法

绝对剩余价值的生产，相对剩余价值的生产，绝对剩余价值与相对剩余价值的关系，相对剩余价值生产的发展与劳动对资本隶属关系的变化，相对工资和工资的国民差异，工人阶级为提高工资而斗争。

第五章 资本积累

第一节 资本主义再生产和资本积累的实质

社会再生产的内容和方式，资本主义的简单再生产，资本主义扩大再生产和资本积累。

第二节 资本的有机构成和资本的积聚与集中

资本有机构成及其变动趋势，资本的积聚和集中，资本积累的一般规律，资本积累与相对过剩人口，资本积累的一般规律和无产阶级贫困化，资本积累的一般规律，资本积累的实质。

第六章 资本的循环和周转

第一节 资本的循环

产业资本循环的三个阶段和三种职能形式，产业资本的三种循环形式，产业资本正常循环的条件，时间上的继起性与空间上的并存性及其相互关系。

第二节 资本的周转

资本的周转时间和周转次数，固定资本和流动资本，预付资本的总周转，可变资本的周转及其对剩余价值生产的影响。

第七章　社会总资本的再生产和流通

第一节　个别资本与社会总资本

个别资本和社会总资本的联系与区别，社会总产品及其实现。

第二节　社会总资本的简单再生产

简单再生产图式和三种交换关系，简单再生产的实现条件。

第三节　社会总资本的扩大再生产

资本主义扩大再生产的前提条件，资本主义扩大再生产的图式，资本主义扩大再生产的实现条件，生产资料生产较快增长的原理。

第八章　社会总资本再生产的周期性和经济危机

第一节　经济危机的实质和根源

经济危机的特征和实质，经济危机的根源。

第二节　资本主义经济危机的周期性

经济危机周期性的原因，经济危机的周期性与社会总资本再生产的周期性，资本主义再生产周期性的物质基础。

第三节　当代资本主义经济危机的新特点

二战以后经济危机的新特点，当代资本主义的金融危机。

第九章　平均利润和生产价格

第一节　成本价格和利润

成本价格，剩余价值转化为利润，剩余价值率转化为利润率，影响利润率的因素。

第二节　平均利润和生产价格的形成

部门内部的竞争形成社会价值，利润转化为平均利润，价值转化为生产价格，价值规律转化为生产价格规律，平均利润学说的伟大意义。

第三节　平均利润率趋向下降的规律

平均利润率下降的趋势，阻碍利润率下降的因素；利润率下降的趋势暴露了资本主义经济的矛盾，平均利润率下降的规律使资本主义一系列矛盾尖锐化：剩余价值生产和剩余价值实现的矛盾，生产扩大和价值增殖的矛盾，人口过剩和资本过剩的矛盾，无产阶级与资产阶级、资本主义国家与经济落后国家之间的矛盾。

第十章　商业资本和商业利润

第一节　商业资本的本质、职能和作用

商业资本的本质，商业资本的职能，商业资本的作用。

第二节　商业利润

商业利润的来源和本质，商业资本家对商业雇佣职工的剥削。

第三节 商业流通费用及其补偿

商业流通费用，商业流通费用的补偿。

第四节 资本主义商业的发展

批发商业，零售商业，对外贸易。

第十一章 借贷资本与利息

第一节 借贷资本的形成、本质和特征

借贷资本的形成和本质，借贷资本的特征。

第二节 利息与利息率

利息的本质与源泉，利息和企业主收入，利息率的决定及其变动趋势。

第三节 银行资本与银行利润

银行资本，银行利润。

第十二章 资本主义信用

第一节 商业信用和银行信用

商业信用，银行信用。

第二节 股份公司和股票

股份公司，股票与股票价格。

第三节 有价证券和虚拟资本

有价证券，虚拟资本，证券市场。

第四节 信用在资本主义经济中的作用

信用促进了资本主义经济的发展，信用制度促进了资本主义基本矛盾的发展。

第十三章 资本主义地租

第一节 资本主义土地私有制

土地作为生产资料的自然属性，资本主义土地所有制的特点，资本主义地租，地租与租金的区别。

第二节 资本主义级差地租

级差地租的形成，级差地租的两种形态，级差地租Ⅰ与级差地租Ⅱ的关系，农产品中的虚假社会价值。

第三节 资本主义绝对地租

绝对地租产生的原因，绝对地租产生的条件。

第四节 垄断地租、矿山地租和建筑地段地租

垄断地租，矿山地租，建筑地段地租。

第五节 土地价格

土地价格的本质，土地价格。

2. 教学难点

如何把马克思主义政治经济学基础理论的发展演变逻辑系统全面地展现出来,需要教师认真备课和讲解,也需要学生的主动配合。为了解决这个难点,教师需要在教学课件、教材、案例和复习思考题等多方面进行充分准备。

3. 教学对象分析

第一,知识基础分析。这门课的教学对象是刚刚进入大学校门的一年级学生,他们尚不具备经济学基础知识,只是在中学阶段了解了一些零碎的概念,具备了一些思考问题的能力。应在这个基础上制订详尽的教学计划,按部就班地把政治经济学的概念、范畴和理论体系教授给学生。

第二,学习特点。由于教学对象对政治经济学相关概念的碎片化认识,需要教师反复通过例证将一些知识点有效贯穿起来,使学生系统了解这门课程的基础理论,同时要求学生对于要讲解的内容提前通过自学的方式进行预习,课后利用晚自习的时间复习,有不懂的地方及时向教师提问。

(三)教学手段与方法

1. 教学手段

对于教学的重点和难点,教师应通过课上反复讲授和提问、答疑相结合的方式引导学生正确理解这些问题,以突破重点与难点。

2. 教学方法

采用教师与学生讲授相结合、师生互动、案例教学等教学方法,调动学生的学习积极性,并采用多媒体教学手段。

(四)教学过程

1. 教学设计思路

根据逻辑与历史统一的原则,从资本主义社会最常见的商品讲起,由浅入深,从表面到本质,采用抽丝剥茧的方法,逐渐深入分析资本主义生产方式的本质特征。

2. 教学过程安排

序号	章节内容	课时	实验	其他	合计
3	导论	3			3
4	第一章 商品	4			4
5	第二章 货币	4			3
6	第三章 价值规律	2			2

续表

序号	章节内容	课时	实验	其他	合计
7	第四章 资本与剩余价值	5			5
8	第五章 资本积累	1			1
9	第六章 资本的循环与周转	3			3
10	期中考试			2	2
11	第七章 社会总资本的再生产和流通	6			6
12	第八章 社会总资本再生产的周期性和经济危机	1			1
13	第九章 平均利润和生产价格	5			5
14	第十章 商业资本和商业利润	2			3
15	第十一章 借贷资本与利息	2			2
15	第十二章 资本主义信用	1			1
16	第十三章 资本主义地租	2			2
17	串讲、答疑			2	2
合计		41		4	45

三、教学效果分析

在一个学期的课程中，综合运用各种教学手段，讲授政治经济学的由来和发展演变过程，使学生认识到政治经济学以无产阶级的世界观和方法论——辩证唯物主义和历史唯物主义为基础，研究了资本主义生产方式及与其相适应的生产关系，创立了科学的劳动价值论和剩余价值理论，揭示了资本主义经济制度的本质、特点及其运动规则。同时，讲授世界上第一个社会主义国家的领导人列宁对资本主义的新时期即帝国主义时期的经济制度进行的科学分析。在不断深入认识社会主义经济规律的前提下，系统阐述中国在实践中不断丰富着马克思主义政治经济学的实践和创新。

中国国有企业与中国经济五年规划

郝宇彪

一、课程思政元素发掘

本课程在授课时可能包含以下思政元素。
元素 1　国有企业存在的必要性。
元素 2　中国经济五年规划的科学意义。
元素 3　中国特色社会主义市场经济的关键特征是什么？

二、教案设计

（一）教学目标

教师在讲授资本主义社会的基本矛盾的具体知识和理论的基础上，通过案例讨论等教学手段调动学生主动学习的积极性。知识层次上，通过案例讨论等方式帮助学生对资本主义社会的基本矛盾有更加直观的了解，并且能够基于资本主义市场经济基本矛盾反思中国当下的一些实际问题。能力层次上，培养学生掌握将理论与实践相结合的思维方式，在教学中让学生结合资本主义社会基本矛盾的相关理论和知识思考分析现实中的实例。

（二）教学内容

本节课的主要教学内容分为三个部分。
（1）回顾复习资本主义社会基本矛盾的含义、理论知识点；
（2）引入案例材料，让学生根据资本主义社会基本矛盾具体表现的相关知识分小组讨论案例材料所提出的问题；
（3）每组选派一个代表发言，展示小组讨论的结果，任课教师最后做总结与点评。

（三）案例内容

案例一：国有企业。

习近平总书记在 2016 年 11 月召开的全国国有企业党的建设工作会议上强调："要使国有企业成为党和国家最可信赖的依靠力量，成为坚决贯彻执行党中央决策部署的重要力量，成为贯彻新发展理念、全面深化改革的重要力量，成为实施'走出去'战略、'一带一路'建设等重大战略的重要力量，成为壮大综合国力、促进经济社会发展、保障和改善民生的重要力量，成为我们党赢得具有许多新的历史特点的伟大斗争胜利的重要力量。"习近平总书记第一次用"六个力量"来定位国有企业，无疑给国有企业挺直腰板改革、发展指明了方向，也为宣传国有企业提供了强有力的精神动力和理论支撑。

国有企业是中国特色社会主义的重要物质基础和政治基础，是中国特色社会主义经济的"顶梁柱"。在中国经济不断跃升的前进道路上，国有企业始终是国民经济的"领头雁"、关键领域的"压舱石"。特别是改革开放以来，国有企业通过积极探索与市场经济相融合的有效途径和方式，不仅自身实力、竞争力取得长足进步，也为推动我国经济社会发展、科技进步、国防建设和民生改善做出了历史性贡献。

新中国成立伊始，我国经济基础极为薄弱。1952年，国有工业企业利润总额仅为28.2亿元，固定资产原值149亿元。经过多年接力探索，特别是改革开放40多年来的改革与制度创新，国有企业真正成为依法自主经营、自负盈亏、自担风险、自我约束和自我发展的独立市场主体，企业面貌发生重大变化。1978—2018年，全国国有企业营业收入、利润总额分别实现年均增长11.9%和10.3%。2018年全国国有企业资产总额、所有者权益分别达到1978年的247.1倍和130倍，成为国民经济持续健康发展的中流砥柱。

从第一辆国产解放牌汽车、第一台"东方红"拖拉机，到大庆油田甩掉中国"贫油"帽子，再到鞍钢依靠自身力量研发出"争气钢"……一批"共和国长子"在旧中国千疮百孔中的经济基础上起步，创造了一系列"新中国第一"，启动了我国加快工业化的大幕，折射出一个农业大国迈向工业大国的不懈追求。公路成网、铁路密布，西气东输、南水北调、高铁飞驰、巨轮远航……改革开放以来，经过"放权让利""抓大放小""公司制股份制"等一系列改革和战略调整，国有企业不断优化战略布局，数量有所减少的同时质量不断提高，在关系国民经济命脉的重要行业和关键领域保持主导地位。

伴随我国经济产业结构转型升级加快，新兴产业大量涌现，经济活动日益多元化。在坚持做强做优做大的同时，国有企业通过发展混合所有制经济、加强产业链上下游合作等多种方式，支持带动民营企业等各类所有制企业共同发展，在实践中不断坚持和完善我国基本经济制度。党的十八大以来，以习近平同志为核心的党中央高度重视国有企业改革，出台《中共中央国务院关于深化国有企业改革的指导意见》等一系列政策措施，成为新时代国企改革遵循的重要指导原则。

一些重要领域和关键环节的改革已经取得明显进展：中央企业的公司制

改革已全面完成，已有 80 多家央企建立了规范的董事会，企业市场化基础进一步筑牢；中央企业在产权层面已与社会资本实现了较大范围的混合，半数以上的国有资本集中在公众化的上市公司，重点领域混改也迈出了实质性步伐……

案例二：中国经济五年规划。

2021 年 3 月 5 日，十三届全国人大四次会议在北京召开，《中华人民共和国国民经济和社会发展第十四个五年规划和二〇三五年远景目标纲要（草案）》提出，"十四五"时期是我国全面建成小康社会、实现第一个百年奋斗目标之后，乘势而上开启全面建设社会主义现代化国家新征程、向第二个百年奋斗目标进军的第一个五年。

国民经济和社会发展五年规划是我国国民经济和社会发展的一个中长期计划，主要是为国民经济和社会发展远景规定目标和方向，对国家重大建设项目、生产力布局、国民经济重要比例关系和社会事业等做出规划，是我国非常重要的宏观经济和社会管理工具。它是中国经济的设计蓝图，对中国的政治、经济、安全、文化、社会变革产生着巨大的影响，在一定程度上决定着中国的发展方向和未来命运。在 70 多年的发展历程中，我国一直坚持制定实施"五年规（计）划"，迄今已实施了 13 个"五年规（计）划"。13 个以五年为期的发展规（计）划串起了中国发展进步的历程，纵览 13 个五年规（计）划，在规划目标、内容、体系与机制上适应了从站起来、富起来到强起来的历史进程。回顾五年计划/规划的历史，不仅能描绘新中国成立以来经济发展的大体脉络，也能从中探索中国经济发展的规律，通过对比与检视过去，可以从历史的发展中获得宝贵的经验，从而指导未来的经济发展。

1951 年，在抗美援朝、保家卫国的同时，党中央开始谋划大规模经济建设问题。当年 2 月，毛泽东在中央政治局扩大会议上提出了"三年准备，十年计划经济建设"的思想，首次明确提出了编制国民经济发展计划的设想。会议决定，自 1953 年起实行发展国民经济的第一个五年计划，并要求立即开始编制五年计划的准备工作。"一五"计划于 1955 年审议通过，确定了以 156 个大型建设项目为中心，694 个大中型建设项目组成的工业建设。1957 年，"一五"计划超额完成了规定的任务，实现了国民经济的快速增长，为新中国工业化奠定了基础。此后，"三五"至"五五"计划的实施，为建立比较完整的工业体系和国民经济体系做出巨大贡献，新中国实现了从"一穷二白"到"建成独立的比较完整的工业体系和国民经济体系"。

改革开放以来，党领导全国各族人民编制并实施了"六五"到"十三五"共八个五年规（计）划。其中，1981 年开始的"六五"计划，首次将社会发展纳入其中，名称由"国民经济五年计划"变成"国民经济和社会发展五年计划"。2006年开始的"十一五"，把"计划"改为"规划"，反映了从计划经济到发展和完善社会主义市场经济的深刻转变。

"五年规划根据党中央建议制定，经全国人民代表大会批准后向全社会公布实施，是把党的主张转化为国家意志和全民行动的重要方式和途径。"国家发展改革委宏观经济研究院党委书记、院长王昌林说。编制和实施国民经济和社会发展五年规划，是党治国理政的重要方式，是中国之治的重要"密码"。新中国成立70多年，尤其是改革开放以来，远期有战略、中期有规划、年度有部署，三者有机结合、互相补充的方式，为推动我国经济社会持续快速健康发展发挥了重要作用。

案例来源：纪录片《五年规划》，http：//tv.cctv.com/2016/03/04/VIDAMe0LCpZvR2sppoDcvhvI160304.shtml

（四）思政引入

根据以上案例并结合教材第八章的"资本主义社会的基本矛盾的具体表现"提出以下几个问题供学生讨论：

(1) 案例一中的国有企业的意义是什么？
(2) 案例二中的中国经济五年规划的意义是什么？
(3) 国有资本能够解决资本主义社会的基本矛盾吗？

（五）案例分析

1. 国有企业的责任和意义

中国的国有企业既要承担经济责任，也要承担政治责任，还要承担社会责任。国企是共和国的长子，为我国的经济建设做出了巨大贡献，对于社会政治稳定也发挥着重要作用。

第一，国有企业是经济组织，是国民经济的支柱，必须承担经济责任。国有企业是国民经济的主导力量，是社会主义经济的重要支柱。无论是中央企业还是地方国有企业，在国民经济和地方经济中都占有绝对优势，国有企业是维护和巩固社会主义公有制性质、引领国家经济发展的主导力量。国有企业不但提供了煤炭、石油、电力、钢铁等基础资源，承担着生产公共产品、建设重大工程项目、推动国家技术创新等职责，而且还肩负着优化产业结构、引领经济发展、带动其他所有制经济健康发展的重任。

第二，国有企业是国家所有或国家控股，关乎国民经济命脉和国家安全，必须承担政治责任。国有企业是共产党的执政之基，是维护政治稳定的核心力量。国有企业是党中央、国务院决策部署的坚决拥护者和忠实履行者，是保障国家政策贯彻落实的主要阵地。国有企业承担了大量社会功能和责任，提供大量的就业岗位，支持和帮助大学生就业，维护了国家的政治社会稳定。

第三，国有企业是中国经济社会的重要组成部分，是构建社会主义和谐社会的主体，必须承担社会责任。国有企业是推动改革开放的主要力量，是社会责任的主要履行者。国有企业成为中国改革开放事业的主要推动力量，从实行承包责任制到实行股份制、继而上市，国有企业克服重重困难、负重前行，为我国经济、国防、民生和精神文明建设做出了巨大贡献。此外，国有企业与其他所有制企业相比，承担着更多的社会责任，是支持经济发展、公益事业、对外援助的重要力量。在遭遇特重大自然灾害和重大突发事件时，国有企业总是冲在最前线，组织力量全力救援，捐钱捐物，树立了社会主义国家在世界人民心目中的团结友爱、坚强有力的良好形象。

2. 中国经济五年规（计）划的意义

第一，五年规（计）划对推动国家发展发挥了重要作用。五年规（计）划是一定时期内国家发展目标的设定和相应的政策导向，体现了有效市场和有为政府的结合，具有促进发展目标实现、弥补市场失灵、有效配置公共资源、推动全面协调可持续发展的巨大功能。"一五"计划的实施，为我国的工业化奠定了初步基础；"三五"至"五五"计划的实施，为建立比较完整的工业体系和国民经济体系做出巨大贡献；"七五"计划后，我国基本上解决了温饱问题；"九五"期末，人民生活总体达到小康，进入世界银行划分的下中等收入国家行列；"十一五"时期，我国实现了从下中等收入国家行列到上中等收入国家行列的跨越；"十三五"时期，我国全面建成小康社会，并为开启全面建设社会主义现代化国家新征程奠定扎实基础。从历史脉络看，五年规（计）划是国家总体发展战略的阶段性部署和安排，每个五年规（计）划都是在分阶段落实国家总体发展战略，推动了国家的发展。

第二，五年规（计）划有利于国家的治国理政。"五年规（计）划"建议文稿形成一般需要几个月，整个编撰的过程就是中国协商民主和决策民主的展示。编撰规（计）划期间要广泛听取各个地区、各个部门的意见，成百上千次地听取专家、学者、智库和社会的意见与建议。在广泛发扬民主、最大程度凝聚共识的过程中，形成对未来五年经济社会发展内外环境的精准分析预判，形成对未来五年发展思路、主要目标、优先领域、重点任务的科学安排。

相比之下，西方的政治制度导致其很难进行宏观规划，执行起来难度往往也大：一是多党竞争导致短视的政治。二是西方文化中没有中国文化中这种"知行合一"的传统，规划往往只是一种政治宣传和远景声明，属于言论自由，缺少中国模式的执行机制和问责机制。三是西方新自由主义经济学的影响，否定政府规划的作用。

第三，在政治经济学层面，中国从中央到地方制定五年规（计）划的过程已经成为一种塑造预期的过程，从企业公司到个人投资者，都非常关心中国五年规（计）划的内容，这本身就促进了经济的发展。应该说，这也是中国迅速崛起的一个秘密。

3. 国有资本能够解决资本主义社会的基本矛盾

根据生产资料的所有者不同可将所有制分为公有制和私有制。私有制指的是生产资料归部分社会成员所有，这决定了每个资本家是自己企业的全权意识的主宰。企业生产什么，如何生产和生产多少，由资本家根据利润的大小来决定。为了加紧剥削工人，榨取更多的剩余价值，资本家在自己的企业中严密组织生产，力求采用先进的技术装备，实行科学的生产管理。因此，就个别企业内部的生产来讲，是具有一定的组织性的。但从整个社会生产来看，由于生产资料私有制的性质，相互联系的各个生产部门和各个企业被分割开来，各个资本家为攫取更多的利润而展开激烈的竞争，这又使整个社会的生产处于无政府状态，导致各部门之间的比例失调。为了在竞争中取胜，每个资本家都尽力加强本企业的计划性和组织性，而这又使整个社会生产的无政府状态更加严重。

与私有制相对应的私营资本以经济利润最大化为目标，生产存在一定的盲目性，市场调节的滞后性与私人资本的局限性相结合使得企业发展目标与国家发展目标相冲突。这一事实体现出资本主义市场经济的基本矛盾之一：个别企业内部生产的有组织性和整个社会生产的无政府状态之间的矛盾。

与私有制相对照，公有制指的是生产资料归全体社会成员共有的一种所有制制度，人们共同占有生产资料进行共同劳动，共同占有产品，从而为消灭剥削奠定了基础。国有经济控制国民命脉，控制国民经济发展方向，控制经济运行的整体态势，控制重要稀缺资源，对经济发展起主导作用。

与公有制对应的国有资本，由国家财政拨款，其所有权归国家所有，国家凭借所有者身份参与管理和经营活动，分配企业利润。这决定了国有资本并非以利润最大化为目标，而是以国家与社会利益最大化为目标，旨在实现国家长远发展目标，从而使得企业的发展目标与国家发展目标相一致。这在一定程度上可以缓解个别企业内部生产的有组织性和整个社会生产的无政府状态之间的矛盾。

三、教学效果分析

通过本次课程学生可以理解以下三个知识点。

第一，资本主义市场经济的基本矛盾之一是个别企业内部生产的有组织性和整个社会生产的无政府状态的矛盾。经济危机爆发的根源是资本主义社会的基本矛盾。

第二，国有企业以及中国经济五年规（计）划在中国经济的发展历程中发挥了不可忽视的重要作用。国有企业是实现国家战略的关键保障，五年规（计）划是中国崛起的重要密码。

第三，国有资本以国家与社会利益最大化为目标，旨在实现国家长远发展目标，在一定程度上可以缓解生产上的资本主义社会的基本矛盾：个别企业内部生产的有组织性和整个社会生产的无政府状态之间的矛盾。

美元霸权与人民币国际化的意义

郝宇彪

一、课程思政元素发掘

本课程在授课时可能包含以下思政元素。

元素1 材料一中的美元霸权指什么？美元在行使货币的什么职能？

元素2 破解美元霸权有什么方法？

元素3 材料二中，我国正在不断推进人民币国际化进程，人民币国际化的重要意义是什么？

二、教案设计

（一）教学目标

1. 知识目标

通过案例讨论等方式增加学生对货币的定义、本质和职能的理解，使其能够应用货币职能理论解释现实中的问题。

2. 能力目标

培养学生掌握理论与实践结合的思维方式，在教学中让学生运用货币职能理论解释当下国际社会发生的重要事件。

（二）教学内容

（1）回顾货币和商品的关系、货币本质和货币职能的理论知识点；

（2）引入案例材料，让学生根据货币本质和职能的相关知识点分小组讨论案例材料，提出问题；

（3）每组选派一个代表发言，展示小组讨论的结果，任课教师最后做总结与点评。

（三）案例内容

案例一：美元霸权的产生与发展。

第二次世界大战后，各国的政治经济实力发生了极大变化，德、意、日法西斯国家是战败国，其国民经济损失殆尽。英国经济在战争中也遭到重创，实力大为削弱。相反，美国经济实力却急剧增长，并成为世界最大的债权国。

1941年3月11日到1945年12月1日，美国根据"租借法案"（《进一步促进美国国防和其他目的法案》）向盟国提供了价值500多亿美元的货物和劳务。黄金源源不断流入美国，美国的黄金储备从1938年的145.1亿美元增加到1945年的200.8亿美元，约占世界黄金储备的59%，美国坐上了资本主义世界的霸主宝座。美元的国际地位因其巨大的国际黄金储备而空前稳固，这就使建立一个以美元为支柱的有利于美国对外经济扩张的国际货币体系成为可能。1944年7月确立的布雷顿森林体系，最核心的内容是美元与黄金挂钩，其他国家的货币与美元挂钩，实行固定汇率制度。布雷顿森林体系的建立有助于国际金融市场的稳定，对战后的国际经济复苏和发展起到了一定的作用，同时也使美元取得了"等同黄金"的地位，成为世界主要的国际结算工具，从而使美元在世界货币体系中的霸主地位得以确立。

1971年8月15日，美国总统尼克松在财长约翰·康纳利的建议下，根据财政部副部长保罗·沃尔克的方案，关闭了黄金兑换窗口，布雷顿森林体系终结。为了延续美国的霸权地位，1975年美国寻找到了美元与原油挂钩的机会，即通过与欧佩克中的伊拉克、伊朗、沙特阿拉伯、委内瑞拉等原油出口大国多次磋商，达成了只以美元进行原油交易的协定，使美元成为国际原油计价和结算的货币。

20世纪70年发生美元危机之后，美国利用美元和原油交易结算的关系，以及美国的军事霸权，继续维持了三十多年的美元霸权地位。然而，2008年美国发生金融危机之后，随着美国经济地位的下降，美元霸权也在不断受到挑战而被弱化。欧盟和金砖国家具有强烈的"去美元化"动机，俄罗斯宣布同中国的贸易直接用本币结算，2014年年底还将人民币纳为重要储备货币。据CNBC报道，沙特阿拉伯宣布了一项价值5 000亿美元的计划，该计划力图建立一个与约旦和埃及联系在一起的商业和工业园区。沙特王储萨勒曼表示，这片面积2.6万平方千米的区域将集中发展能源、水、生物技术、食品、先进制造和娱乐等行业，是沙特新投资的最主要焦点领域。外媒称，这是继沙特大举抛售美债后，迄今为止再次大手笔甩开石油美元的最大努力，这意味着沙特似乎正在试图让本国货币里亚尔与美元脱钩。沙特虽然富有，却难以克服低油价和"美元荒"的困扰，因此正在考虑用人民币进行原油贸易结算。这项决定如果确立，那么其他一些大的石油出口国很快将会效仿，整个原油市场都会追随，接受用人民币结算原油的新规则，或成为提前终结石油美元最关键的一步。

产油国实施石油交易去美元化，让美元霸权难以支撑，更多的国家实行货币互换等措施，则会使美元霸权彻底崩溃。2015年11月30日，国际货币基金组织（IMF）批准人民币加入特别提款权（SDR）货币篮子。新的货币篮子于 2016 年 10 月 1 日正式生效，人民币在世界范围内流通，成为国际贸易结算、国际投资和国际储备的第五种货币。

案例二：2020 年人民币国际化报告。

近日，中国银行协会发布了《人民币国际化报告（2019—2020）》（以下简称《报告》）。《报告》指出，2020 年初，受新冠肺炎疫情冲击，部分企业停工停产，人民币在国际支付中的份额略有波动。但随着国内疫情缓解、企业复工复产，多家商业银行开辟"绿色通道"、简化业务流程，积极为企业提供人民币结算服务，人民币的全球支付占比回升，在经常项目和资本项目中，跨境人民币收付金额实现了"双增长"。

《报告》对人民币国际化业务十年来的政策框架和取得的进展进行了总结分析，介绍了人民币跨境业务发展情况和人民币国际化面临的挑战，并从"一带一路"倡议、融入区域发展战略、借助平台机遇、依托并发展前沿金融科技等一系列利好因素对人民币国际化的前景预期进行阐述。同时，从打造人民币跨境资产配置中心和深化推进资本市场开放，以及优化熊猫债市场在可持续金融领域的运用、加大自贸区跨境金融创新经验复制推广力度和加强商业银行跨境人民币业务专业人才队伍建设等方面提出推动人民币国际化业务开展的策略及建议，具有重要的现实指导意义。

《报告》指出，2019 年，人民币国际化发展呈现出跨境结算规模持续增长；跨境交易中的使用比例继续提升；证券投资领域跨境结算规模实现快速增长，在全部跨境结算中占比继续提升；境外主体继续参与境内金融市场，外资持续流入境内债券和股票市场，全面取消了 QFII/RQFII 投资额度限制，同时伴随着 20 号胶期货在上海国际能源中心挂牌交易、"沪伦通"开通等，可投资品种不断丰富等特点日趋明显。2019 年，人民币跨境收付金额合计 19.67 万亿元，同比增长 24.08%，其中实收 10.02 万亿元，实付 9.65 万亿元。跨境人民币占本外币跨境收付比重为 39.51%，人民币已连续九年为我国第二大国际收付货币。

《报告》显示，2020 年上半年，全国人民币跨境收付金额合计 12.67 万亿元，同比增长 36.33%，其中收入 6.31 万亿元，支出 6.36 万亿元，人民币跨境收付继续保持平衡。截至 2020 年 6 月末，人民币在国际支付货币中的份额为 1.76%。

谈及人民币国际化面临的挑战，《报告》指出，全球格局处于动荡调整之中，国际货币竞争日趋激烈，经济发展面临下行压力等外部因素给人民币国际化发展带来挑战的同时，跨境人民币支付结算、外汇市场和债券市场等金融基础配套设施仍需进一步完善，商业银行内部缺乏针对性考核激励机制、跨境人民币业务产品的创新及盈利能力不足，以及缺少相关专业人才队伍等内部因素也对人民币国际化形成挑战。此外，人民币国际化还面临着离岸市场人民币产品供应不足和海外客户对人民币了解不充分等其他挑战。

此外，《报告》建议，依托上海建设国际金融中心的目标，加速推动上海要素市场发展，打造人民币跨境资产配置中心；建议进一步拓展资本市场互联互通范围，明确境外投资人投资境内债券市场的税收政策；建议考虑出台相关政策鼓励以绿色和可持续发展债券形式来发行熊猫债券；建议加大自贸区跨境金融创新经验复制推广力度，利用自贸区优势，有效推动跨境人民币业务发展；建议商业银行加大跨境人民币业务专业人员培养力度，以满足未来跨境人民币业务发展过程中产品创新、风险管控的人才需求。

（四）案例分析

1. 美元霸权的含义与表现

在商品开始在国际流通时，马克思进一步提出了货币的世界货币职能。马克思的世界货币理论认为，缺少国家政权作为后盾的价值符号无法作为世界货币履行职能，是否在世界范围内具有被普遍接受的价值是决定一种货币能否履行世界货币职能的关键。在布雷顿森林体系下，美元曾作为被各国共同认可的结算与储备货币而奠定了世界货币和美元霸权的地位。尽管在牙买加体系下，汇率制度自由选择，美元不再与黄金直接挂钩，但美元另求与石油挂钩从而进一步维持了其霸权地位。

美元霸权指美元在执行世界货币职能的过程中，给美国带来了诸多经济利益的同时可能给其他国家经济造成各种负面影响。对于美国而言，美元霸权带来的经济利益主要包括以下几点。

首先，美元本位可以帮助美国获得高额的国际铸币税。粗略地说，铸币税是主权经济体的货币发行或货币创造行为派生出来的利益，也称铸币利差。起初，铸币税只是一个国内概念。但随着商品经济的发展和货币经济的深化，一方面，货币的职能变得更加宽泛——由交易媒介逐步扩展到担当价值尺度、流通手段、贮藏手段、支付手段等；另一方面，货币流通域不仅在国内得到了扩张，也伴随着世界贸易与金融的繁荣扩张到国外，直至全球市场，取得了充当世界货币的新职能。新职能使得主权经济体发行的货币成为域外经济体的国际储备货币，这时，发币方从货币使用方获得铸币税收入，形成国际铸币税。在金本位、金块本位或金汇兑本位制下，货币发行方只能获取相对有限的国际铸币税。而在信用货币制度中，享有国际储备货币地位的货币发行方则可以获得巨额的收益。美国是世界上享有国际铸币税最多的国家。由于美元是最主要的国际货币,美国在很大程度上控制了世界货币的供应,占有了国外美元持有者的资源。

其次,美元本位可以免除美国企业对外支付的汇率变动风险。世界上绝大多数国家使用美元作为国际贸易、投资计价和交易结算货币,而美国企业在进出口中一般采用美元进行支付和结算,因此对于美国的企业来说,不存在与其他货币之间的结算,也就规避了汇率变动的风险。同时,外汇储备作为稳定本币币值的保证,美国凭借美元本位可以拥有较少的外汇储备,相应为外汇储备付出的代价也较少。

再次,美元霸权使美国形成了债务经济模式。美国可以不受限制地向全世界借债,却不必对等地承担偿还债务的责任。美国向其他国家举债都是以美元计算,可以通过美元贬值的手段来操纵负债的价值水平,不需要通过紧缩经济来摆脱债务压力。通常情况是,美国借债越多,美元就越贬值,到时实际偿还的就越少。而购买美国国债的国家,既要被动地承担收益率下降的损失,也要面对债券到期时汇率、利率变化的风险。

最后,美元霸权表现在美国使用的金融制裁手段方面。金融制裁是经济制裁的重要方式,它主要通过冻结资产、拒绝金融服务、禁止投融资活动等金融手段,限制或阻碍被制裁对象的资金融通,损害被制裁对象正常的金融秩序和经济运行机制,从而达到其制裁目的。美国是当今全球金融制裁发起最频繁、执法最严格的国家。美元是世界上的第一大货币,不仅流通能力强,而且流动范围广。一旦美国切断了被制裁者的美元获取能力和使用美元的渠道,就相当于切断了被制裁者在国际上进行交易的一条重要渠道。一旦美国想要制裁某个国家,其便会切断被制裁者使用美元的渠道,这会导致被制裁者无法使用美元转账、支付、结算等来进行经济活动。

2. 美元霸权地位瓦解的路径

美元霸权主导下形成的"中心—外围"体系具有不稳定性。在美国作为中心国家享受美元霸权下的收益时,外围国家则承担了通胀和危机等成本。在这样不平衡的结构影响下,美元霸权地位也在不断被削弱。各国纷纷决定实行"去美元化"政策,来对抗美元的霸权地位。主要的路径包括以下方面。

第一,创造"超主权"货币。主权货币存在"特里芬难题",即国际货币体系决定必须用美元作为结算与储备货币,导致流出的美元在海外积累,美国国际收支会发生长期逆差;而美元作为国际货币核心的前提是必须保持美元币值稳定,这又要求美国必须是一个国际贸易收支长期顺差国,这两者之间存在矛盾。为了解决主权货币的矛盾,周小川提出要创造一种与主权国家脱钩,并能保持币值长期稳定的国际储备货币,即构建一种"超主权"货币，从而避免主权信用货币作为储备货币的内在缺陷，这是国际货币体系改革的理想目标。特别提款权（SDR）的诞生是未来产生"超主权"货币的一种潜在可能。SDR这样的超主权储备货币的价值是建立在国际货币基金组织或全球央行的信用之上的，既没有如黄金般的实物担保也没有任何国家的经济实力作为货币的后盾，因此各成员国将SDR作为国际储备资产和最后支付手段。同时出于政治原因，SDR一直在被排挤，其意义仅仅停留在货币符号而非实际货币上。但为了制衡美元霸权，必须提升SDR的地位和作用。扩大SDR的发行规模，推动其在国际商品交易中的计价功能，协调各国SDR的分配比例与货币种类，使需要融资的国家能够获得SDR贷款，通过这些措施提高SDR的地位和接受度，从而减少各国对美元的依赖。

其次，国际货币多极化。当前美国主导的国际货币格局正在逐渐发生改变，美元的霸权地位受到威胁，崛起的欧元成为美元的主要竞争对手，而其他国家的区域性经济一体化组织也在致力于使本国货币在国际上占有一席之地。随着国际经济多极化趋势加强，国际货币的多极化也是大势所趋。

最后，本币互换结算。双边本币互换协议是指一国的央行与另一国的货币当局签订协议，约定在一定条件下，任何一方可以一定数量的本币交换等值的对方货币，用于双边贸易投资结算或为金融市场提供短期流动性支持。在双边贸易结算中如果使用美元，那就意味着要和美国分享部分收入。但如果改用本国货币进行结算则符合自身经济利益，这在贸易结算中对降低对外部因素的依赖具有相当的意义。签署互换协议意味着双方承诺一定的互换额度，在危机深化的特定情况下随时启动。具体而言，两国通过本币互换可相互提供短期流动性支持，为本国商业银行在对方分支机构提供融资便利，并可促进双边贸易发展。

3. 人民币国际化的意义

中国持续推动人民币国际化是因为：其一，人民币的发展可以削弱美元的霸权地位。随着国际货币格局的不断变化，中国作为一个有抱负的大国，应该积极推动人民币亚洲区域化进而国际化，从而摆脱美元的操控，谋求应有的国际地位。实现人民币国际化的过程就是中国掌握国际货币调节权的过程，从而削弱美元霸权的影响力。其二，可以减少我国外汇波动的风险。发展人民币国际化可以使我国同其他国家进行贸易与投资时，不需要中介货币的干预，进而可以减少交易成本。其三，地缘政治因素决定了需要推动人民币国际化以降低对美元体系的依赖。我国应未雨绸缪，加快推动人民币国际化，降低对美元体系的依赖，以保证资本流动的畅通性，减少国际融资和支付风险。其四，可以提升政策的独立性。在美元霸权下，我国的货币政策调节要受汇率市场波动的影响而进行调节。在推行人民币国际化后，中国可以更加灵活和独立地使用政策来调节经济。其四，人民币国际化可以提高我国在国际上的话语权。中国的贸易总额持续扩大，并且历史表明在长时间中国的汇率都是稳中有升的，这显示中国的经济实力正在不断地提升。随着经济实力的增强，中国在国际上的话语权也会不断提升。

三、教学效果分析

通过对案例的分析，可以理解以下两个知识点。

第一，货币的世界货币职能是指货币在世界市场上执行一般等价物的职能。在布雷顿森林体系下，美元作为被各国共同认可的结算与储备货币而奠定了世界货币和美元霸权的地位。

第二，美元霸权指美元在执行世界货币职能的过程中，给美国带来了诸多经济利益的同时可能给其他国家经济造成各种负面影响，需要通过构建超主权货币、货币多极化和本币互换结算等方法来削减美元的霸权地位。

英国经济从世界工厂转向对外贸易

陆明涛

一、课程思政元素发掘

本课程在授课时可能包含以下思政元素。

元素 1 随着资本主义生产的进一步发展,尤其是大机器工业的出现,生产规模和市场范围迅速扩大,客观上要求商业企业提高经营效率以满足生产发展的需要。

元素 2 与这一要求相适应,商业企业的专业化、组织化程度不断提高。商业分工越来越细,不仅运输、保管等业务发展成为独立的行业如运输业、仓储业等,而且纯粹的商品买卖业务也日益专业化,发展成为批发商业、零售商业和对外贸易,并各自进一步发展成许多专门性的行业,出现了各种各样的商业形式,大大促进了资本主义商业的发展。

元素 3 商业资本为了追逐利润,不仅参与了国内的商品流通,还参与了国与国之间的商品流通,于是便产生了对外贸易。对外贸易是资本主义国家经济发展不可缺少的组成部分,具有重要的作用。

二、教案设计

(一)教学目标

1. 知识目标

通过案例讨论等方式增强学生对商业资本理论的理解,能够应用劳动价值论和资本周转理论等解释资本主义商业和对外贸易发展历史中的问题。

2. 能力目标

培养学生掌握理论与实践结合的思维方式,在教学中让学生运用商业资本理论解释当下世界上发生的重要事件,如中美贸易摩擦等。

(二)教学内容

教学大纲要求:通过案例深入理解商业资本的内涵与特征。本节课的主要教学内容分为以下三个方面。

(1)了解资本主义商业发展;理解商业资本形成、商业剥削;掌握商资本本质、职能和作用；商业利润的来源和本质、商业流通费用及其补偿。

（2）引入案例材料，让学生根据商业资本理论的相关知识点分小组讨论案例材料，提出问题。

（3）每组选派代表发言，展示讨论的结果，任课教师最后做总结与点评。

（三）案例内容

材料一：英国经济对国际贸易的需求。

英国经济形成了一种标志性的、独特的国际关系模式，它严重依赖对外贸易，广言之，即惯于用自己作为发达经济体的工业制成品及其相关配件与服务（包括资本、航运、银行、保险等），去交换原料、食物之类的初级产品。1870 年，英国的人均贸易（不算"无形"项目）为 17 英镑 7 先令，法国人均为 6 英镑 4 先令，德国人均为 5 英镑 6 先令，美国人均为 4 英镑 9 先令。只有另一个工业先驱比利时，此时在各工业国中拥有可与英国比肩的水平。海外地区作为产品的市场和资本的出路，在英国经济中发挥了十分重要且不断放大的作用。到 18 世纪末，国产出口品占国民收入的约 13%，到 19 世纪 70 年代初，增至 22% 左右，此后平均维持在 16%～20%（只有 1929 年大崩盘至 20 世纪 50 年代初这一时期除外）。19 世纪大萧条之前，英国的出口通常比总的国民实际收入增长得更快。在主要行业中，外国市场的作用甚至更具有决定性，这最明显地见于纺织业：19 世纪初，出口占到纺织业总产值的一半以上，19 世纪末又提升到将近 4/5。在钢铁行业，从 19 世纪中期起，其 40% 左右的总产量依赖海外市场。

然而，同样势所必然的是，一个正在工业化的经济体一定会力图保护自身产业、抵抗英国产业，因为假如不这样做，它就不可能发展到能在国内乃至在国外跟英国相竞争的程度。美国和德国的国民经济学家们从未过分怀疑保护主义的价值，跟英国相竞争的领域中的实业家们更不会如此怀疑。甚至约翰·斯图尔特·穆勒等坚信自由贸易的人士都认为，为了扶植"幼稚产业"而采取歧视性贸易政策乃合理之举。不过，哪怕认为歧视性贸易政策不合理，也无法阻止经济独立、政治独立的主权国家采取此类政策，美国北方 1816 年之后、其他先进国家 19 世纪 80 年代后便是如此。再说，即使不实行这样的歧视性贸易政策，一旦某个经济体站立起来后，它对英国的需求度也会快速下降，除非其国际贸易与金融机制正好坐落于伦敦。从 19 世纪中期起，这一点已日趋明显。英国对"先进世界"的货物出口依然规模较大，但已呈停滞乃至收缩态势。在 1860—1870 年，英国资本投资中有 52% 投入欧洲和美国，而到 1911—1913 年，留在这些地区的英国投资仅剩 25%。

资料来源：埃里克·霍布斯鲍姆. 工业与帝国 [M]. 梅俊杰，译. 北京：

中央编译出版社，2016：132-134.

案例二：英国国际贸易的演变。

1820年后，英国的有形贸易更容易向欠发达世界渗透，而不便打入利润更高却阻力更大的竞争性发达市场。无论英国工业处于生机勃勃、世界领先之时还是在其他时候，情况都是如此。

除去一个重大例外，这些进展至少在开始时都不是政策引导的产物。英国的率先经济霸权实际上在国际经济舞台上搭就了一个斜坡，英国无非是顺坡而下罢了。唯一的例外是印度，其反常性一望可知。首先，印度是大英帝国范围内从未采用放任自流做法的一个地区。那些在英国最最热捧放任自流的人士在到达印度后，成了奉行官僚主义的计划者，那些最坚定地反对政治殖民化人士很少也从未认真地建议，应当解散英国在印度的统治。即使大英帝国在其他地区不再扩张"有形"帝国，在印度它却照做不误。如此反常现象背后存在着难以抗拒的经济理由。

印度是英国大宗出口品（即棉纺织品）愈发紧要的市场，而之所以如此，是因为在19世纪最初25年里，英国的政策摧毁了本来与兰开夏相竞争的印度纺织业。其次，印度通过其与远东的贸易顺差，控制着远东贸易。印度向远东主要出口鸦片，这是一种国家垄断业务，英国几乎从一开始主要为了财政收入的目的而系统地加以扶植。晚至1870年，中国全部进口中将近一半属于这些成瘾麻醉品，这可是西方自由主义经济体所乐于提供的。这些顺差，加上印度与世界的其他贸易盈余，自然为英国所吸走，因为英国凭借政治手段，确立并维持了英印之间的贸易赤字。英国的政治手段就是设置"国内收费"，此乃印度为了受英国管理这一"特权待遇"而支付的费用，另外就是收取"印度公债"所产生的日益庞大的利息费用。到19世纪末，这些收费项目已日趋重要，"一战"前，"英国的全部收支格局都要靠印度支撑，印度很可能弥补了英国全部赤字的五分之二"。（Saul，1960）

英国的总体贸易虽不像棉纺织品这样极端，但还是呈现类似模式，即持续地逃避那些有阻力、有竞争力的现代市场，转而进入欠发达市场。就此而言，世界上有两个区域对英国尤为重要。

第一个区域是拉美，可以说拉美在19世纪上半叶拯救了英国的棉纺织业，该地区（主要是巴西）成了英国棉纺织品出口的最大市场，19世纪40年代占到该品类出口总额的35%。19世纪后期，拉美的作用有所降低，但到19世纪末，堪称英国非正式殖民地的阿根廷成为一大市场。第二个区域是东印度群岛，这里不久变得相当重要，以致需要将其细分为印度和东亚。该地区对英国的作用很快就至为关键，拿破仑战争后它仅吸纳英国棉纺织品出口的6%，1840年增至22%，1850年为31%，1873年后占到绝对多数，高达60%。印度尤其举足轻重，大萧条降临后占到大约40%~45%。事实上，在这一困难阶段，亚洲拯救了兰开夏，其作用甚至比19世纪上半叶的拉美更具决定性。由此可见，为何英国19世纪上半叶的外交政策赞成拉美的独立，也赞成中国的"开放"，完全是其来有自。而为何印度在整个这一时期对英国的政策可谓生死攸关，背后更有令人信服的理由。

资本输出，包括向欠发达世界尤其是大英帝国领地内的输出，稍后变得重要起来。19世纪40年代以前，资本输出的主要形式为政府贷款，此后是政府贷款外加铁路和公共设施的承建。1850年前后，欧洲和美国加在一起占到其中的一半以上，但1860—1890年，如可预期，欧洲的比重急剧下跌，从25%跌至8%，而美国的比重缓慢疲软，直到"一战"期间也大幅下跌，从19%跌至5.5%。拉美和印度照例会填补这一空缺，但如果我们不考虑各自独立运动所造成的投资萎缩的话，则这两地的演变次序正好相反。在19世纪50年代的印度，由于大举投资于政府担保（有违"放任自流"理论）的铁路及其他收益项目，该国一马当先，约占英国投资总额的20%，此后，印度的投资份额骤然下降。然而在拉美，由于阿根廷及其他依附经济体的发展，其占英国债权的份额到19世纪80年代翻了一倍，此后也上升到20%左右。但真正惊人的增长不是欠发达世界中那些落后区域，而是那些发展中区域，尤其是大英帝国范围内的区域。"白人"自治领，即加拿大、澳大利亚、新西兰、南非，将其份额从19世纪60年代的12%提高到了19世纪80年代的将近30%。如果因经济情况类似而把阿根廷、智利、乌拉圭视作"编外"自治领的话，全部自治领作为资本输出对象的份额上升则更加惊人。"一战"后，自治领所占份额愈发重要，已接近40%。

资料来源：埃里克·霍布斯鲍姆. 工业与帝国[M]. 梅俊杰，译. 北京：中央编译出版社，2016：141-144.

案例三：英国通过向殖民地扩张以支持商业资本的发展。

工业与商业之间的打斗在东印度公司问题上体现得最富戏剧性，到1700年终于在国内市场决出胜负，此时，英国工业生产商争得到了贸易保护，禁止了印度纺织品的进口。不过，在海外市场，工业势力的获胜尚待1813年，那年，东印度公司被剥夺了在印度的垄断权，从此兰开夏棉纺织品开始大举涌入，由此打开了南亚次大陆"去工业化"的闸门。

然而，借助战争和殖民去征服市场，不仅需要有一个能够开发利用这些市场的经济，而且需要一个愿意为了英国制造商的利益而发动战争或进行殖民的政府。这就把我们带到了工业革命起源中的第三个因素——政府。

棉纺织业为国内市场生产了可替代麻袜、毛袜和丝袜的产品，在海外市场则设法替代印度的优质货品，特别是当战争或其他危机暂时阻断了印度的对外供应时，就更有了替代印度货的机会。直到1770年，90%以上的英国棉纺织出口都以这种方式输往殖民地市场，主要是非洲。1750年后出口的巨幅增长刺激了这一产业的发展，棉纺织品出口在1750—1770年猛增了10倍还多。

18世纪90年代后，在美国南方的奴隶种植园找到了几乎无限的新供应源，美国南方因此基本上成了兰开夏的经济附庸。于是，最现代的生产中心保留并拓展了最原始的剥削形式。棉纺织业时不时也需要依赖英国国内市场，它在国内日益替代了麻织业。但从18世纪90年代起，棉纺织业总是把大部分产品输往海外，其出口比例到19世纪末大约在90%，该行业本质上始终是一个出口行业。有些时候，英国棉纺织业也打入欧洲和美国利润不菲的市场，然而，战争的爆发及本土竞争的兴起阻碍了这一扩张，该产业便一次次退回到欠发达世界某个或新或旧的地区。19世纪中叶之后，它在印度和远东找到了主体销售市场。

1820年后，英国的有形贸易始终觉得更容易向欠发达世界渗透，而不便打入利润更高却阻力更大的竞争性发达市场。英国的总体贸易虽不像棉纺织品这样极端，但还是呈现类似模式，即持续地逃避那些有阻力、有竞争力的现代市场，转而进入欠发达市场。

面对1873—1896年的大萧条，英国并未致力于本国经济的现代化，而是利用了其传统格局中尚存的可能性，如此才设法躲避了这一首次国际挑战。英国更多地向落后的卫星经济体出口（如在棉纺织领域），并尽量开发自己领先的伟大技术创新中的最后一项（即铁制轮船，用于船舶制造和煤炭出口）。当棉纺织品的最后进口大国（印度、日本、中国）也发展了自己的纺织业后，兰开夏的丧钟就敲响了。虽然到19世纪90年代兰开夏的压力集团还在阻挠印度，不容许印度为保护自身棉纺织业而设置关税，但哪怕是政治控制也无法永久地让印度不去涉足工业。

英国经济总体上趋于从工业退向贸易和金融，在这些领域，我们的服务强化了英国现有的和未来的竞争对手，但创造了非常可观的利润。1870年前后，英国每年的海外投资实际上开始超过其国内的净资本形成，况且，二者日渐呈现此消彼长的局面，到爱德华时代可以看到，随着海外投资的上升，英国国内投资几乎持续不断地下降。

于此可见，英国正在成为一个寄生型而不是竞争性经济体，纯粹依靠国际垄断盈余、依靠欠发达世界、依靠过去的财富积累、依靠对手的进步而过日子。

资料来源：埃里克·霍布斯鲍姆. 工业与帝国 [M]. 梅俊杰，译. 北京：中央编译出版社，2016：37-38，48-49，145-146.

（四）教学过程

根据以上案例并结合"商业资本和商业利润"提出以下几个问题供学生讨论。

（1）对外贸易对于商业资本的发展有哪些作用？资本主义阶段的商业与对外贸易相对于传统社会有什么特征？

（2）为什么英国要通过坚船利炮打开中国和印度等不发达国家的市场？

（3）从英国等发达国家早期国际贸易战略演变历史中我们可以得到什么结论？

（五）案例分析

商业资本为了追逐利润，不仅参与国内的商品流通，还参与国与国之间的商品流通，于是便产生了对外贸易。早在奴隶社会和封建社会，对外贸易就已经出现，但在当时，对外贸易的规模很小，贸易对象主要是供统治阶级消费的一些奢侈品。到了资本主义社会，由于生产获得了前所未有的发展，为了给这些商品寻找销路，资本家除了开拓国内市场外，国际市场也纳入了他们的视野，对外贸易关系得到了广泛的发展，并且在社会经济生活中发挥着越来越重要的作用。因此，可以说对外贸易是资本主义生产方式存在和发展的必要条件，同时又是资本主义发展的必然结果。英国成为世界工厂之后，迅速面临需要发展对外贸易以吸收不断扩大的生产能力的必然要求。

以大机器生产为基础的资本主义对外贸易，打破了封建社会的封闭性和孤立性，把一系列国家和地区纳入国际市场，使它们的劳动力和资本等资源得到更有效的配置，从而促进了社会生产力空前迅速地发展。这是资本主义相对于封建主义的一个巨大进步。由于资本主义不断提升劳动生产率，生产的产品在劳动生产率水平较低的不发达国家可以按照所在国家的生产率定价，攫取在国内市场难以得到的超额利润，这是英国不断拓展国际市场的主要原因。

对外贸易是资本主义国家经济发展不可缺少的组成部分，具有重要的作用。具体表现在以下几个方面：①为资本主义国家开辟了广阔的市场，产品获得更广阔的销路，从而有利于加速资本周转，为再生产的不断扩大创造了有利条件。②促进了国与国间的竞争，促使各国为了提高本国商品的竞争力而努力改进技术，降低成本，这又促进了各国劳动生产率的不断提高和生产的发展。③使资本家获取更多的利润。④对外贸易还是发达资本主义国家在经济上和政治上奴役经济落后国家的重要工具。

由于对外贸易能够给资产阶级带来巨大的利益，因此，每个资本主义国家都力图通过制定有利于本国利益的外贸政策进行对外贸易。资本主义国家的对外贸易政策基本上分为保护贸易政策和自由贸易政策两种。究竟采取哪种政策，要由本国当时的经济状况决定。

对于英国来说，作为第一个世界工厂，英国是最先完成工业化的，英国也是最先提出自由贸易的。但此时，其他国家往往正处于工业化阶段，因此都会出于各种考虑实行保护贸易政策，即采用关税壁垒或非关税壁垒的措施，保护本国的生产和市场，同时采取减免关税、出口津贴等措施加以奖励，鼓励和促进本国的出口。因此，英国要打开其他资本主义国家的市场非常困难，但凭借着坚船利炮和更高的劳动生产率获得的竞争能力，很快就能占领不发达地区的市场。

随着资本主义发展到垄断资本主义阶段，一些曾经在不同程度上实行自由贸易的国家，又重新恢复贸易保护政策。这时实行的贸易保护政策与资本主义发展初期一样，都是为了资产阶级的利益服务，只不过这时保护的对象不再是过去的新兴资产阶级，而是垄断资产阶级。垄断资产阶级利用关税壁垒和其他限制措施，抵制外国商品的输入，以维持国内市场上的垄断高价，攫取高额垄断利润，同时，又对商品出口实行补贴，在国际市场上廉价倾销商品，以控制国外销售市场，实现经济扩张。

中美贸易摩擦的核心就是美国在关税和非关税措施都无法和中国进行出口产品抗衡的条件下，为了获取更多的利益而选择的保护主义政策。但是我们知道，这种保护主义的做法既不能改变中国未来发展的长期趋势，也不能减缓美国经济空心化和金融化的趋势。中国应当加大与一带一路沿线经济体的合作，分散对外贸易的风险，通过对外贸易不断实现产业升级。

三、教学效果分析

通过本课程，学生可以理解以下两个知识点。

第一，由于资本主义经济的基本矛盾：生产的社会化和生产资料的私有制，必然造成生产无限扩大与劳动人民支付能力相对降低的矛盾，发展对外贸易就成为资本主义的必然要求。

第二，为了尽可能多地输出商品，资本主义国家通过设置关税和非关税壁垒，企图将其他国家的产品进口不断减少，而将国内出口不断增加，通过海外贸易来吸收不断扩大的生产能力，甚至不惜发动战争。

福特公司通过涨工资实现对劳动力商品的更强控制

陆明涛

一、课程思政元素发掘

本课程在授课时可能包含以下思政元素。

元素1 生产力的发展为资本家获取更多的相对剩余价值提供了可能性；反过来，资本家对剩余价值的追逐也在客观上促进了生产力的发展。

元素2 在资本主义生产方式的发展过程中，相对剩余价值的生产经历了简单协作、工场手工业和机器大工业三个发展阶段。与此相适应，资本主义的生产关系也得以逐步确立和进一步发展。

元素3 劳动对资本的隶属关系逐步由形式隶属转变为实际隶属，即随着机器大工业的确立，工人逐步成为机器的附属物，劳动者的异化发展到了一个新阶段。

二、教案设计

（一）教学目标

1. 知识目标

本课程通过案例讨论等方式增强学生对劳动力成为商品的条件、相对剩余价值生产的发展阶段和劳动对资本隶属关系变化的理解，能够用相对剩余价值理论解释资本主义经济中的劳资关系问题。

2. 能力目标

培养学生掌握理论与实践结合的思维方式，在教学中让学生运用劳动价值论和相对剩余价值理论解释现在资本主义经济中的生产关系问题。

（二）教学内容

通过案例深入理解资本主义相对剩余价值的生产和劳动对资本的隶属关系。本节课的主要教学内容为：

（1）回顾劳动力商品的特征、剩余价值的生产及条件、资本主义工资的决定。

（2）引入案例材料，让学生根据劳动力商品和剩余价值生产的相关知识点分小组讨论案例材料,并提出问题。

(3) 每组选派代表发言,展示讨论的结果,任课教师最后总结与点评。

(三) 案例内容

案例一:资本主义早期劳动关系的特征。

福特公司成立初期,雇佣合约的自愿性质十分明显,而且受到市场竞争的严格约束。劳动力市场是充分竞争的,这意味着存在很多雇主和很多雇员。就像正常的竞争性市场一样,底特律的劳动力市场在当时达到了雇主的劳动力需求量和雇员的劳动力供给量相等的均衡工资水平,因此,基本上不存在失业——非稳定的超额劳动供给。

这样的竞争压力趋于削弱雇主的权威。谁要是受不了某个雇主的专横风格,即时提出,就可以立刻离开。一位底特律劳动力市场的观察家指出,汽车工人"始终对'更高的报酬'反应灵敏,一份新工作的工资只要比原先的工作每小时高出5美分,就能让他们毫不犹豫地'扔掉'原先的工作"。他们还会因为其他各种原因离开。

对雇员来说,转换工作几乎是没有成本的,因为,使市场出清的竞争性工资水平保证他们既不会被削减工资,也不会排队等候新的工作。一位福特公司参观者说,底特律的竞争性劳动力市场使工人可以"在早上辞职,中午就能在另一家工厂找到工作"。

竞争性市场的均衡保证了雇员的跳槽是无成本的,但对雇主来说却不是无成本的。汽车工业发展早期,底特律每年的跳槽率是100%~200%。1913年,福特公司的跳槽率高达370%,"这意味着福特公司的管理者为保持约13 600人的劳动力,必须多雇用52 000个工人"。这些跳槽者中有71%是"五天工人",即如果他们连续五天不出现,就是已经辞职不干了。这样高水平的跳槽率的直接成本是惊人的。当时的一位专业工作者算出每更换一名新雇员的成本是35美元。1913年,工人跳槽带来的短期成本为182万美元。

令福特公司担忧的是这一高跳槽率对生产率的限制。高跳槽率以及10%的缺勤率说明实际上所有的工人对自己的工作都是陌生的。尽管新的装配生产线工作不需要太多技巧,但每个岗位一年中换几次新工人,而且这些工人每十天还有一天缺勤,这对工厂来说是很不利的。

而且,不熟练工种没有多少内在利益,尽管福特公司对"磨洋工"惩罚严厉,但卸责仍屡禁不止。福特公司抱怨,"工人走来走去拿工具和原料的时间比实际干活的时间还多,他拿的工资低是因为步行可不是什么报酬高的活儿。"福特公司的监工本可对卸责严加惩戒,但是在劳动力市场充分流动的前提下,这样做只能使跳槽和缺勤的问题恶化。

最终的结果是，福特的装配生产线和其他技术优势对生产率的促进不如预期的那样，"实际上，生产率比预期的低"。在1909年，1 548个工人平均每人每月生产0.70辆汽车。福特公司技术创新的倡导者希望生产率提高100%，但是事实上却难以实现。在1913年，福特公司的产量有巨大增长，但这主要归功于规模的扩大：13 667个工人平均每人每月生产1.12辆汽车；"福特公司工人的生产率只提高了60%"。因此，直至1913年，福特汽车公司最关注的问题仍是如何提高每个工人的生产率。

案例二：福特制的工资与劳动对资本隶属关系的强化。

1914年，福特汽车公司的日工资高达2.34美元。福特开始以大批熟练技术工人替换不熟练的装配生产线工人。这些不熟练工人精神面貌不佳，对企业不负责任。同一年，福特宣布工资将涨至每日5美元，对福特来说，这是一场巨大的赌博，因为劳动力成本的上升将抵消企业来年预期利润的一半。坚持这场赌博的目的是在不增加跳槽率的情况下，提高福特汽车公司的权威和工人的生产率。

这一计划的增进达到了它的目的。日工资并未涨至5美元，而是仍然保持在2.50美元左右。增加的部分是以利润分享计划的形式出现的，伴随着严格的可分享者的规定。这些规定标明了范围甚广的工人的一系列行为，以求提高工人的效率和多面性。在参与该计划的过程中，工人不得不通过节俭、庄重、品行端正、工作习惯良好的表现以证明自己的价值。

为了管理这些行为，福特创建了庞大的福特社会部，聘请研究调查人员进行频繁的家访。在家访时，他们会要求察看雇员的银行存折以记录雇员的储蓄习惯；他们还会调查雇员的婚姻是否幸福，是否有酗酒的恶习。工人若被发现不够格，其调查结果将直接转给他的妻子，或被排除在利润分享计划之外。后者的影响尤其重大，因为未进入利润分享计划的工人做和他的同事一样的工作，却只能拿到一半的报酬。而且，如果公司解雇了他，公司没有义务为他寻找新的岗位并对他进行培训。

结果是令人吃惊的。1915年，福特公司的跳槽率从370%奇迹般地下降到16%，生产率则上升了50%。有一大堆人排队等候进入福特公司工作的机会，尽管这些工作本身是出了名的令人厌烦。福特，当时最独断专行的管理者之一，和他的工人做了一笔成功的交易："我会支付你足够多的报酬让你认为值得接受我的命令。"一旦雇员接受了日工资5美元的合约，他们就必须接受无处不在的集中到福特手里的权威。

由于5美元的日工资，福特成了全国名人。更重要的是，有证据表明，福特所创造的模式在美国工业领域经久不衰。当企业没有社会部调查雇员的私生活时，比市场出清工资更高的报酬就充当了增加雇员离开成本的重要职能。和 Alchian 与 Demsetz 所说的不同，企业被赋予了超出自愿市场交易之外的权威。非自愿失业的存在为企业建立行政权威提供了机会。

资料来源：盖瑞·丁米勒. 管理困境：科层的政治经济学［M］. 2014年，王勇，赵莹，高笑梅，等译，上海：上海人民出版社，2014：68-71.

（四）教学过程

根据以上案例并结合"资本与剩余价值"教材的内容提出以下几个问题供学生讨论。

（1）案例一中对应的资本主义相对剩余价值属于哪个阶段？在这个阶段，资本家有哪些手段可以提高绝对和相对剩余价值？

（2）案例二中福特为什么能将工资翻一倍？在这个过程中工人与资本家之间的关系发生了什么变化？

（3）福特强化对工人的控制，是建立在什么基础之上的？技术起到了什么作用？

（五）案例分析

随着资本主义生产方式的产生和发展，劳动对资本的隶属关系也经历了形式隶属到实际隶属的变化过程，这一过程同时就是资本家控制和剥削工人的程度不断加深的过程。福特采用流水线生产并提高工人工资就是其中最为重要的转变节点。

1. 劳动力成为商品是一定历史条件下的产物

劳动力成为商品必须具备两个条件：第一，劳动者有完全的人身自由，是自己劳动能力的所有者，有权自由地出卖自己的劳动力；同时，劳动力只能一次一次地出卖，而不是一次性地卖身为奴。第二，劳动者除了自己的劳动力以外，没有任何生产资料和其他生活资料的来源，否则，他就会成为出卖自己产品的商品生产者，而不是出卖自己劳动力的雇佣劳动者了。

在资本主义发展初期，随着劳动者与生产资料的分离，丧失生产资料的劳动者，不得不把劳动力出卖给资本家，从而使劳动直接从属于资本，即发生劳动对资本形式上的隶属。这种形式上的隶属表现为在资本主义的早期，产业工人的人身自由使得他们保持较高的跳槽率，他们无需遵从资本家的意愿，只在生产过程中需要服从资本家。劳动对资本的形式隶属是资本主义最基本的隶属关系，为一切资本主义生产过程所共有。由于这种隶属关系的发生是因为劳动者同生产资料的分离，也就是说，只是由于丧失了生产资料，劳动者不得不受雇于资本家，而一旦重新获得生产资料，劳动者就可以脱离资本家。因此，劳动对资本的形式隶属主要发生在资本主义初期，特别是发生在简单协作和工场手工业时期。当时生产力水平不高,生产技术主要以工人的手工劳动和简单的手工工具为基础,因而劳动对资本的隶属关系还不牢固,雇佣劳动者随时可能转化为个体生产者。在这种生产条件下,无数工厂的资本家只能对他们进行同样高强度的压榨以获取绝对剩余价值,难以对他们进行更进一步的压榨,资本家所获得的剩余价值水平非常有限,仅限于所有资本家互相竞争形成的平均剩余价值率。

2. 相对剩余价值生产的第三阶段是机器大工业

与上述两种生产方式不同,机器大工业不是建立在手工技术基础上,而是建立在机器生产的基础上,机器成为人类生产的主要劳动工具和生产资料。机器一般由发动机或动力机、传动机构、工具机或工作机三部分组成。机器作为一种"机械工具",突破了劳动者的技巧和生理器官的限制。机器的产生经历了由工具机的发明与应用,再到动力机的运用和传动机的发明与采用的一系列过程。当生产商品的机器也是由机器制造出来的时候,机器大工业的地位就完全确立下来了。

在福特发明流水线生产从而确立机器大工业生产方式之后,资本主义生产过程发生了根本变化:资本主义工厂制度以及相应的内部分工得以建立;生产的工艺过程和劳动的组织形式发生了深刻的变化;工人之间的劳动分工不断细化,机器本身的协作代替了劳动者之间的协作;动力机引发的自然力代替了人力,极大地提高了人类利用自然、加工劳动对象的能力;科学知识代替了经验并在生产过程中首次得到广泛运用;等等。

3. 福特的流水线生产是机器大工业完全确立的标志

在福特制以前,工人,特别是技术工人还能依靠自己的技能在与资本的博弈中获得一定的议价能力。但在福特制之后,一方面,工人的知识技能对于资本家来说已经不再重要,流水线生产不需要什么知识技能培训,因此工人无法利用自己所拥有的知识技能在谈判中获得更加平等的地位;另一方面,资本家可以更加充分地雇佣毫无知识技能的新手劳动力,甚至妇女、儿童,即便不进一步压低工人的工资,也能在工资谈判过程中获得更加优势的地位。

更重要的是,福特制的流水线生产极大地提高了劳动生产率,使得资本家无偿获得的相对剩余价值得到前所未有的提高,这种提高一方面使得福特能够更加充分地利用低技能劳动者,以更低的社会劳动生产出更多的劳动产品,从而相对于所有其他同行处于技术垄断的地位,获得了大量超额剩余价值;另一方面也使得福特大幅降低了技术工人技能培训的费用,可以将再生产劳动力商品的价值压到最低。

由于工资不是劳动的价值或价格,而是劳动力的价值或价格的一种转化形式，其实质是劳动力的价值。而劳动力商品的价值即生产和再生产劳动力商品所必需的社会必要劳动时间，可以还原为劳动力自身生存和发展所必需的生活资料的价值。具体而言，劳动力商品的价值包括三部分内容：第一，维持劳动者本人生存所必需的生活资料的价值。劳动力存在于劳动者的身体之中，为了维持劳动者的生存，就需要一定数量的生活资料，用于吃、穿、住等。因此，劳动力的价值首先应当包含维持劳动者生存所必需的生活资料的价值。第二，维持劳动者家属及其子女所必需的生活资料的价值。劳动者总是会衰老和死亡的，为了保证劳动力商品的不断再生产，就必须满足劳动者赡养家属、延续后代所必需的生活资料。第三，为使劳动者掌握一定的劳动技能所必需的培训和教育费用。为了适应技术进步和生产力发展的要求，劳动者需要进行一定的学习和训练，这就需要支出一定的费用。这部分费用也包括在劳动力商品的价值之中。总之，劳动力商品的价值是由生产、维持和延续劳动力所必需的生活资料的价值决定的。上述维持劳动力商品生产和再生产所必需的生活资料，无论是在数量上，还是在构成上都不是一成不变的。由于经济和文化发展水平、历史传统、生活习惯、生活方式和自然条件的不同，不同国家或者同一国家的不同历史阶段，劳动力所必需的生活资料的数量和构成也是不同的。也就是说，劳动力商品价值的规定，还包含着一个历史和道德的因素。

因此，福特给工人提高工资水平，实际是将获得的超额利润的一部分返还给工人，由于增发的部分远低于通过劳动生产率改进带来的超额利润，所以福特并没有任何损失，反而获得了相对工人的垄断地位：工人只能加入福特公司并服从福特公司的管理权威才能获得更高的工资，福特公司福利部的做法只是一种服从性测试，以检验工人对企业的服从能力而已。更重要的是，随着福特公司的产量不断扩大，福特实际上提升了全社会的再生产劳动者生产资料的价值即劳动力商品的价值，从而打压了大量竞争对手，获得了更为长期的垄断地位。随着大量中小工厂的失败和破产，资本主义逐渐进入更为集中的垄断资本主义，工人也不得不更加服从资本家的权威。

三、教学效果分析

通过本课程，学生可以理解以下两个知识点。

第一，福特制的生产大幅提升了社会劳动生产率，从而为资本家攫取相对剩余价值提供了巨大的空间。由于工人运动，资本家通过残酷压榨攫取绝对剩余价值变得日益困难，提升社会劳动生产率以获取相对剩余价值成为资本家获得更大利润的主要方式。

第二，资本家获得相对剩余价值的重要条件是要获得垄断优势地位，只有消灭更多中小企业，资本家才能构建相对于劳动者的垄断优势地位，才能更好地攫取工人创造的相对剩余价值。福特通过引入流水线生产获得超额剩余价值，而后通过提高工资获取垄断地位，强化了劳动对资本的隶属关系。

数字资本主义时代的"游戏玩工"与剩余价值生产

王 琨

一、课程思政元素发掘

本课程在授课时可能包含以下思政元素。

元素 1 通过播放纪录片《隐形者:数字时代的打工人》揭露谷歌公司利用现代数字技术对不发达国家进行外包的新型计件工资形式,使学生明确在当今时代,数字资本主义通过计件工资进行剥削的形式依然在场。

元素 2 以数字经济时代全球数字劳工的生活状况为案例展开分析,通过外围国家劳动力剩余劳动时间的不断延长揭露数字全球化背景下数字劳工生产、生活所面临的极大不稳定性和贫困化,进而深刻认识劳动"异化"以及资本逐利的本性。

元素 3 通过数字经济时代谷歌、亚马逊、脸书(Facebook)等大公司的巨额货币储存量的对比分析,揭露数字资本主义时代虚拟化进一步发展的倾向,进而使学生明确当代资本主义最终站在了历史终结的十字路口。

二、教案设计

(一)教学目标

1. 知识目标

明确理解绝对剩余价值和相对剩余价值的含义及相互关系,在此基础上掌握相对剩余价值生产的发展与劳动对资本隶属关系的变化。

2. 能力目标

通过对绝对和相对剩余价值概念的剖析,注重培养学生的抽象思维能力。在引入数字资本主义时代"玩工"案例的基础上,着重培养学生将政治经济学基本原理应用于现实,以解决实际问题的能力。

3. 价值目标

使学生深刻理解资本主义制度下剥削的残酷性和必然性,从而彰显社会主义制度的优越性,进而使学生树立为建设社会主义现代化强国而奋斗的理想信念。

（二）教学重点与难点

1. 教学重点

剩余价值的生产过程及绝对剩余价值和相对剩余价值的相互关系。

2. 教学难点

深刻理解和掌握绝对剩余价值和相对剩余价值的生产过程，并将其具体运用到现实经济生活中。

（三）教学手段与方法

教学中综合运用图示、视频、举例等直观形式反复细致讲解基本概念和原理，课前通过课堂提问考查学生对上节课所学重点内容的掌握情况，组织学生自主思考，并对"当代资本主义数字'玩工、相对剩余价值生产"的相关资料进行分析讨论，之后将讨论结论进行课堂讲解，以培养学生运用理论分析问题和口头表达的能力。

（四）教学过程

1. 教学设计思路

首先，回顾已学内容，明确本次课内容在整体知识框架中所处的位置，使学生能够将已学知识和将学知识建立联系。

其次，紧扣教学大纲和课程思政要求，由剩余价值的基本概念引出绝对剩余价值和相对剩余价值榨取的基本方法，并进一步引导学生自主思考绝对剩余价值和相对剩余价值之间的关系。

再次，通过引入案例——"数字资本主义时代的'游戏玩工'与剩余价值生产"，引导学生自主分析在当今数字资本主义时代，剩余价值是否已经消失了，剩余价值的榨取方式是否也发生了根本性变化。

最后，向学生阐述相对剩余价值的发展与劳动对资本隶属关系的演变过程，进一步深化学生对于当代数字资本主义对劳动剥削和控制的基本认识。

3. 教学过程安排

具体教学安排如下：

教学意图	教学内容	环节设计
	内容回顾和知识框架	
回顾已学内容，明确本次课内容在整体知识框架中所处的位置，使学生能够将已	（1）已学内容回顾。此前章节阐述了商品、货币、价值规律等商品经济的基本概念和理论，并通过货币转化为资本的分析引出了资本主义生产关系下的劳动过程和价值增值过程，接下来将讨论剩余价值的具体生产方法。	多媒体演示、讲解。 （1分钟）

续表

教学意图	教学内容	环节设计
学知识和将学知识建立联系	(2) 建立知识框架。零散的知识点或独立的章节需要放在整体知识框架中才能显示出学科的脉络与体系。因此,本课程注重培养学生建立知识框架、运用思维导图总结、记忆知识的能力,在每章节开始时,会特别说明本节知识在课程知识框架中所处的位置,以及前后联系。努力使学生通过思考建立货币转化为资本,剩余价值生产的概念及方法,以及相对剩余价值与资本和劳动之间关系的知识图谱。	引导学生构建政治经济学相关知识点的思维导图。(1分钟)
	绝对剩余价值的生产	
紧扣教学大纲和课程思政要求,让学生深入理解并掌握绝对剩余价值生产的含义及限制条件	(1) 绝对剩余价值生产的含义。在工人必要劳动时间不变的条件下,通过绝对延长工作时间而生产剩余价值的方法。 (2) 绝对剩余价值生产的限制条件。两个方面的限制:一是生理因素的限制;二是社会道德的界限(由一个国家的经济和文化发展状况决定)。 进一步地,工作日由阶级力量对比所决定。	多媒体演示、板书、图示详细展示延长劳动时间的剥削方法。(5分钟) 多媒体演示、讲解。(5分钟)
	相对剩余价值的生产	
结合教材的数值例子详细讲解相对剩余价值的生产,并阐述相对剩余价值生产对提高劳动生产率的积极作用	(1) 相对剩余价值的含义。在工作日长度不变的条件下,通过缩短必要劳动时间,从而相对延长剩余劳动时间来增加剩余价值的一种生产方法。 (2) 以教材的图示为基础,为学生详细展示相对剩余价值的生产方法,结合BBC视频资料《英国史》第14集中关于工业革命期间英国居民生活资料价格的降低证明提高生产、生活资料部门的劳动生产率是缩短必要劳动时间的基础。 (3) 相对剩余价值可以长期促进全社会生产率的提升,是激励技术进步的重要机制。	举例、播放视频资料。(4分钟) 课堂板书。(3分钟) 多媒体演示。(3分钟)

续表

教学意图	教学内容	环节设计
	绝对剩余价值生产和相对剩余价值生产的关系	
基于绝对剩余价值和相对剩余价值的基本概念，详细阐释绝对剩余价值和相对剩余价值之间的关系，并利用数字资本主义时代的例子展示相对剩余价值生产在当代具有更重要的作用	（1）绝对剩余价值是相对剩余价值的基础和前提。 （2）绝对剩余价值生产依然要以劳动生产率一定程度的提高为基础。 （3）从资本家提高剩余价值率的角度看，相对剩余价值生产和绝对剩余价值生产的区分又很明显。 （4）在资本主义发展的不同历史时期，生产剩余价值两种方法的作用是不同的。 （5）案例：数字资本主义时代，存在大量的"数字玩工"，特别是电子游戏领域，游戏模组爱好者、粉丝和玩家修改、更新、创造游戏的劳动已经成为剩余价值榨取的新形式，但并没有改变绝对剩余价值和相对剩余价值生产的本质。一方面，海量玩家因兴趣而贡献的时间和精力是一种"无酬劳动"，完全没有得到任何金钱上的补偿；另一方面，大量玩家以基本游戏引擎为基础做出的修改和创新被游戏开发企业所拥有，大大提高了游戏研发的效率，进而通过提升大数据算法准确率的连锁反应降低了生活必需品的生产成本，从而发挥了相对剩余价值剥削的作用。由于数字资本主义条件下绝对剩余价值生产具有不确定性，取决于玩家的热情和选择，未必能够顺利实现，相对剩余价值的方法依然更加重要。	多媒体演示。 （2分钟） 图形分析和课堂板书。 （1分钟） 案例分析。 （5分钟） 学生自由讨论。 （5分钟）
	相对剩余价值生产的发展与劳动对资本隶属关系的变化	
引导学生讨论相对剩余价值和绝对剩余价值与资本主义剥削形式的适应程度。进而基于相对剩余	（1）从绝对剩余价值和相对剩余价值的概念和关系出发，鼓励学生使用头脑风暴法探讨两种方式对资本主义生产方式的适用性。 （2）基于相对剩余价值的重要性，为学生详细讲解简单协作、工场手工业、机器大工业等相对剩余价值的三个不同发展阶段。	生生互动。 （2分钟） 视频播放。 （2分钟）

教学意图	教学内容	环节设计
价值的重要性，详细阐释相对剩余价值发展的三个不同阶段及劳动与资本关系的变化，明确机器大工业最终确保了劳动对资本的实际从属关系	（3）在历史资料的基础上，展示相对剩余价值不同发展阶段劳动对资本隶属关系由形式从属向实际从属的演变过程。 （4）通过电影《摩登时代》中的视频片段，使学生了解机器大工业最终确定了资本主义的统治，确定了劳动对于资本的实际从属，进而使学生了解资本主义制度下的技术进步远不是中性的，工业技术进步已经成为资本控制劳动的重要手段。	多媒体演示、板书。 （11分钟）

总结外部性知识点与课后思考题

简单梳理本节课的基本内容，加强对本节课内容的理解，将所学知识应用于解决日常生活问题	（1）绝对剩余价值和相对剩余价值的基本概念。 （2）绝对剩余价值是资本主义的一般基础，是相对剩余价值生产的起点；绝对剩余价值生产与相对剩余价值生产在资本主义发展不同时期的不同作用；绝对剩余价值与相对剩余价值的联系与区别。 （3）简单协作阶段：简单协作的优越性；工场手工业阶段：工场手工业的特点和基本形式，工场手工业的优点和历史作用，工场手工业对工人阶级生活状况的影响。机器大工业阶段：机器大工业的作用，机器的资本主义使用给工人阶级造成的恶果，使用机器的资本主义界限；批判"机器人创造剩余价值"的错误观点。 （4）劳动对资本的形式隶属及其基础；劳动对资本的实际隶属及其基础；形式隶属与实际隶属的关系与区别。 课后思考题：在现代发达资本主义国家，很多工厂都实现了自动化和信息化生产，这些工厂每年都会给资本家带来高额的利润或剩余价值。你认为利润和剩余价值是由谁创造的？	讲解、生生互动。 （3分钟）

三、教学效果分析

本课程思政案例用于 2020—2021 学年第一学期国际经济管理学院的政治经济学课程，旨在使学生深刻理解绝对剩余价值和相对剩余价值的基本概念及其在实际中的应用。从学生的反馈情况来看，引入数字资本主义时代"游戏玩工"的案例很大程度上引起了学生的共鸣，激发了学生学习政治经济学的兴趣，并使学生深刻理解了当代绝对剩余价值和相对剩余价值生产具体形式的演变及资本主义剥削的隐蔽性、残酷性和欺骗性。

资本的循环和周转

王启超

资本的运动是生产过程和流通过程的统一。本次课我们从资本的生产过程和流通过程相统一的角度，研究个别资本的运动规律及其对剩余价值生产的影响，从而进一步揭示资本的本质及其运动规律。

一、课程思政元素发掘

本课程在授课时可能包含以下思政元素。

元素1 结合思政理念明晰两个概念：产业资本和产业资本运动的一般形式。

元素2 结合思政理念思考社会主义市场经济的显著优势是什么。

元素3 总结资本循环和周转的一般规律，将理论自信与制度自信融入课堂教学。

二、教案设计

（一）教学目标

教师在讲授资本循环与周转相关内容的同时，引入具体案例展开讨论分析，一方面能够增强学生的课堂活跃性与参与度，另一方面能够使其更深刻地理解资本运动的一般规律。目的在于在培养学生深入思考的同时，加强其理论联系实际的能力，有助于学生用经济学思维看待问题和分析问题，构建完整的逻辑思维，具体包括三个层次。

1. 知识目标

根据学生的认知规律，通过案例讨论等方式帮助学生熟练掌握资本主义社会中资本循环和周转的一般规律，并使其能够应用资本循环和周转的相关理论解释现实生活中的一些问题。

2. 思维目标

培养学生理论与实践相结合的思维方式，在教学中让学生运用资本循环和周转的相关理论和知识分析现实中的事例。

3. 能力目标

通过层层递进，深入浅出的教学方式，使学生构建一套完整的政治经济学分析逻辑，有助于其在日后的学术科研和论文写作中灵活运用。

(二) 教学内容

通过案例深入理解资本循环和周转的一般规律，本节课的主要教学内容分为三个部分。

(1) 回顾复习资本运动的一般公式。

(2) 引入案例材料，让学生根据资本循环与周转的相关知识点分小组讨论案例材料所提出的问题。

(3) 每个小组选派一个代表发言，展示小组讨论的结果，任课教师最后做总结与点评。

(三) 案例内容

(1) 推进"互联网+"。随着"互联网+"这种经济发展新形态的催生与发展，我国将大力发展"互联网+"列为行动计划的重点，这在近年来政府工作报告中皆有体现，尤其强调"中国制造"和"互联网+"的深度融合和推进，及其对于传统制造业升级的促进作用。

(2) 金融危机。发达国家的实体经济出现大规模资金链断裂，为了保证工业资本的积累和扩大再生产过程的顺利进行，提出了诸如"工业4.0"等产业升级战略。在此影响下，长期依靠人口红利发展的我国传统工业制造业企业进一步降低了竞争力，因此，实现制造业转型升级，利用新技术平台提高竞争力成为我国制造业未来发展的重要课题。

(3) "互联网+"全称为"互联网+各个传统行业"。从互联网定义看，这体现了互联网和各个传统行业之间深度融合与促进的关系。利用互联网及其平台本身所带有的开放性、互动性、便捷性及共享性的特点，可以促进传统产业的升级，通过技术进步或劳动生产率提高等方面将这种产业结构的优化和升级体现在生产、流通、消费、需求等各个方面。此外，产业升级与新模式的催生及发展也带动了互联网行业的精准化、专业化和高效化。所以充分利用互联网提高传统行业生产力，创造更多社会财富，促进国民经济持续健康发展是非常有必要的。

本案例涉及一个重要的经济学概念，即产业资本的循环。

首先，站在微观角度，在经济条件封闭的假设下，我们分析互联网产业资本发展模式可以看出：一是两大部门仍然是企业部门和家庭部门。二是互联网平台的搭建在新业务模式的拓展中起重要作用，主要是基于此平台所催生出的一系列中间产品或业务；互联网产业仍然拥有包括产品研发、产品交易、增殖资本回流等一系列活动的真正资本循环模式。

其次，站在宏观角度和开放经济条件下，互联网产业需求部门中增加了政府部门和国外部门；在充分有效的市场机制作用下，在注重安全性的前提下，更多资金的汇聚和流动，尤其是资本和资源在国内与国际双层面更有效率的循环与周转，为互联网产业获取更多经济利益和价值增殖提供了无限可能。

在此情形下，互联网产业资本对于真实经济的依赖性会减弱，在互联网市场中展开其独立的价值运动和增殖循环。并且在此资本循环模式中，政府部门、国外部门与互联网产业组织之间的交易币种也愈加呈现提高趋势。若经济开放条件进一步改善，那么互联网产业部门无论是和政府部门的交易量还是和传统产业部门的交易量都会有增无减，并且在市场机制作用下，这种"互联网+产业"运作方式会持续放大其影响和对经济部门的干预。

思政引入。思政案例由"案例主体"和"思政说明"两部分组成。其中"案例主体"便是与特定章节的知识要点相对应，详细且准确地描述一个事件；"思政说明"则是以问题为导向，通过结合"案例主体"中的素材，提出相关的问题，引发学生讨论并给出答案。依据上述案例，结合《马克思主义政治经济学（资本主义部分）》第6章的内容"资本的循环和周转"提出以下几个问题供学生讨论：

（1）概念辨析：产业资本循环的三个阶段。
（2）概念辨析：产业资本的三种循环形式。
（3）概念辨析：产业资本正常循环的条件。
（4）问题讨论：微观、宏观下的资本循环模式。
（5）问题讨论：当前互联网+迅速发展，对资本运动的影响。
（6）理论归纳：通过对以上问题的探讨，总结资本循环与周转的一般规律。

（四）教学过程

1. 知识讲解

马克思主义政治经济学是一门比较枯燥的经济学基础理论课，学生对此普遍缺乏兴趣。鉴于此，在课堂中改变单纯的灌输式教学，更多地采用启发式和互动式教学。首先，运用多媒体演示、图片和板书相结合的方式开展教学，通过动态的多媒体演示，让学生把注意力集中到课程中。其次，运用板书整理逻辑框架，采用思维导图的方式帮助学生理解知识结构。

2. 案例分析

为增加学生的学习积极性，培养他们建立理论联系实际的思维模式，课堂上始终贯穿实际案例，这些案例都是学生身边的故事，容易引起学生的共鸣和思考。

3. 多媒体演示

运用多媒体演示将全部课程内容呈现出来，包括文字、表格、图片、视频等多种形式。

4. 板书

在对整个知识框架进行讲解时可借助板书通过画逻辑思维导图的方式帮助学生理解知识体系。

（五）案例评析

在对以上案例进行分析时，需明确两个概念：什么是产业资本和资本循环。

第一，产业资本是要往物质资料生产部门如工业、农业、采掘业和建筑业等中投放的资本。产业资本只有在生产和流通过程中不停地循环运动，才能使价值增殖的实现成为可能。资本循环是产业资本运动的首要体现形式。产业资本顺序通过购买、生产和售卖阶段，并在此过程中依次以货币资本、生产资本和商品资本的形式发挥作用，并且最终回到原来的出发点的价值增殖运动过程，我们称为产业资本循环。

第二，产业资本循环运动的具体过程如下：产业资本循环运动的第一阶段是购买阶段。在购买阶段，资本家以一个商品购买者的身份，进入商品市场和劳动力市场，用货币购买生产资料和劳动力，为生产准备物质条件。在这一阶段，从形式上看，只是一般的商品流通，但从物质内容上看，它实际上是资本流通。马克思认为，"G-A 一般被看作是资本主义生产方式的特征"。产业资本循环的第二阶段是生产阶段。资本家把在市场上购买的劳动力和生产资料带进生产过程，使他们结合在一起，进行生产活动。经过生产过程，劳动力被消费了，原材料被加工了，机器设备被磨损了，新商品被生产出来了。产业资本循环的第三阶段是售卖阶段。产业资本家把生产出来的包含着剩余价值的新商品带到市场上去出售，把它再转化为货币。

第三，产业资本不能在完成一次循环之后就停顿下来，必须不断地循环下去。这样，资本循环就表现为不间断的、周而复始的运动过程。在产业资本连续不断的运动过程中，资本的每一种职能形式都要通过购买、生产和售卖三个阶段，最后又回到原来的出发点。货币资本、生产资本、商品资本都在进行自己的循环运动，具有各自的循环形式。

通过以上对产业资本概念的理解，以及产业资本运动的三个阶段的认识，可以进一步理解"互联网+"背景下资本循环和周转过程中实现价值增殖的原理。

第一，"互联网+"宏微观上都能有效促进资本循环，扩大资本积累。首先分析劳动生产率的提高对于企业投入产出水平的促进作用。从微观角度考虑，资源在企业和劳动者之间的初次分配很大程度上是由劳动生产率影响的，尤其是劳动力和资本这两种生产要素在资本市场上的定价过程。考虑到中长期经济发展，有效劳动生产率的提高可以促进经济增长及社会财富的进一步积累，资本市场也会随着劳动生产率的提高进一步趋于完善和成熟。分析传统制造业在"互联网+"技术的运用下发展互联网平台经济，并且显著带来劳动生产率提高效应的事实可以发现，在制造业成本支出中，计算机/通信设备及其他电子设备制造业研发经费支出占了很大比重，这说明制造业已将技术改造放在了重要地位，并力求"互联网+"技术的升级与改造。本次分析正是基于此来计算劳动生产率指标的，并且进一步分析了互联网平台经济对于劳动生产率的促进作用，得出了如下结论：影响中国制造业劳动生产率的显著因素之一是"互联网+"；以"互联网+"为依托的平台经济确实有效降低了交易成本、培养了更多更优秀的人力资本，以及在很大程度上改造了传统供应链运作模式；对于不同的产业和地区，互联网+对劳动生产率的作用大小不同，对于劳动密集型产业来说，影响较小，而对于东部地区产业来说，则影响较大。

第二，积极促进制造业企业的"互联网+"。我国作为制造大国，要想实现经济持续健康发展，摆脱"中等收入陷阱"，必须尽快推进制造业的转型升级。在信息化时代下，互联网作为其重要技术产物在与制造业融合的过程中其重要地位不言而喻。应通过扩展或改变中国制造业原有的供应链促使制造业与互联网进一步深度融合发展，协同推进"中国制造2025"和"互联网+"行动，进一步加快制造强国建设步伐。从顶端设计角度考虑，中央政府应紧紧围绕制造业与互联网的融合来设计制定相应的纲领性政策文件，在改造提升传统发展动能的同时，积极探索培育新业态新模式，为经济发展培育新的增长点。同时要引领制造业和"互联网+"的融合发展，还要重点关注并落实相应政策到平台建设、中介服务、技术支撑、机制设计等方面。

要发展先进制造业，支持传统产业优化升级，必然离不开对于工业互联网的建设和发展。首先，工业互联网在新工业革命时代下作为关键的基础设施，具有数字化、网络化和智能化等特点，要实现其与实体经济深度融合，加快智能制造发展步伐，必须充分利用工业互联网以求在更大范围和更高效率上精准优化生产和服务资源配置。通过对新业态、新模式和新技术的催生和发展，从合理化与高级化两个维度促进传统产业结构的优化和升级，并为制造强国的建设提供新思路和新动能。在制造业乃至各产业领域充分发挥工业互联网强渗透性的特点，使其成为各产业领域网络化、智能化升级中的关键基础设施之一，尤其是在产业上下游、跨领域互联互通方面发挥打破"信息孤岛"的重要作用，进一步促进集成共享，成为保障和改善民生的重要依托之一。其次，工业互联网的进一步发展对于网络基础设施的演进升级也有必不可少的正向促进影响，它可以使得网络应用无论是从虚拟到实体，还是从生活到生产实现巨大跨越，尤其是整个网络经济空间的极大拓展，为推进网络强国的建设带来了新机遇、新挑战。当前，从全球角度看，工业互联网无疑正处在产业格局未定的关键期和规模化扩张的窗口期，要发挥我国体制优势和市场优势，强调顶层设计和统筹部署，有针对性地落实和推进相关政策，力求扬长避短，为我国开创工业互联网发展新局面加油发力。

三、教学效果分析

从"思政说明"的功能来看，每一个案例主题的设置都应与特定章节的知识结构相对应，不仅可以依据已有的教学计划与教学板书，明晰学科知识的发展逻辑与应用思路，还能在对案例主体情节的解读中进一步显化核心知识，强化学科特色。因此，学生通过本次课程对案例的分析理解到以下三个知识点。

第一，产业资本的循环，是指产业资本顺序经过购买、生产和售卖三个阶段，并依次采取货币资本、生产资本和商品资本三种职能形式，最后又回到原来出发点的价值增殖的运动过程。

第二，资本不仅在生产过程内活动，而且也在流通过程中活动。只有不断地从流通过程进入生产过程，又从生产过程进入流通过程，循环往复运动，才能实现价值的增殖。

第三，将资本的生产过程和流通过程当作一个统一的现实运动过程加以分析。

战后西方国家工人阶级的地位变化

王少国

一、课程思政元素发掘

本课程在授课时可能包含以下思政元素。

元素1 资本主义制度下的工资提高和工资的国别差异并没有改变工人被剥削的地位。

元素2 战后无产阶级贫困化新的表现形式。

二、教案设计

（一）教学目标

深刻理解工资的本质并不随着工资的提高而改变，资本积累的一般规律并未随着资本主义生产力的发展而改变。

（二）教学内容

工资的本质、工资的基本形式、工资的国别差异。

（三）教学手段与方法

课下分组研讨案例，课上分组辩论。

（四）教学过程

教师课堂讲授工资的本质、基本形式和国别差异，案例作为课下分组研讨作业。课上各组学生代表阐述自己的认识，各组就问题的不同观点进行辩论，教师点评，最后对案例进行总结分析。

（五）案例内容

战后数十年来，随着资本主义社会结构与阶级结构的变化以及其他诸种变迁，曾出现过工人阶级"消失论""被同化论""被替代论"以及工人阶级"中产阶级化论"。21世纪初资本主义危机发生后，由于西方社会各领域和各阶层生活状况发生的新变化，诸如"占领运动"及各种社会抗议活动的发生发展，对工人阶级状况和地位的讨论再次复苏，比如，出现了关于"中产阶级的再无产阶级化"的观点，工人阶级运动呈现"激进化"趋势的观点等。

1. 工人阶级到哪里去了？

必须明确的一个前提是，在当代社会如何界定工人阶级？如果将工人阶级仍然看作过去那种在大型工厂内从事体力劳动的群体，即蓝领工人，那么可以说"工人阶级消失"就是事实，因为这一群体的人数一直在减少，现在仅占劳动力的很小部分。所以这里要明确的是，现代社会的工人阶级就是现代资本主义社会中广大的雇佣劳动者群体，"'无产者'在经济学上只能理解为生产和增殖'资本'的雇佣工人"。界定工人阶级的根本标准，从马克思主义来看就是对生产资料的占有关系和在生产中的地位。恩格斯曾经指出："无产阶级是指没有自己的生产资料，因而不得不靠出卖劳动力来维持生活的现代雇佣工人阶级。"根据马克思主义关于工人阶级的界定标准，虽然存在着生产劳动和服务劳动、体力劳动和脑力劳动、熟练劳动和非熟练劳动、核心工人和边缘工人等的分工和区别，但无论如何，在当代资本主义社会中存在的庞大的雇佣劳动者群体，就是现代意义上的工人阶级。由此可以得出一个确切的结论：在发达资本主义社会，工人阶级不但没有消失，而且人数不断增多，日益成为社会的绝大多数。

根据上面界定的划分工人阶级的标准和范围，工人阶级作为广大雇佣劳动者，他们客观上"一直存在着"，"哪里也没有去"。同时必须看到，在资本主义经济结构、社会结构和阶级结构发生复杂变化的情况下，工人阶级的构成也发生了复杂而深刻的变化，工人阶级不是那种片面、表象上理解的整齐划一、利益相同、完全均质化的社会群体，而是成员复杂、内部分层、具体个人利益复杂甚至冲突的庞杂社会群体。

在当代发达资本主义社会，阻碍人们认清社会的阶级结构，对工人阶级群体在社会中占绝大多数的客观事实难以判明和认同，提出"工人阶级到哪里去了"等这类问题的原因主要有以下三个方面。

一是"中产阶级占绝大多数"表象的遮蔽。数十年来，西方政治家、媒体和一些理论家不遗余力地渲染西方社会是"无阶级的社会"，同时又宣扬这个社会"中产阶级占绝大多数"。比如，1996年，时任英国首相的约翰·梅杰就宣称："我们现在都是中产阶级了。"西方社会长期普遍流行的说法，就是中产阶级覆盖了这个社会绝大多数人。而在这个社会的上层，是人数很少的富有群体，比如福布斯、洛克菲勒、盖茨那样的企业大亨和超级富豪，以及乔丹、杰克逊那样的体育明星或歌星；而在下层，也是人数极少的"边缘化群体"，被称为"底层阶级"（underclass），媒体渲染他们另类、懒惰、受伤害、不正常、扭曲，与社会格格不入。这样的话，大多数人口享受着"中产阶级安逸舒适的生活"，上层阶级或下层阶级只是人口的少数，中产阶级成员只要辛勤奋斗和打拼，维持舒适富足生活不成问题，少数人还可以跻身上层，只有在特殊情况下才会跌落下层。总之，这就是西方的"中产阶级梦"或"中产阶级社会"的神话。这个神话的存在，遮蔽了社会的真实阶级划分，造成"工人阶级已经消失"的假象。

二是全球化条件下工人全球流动和全球分工的影响。在全球化条件下，资本主义生产关系在全球范围内扩展，工人阶级逐渐超越民族国家的界限而在全球范围内形成。随着全球产业的转移，特别是劳动密集型、附加值低的产业从发达国家转移到发展中国家，发达国家与发展中国家的工人阶级出现了巨大差异与分化，甚至对立。在发达资本主义国家，从20世纪70年代以来，随着产业结构的变化，白领工人人数迅速增加，从事服务业的工人人数不断增加，经历着所谓的工人阶级"白领化""服务化""中产阶级化"的过程。而在发展中国家，伴随着工业化进程的加快以及传统制造业的广泛移入，经历了工人阶级再形成的过程，劳动密集型产业的移入，造就了人数众多的工人阶级。在发达国家，雇佣劳动者的"白领化"被认为是工人阶级的转移和消失，一些人甚至认为发达资本主义国家的传统工人阶级已经转移到了发展中国家，发达国家"不存在整体的工人阶级了"，而大多数是生活富足、体面的中产阶级成员。

三是工人阶级构成和工作方式变化的影响。在当今发达资本主义国家，工人阶级的存在不再像19世纪和20世纪早期那样，以在工厂中组织起来进行群体性生产的男性体力工人为主，其内部构成和工作方式发生了巨大变化。在工人阶级内部出现了分层差异和分化，出现了核心工人和边缘工人的分化。核心工人一般是核心大企业的雇员，他们的技术水平较高，收入比较高，福利比较好，就业比较稳定。而就业于边缘部门的工人，其技术水平较低，收入水平低，就业不稳定。再如工人阶级内部还有标准化工作工人和非标准化工作工人，前者一般从事全日制工作，薪资收入、经济福利与就业有保障，且比较稳定，而后者从事兼职工作或是临时工、合同工，流动性强，工作不稳定，收入和福利没有保障。再如从工人阶级内部构成看，女性工人的人数越来越多，在发达资本主义国家占了劳动力总数的一半，有的国家甚至达到60%左右。同时，外籍移民工人的数量也不断增加，他们大多从事繁重的非技术的体力工作或低级的服务性工作，工资低，失业率高，生活条件差，成为发达国家工人阶级的下层群体。总之，工人阶级构成和工作方式的分化和分裂，使得工人阶级出现很大的异质性和分散化，这种分化和分散曾被描述为"组织化工人阶级的终结"，这不利于人们认清和认同一个整体性工人阶级的存在。

2. "再无产阶级化"的趋势

美国皮尤研究中心 2012 年 8 月 22 日发布的一项研究结果显示，自 2000 年以来，美国中产阶级规模呈缩小趋势，个人收入和资产也相应缩水，其中 85% 的中产阶级人士认为想要维持一定生活水平比起十年前更难。皮尤研究中心将家庭收入在全国中位数 2/3 至两倍区间内的成年人定义为中产阶级。根据这一标准，美国 2011 年 51% 的成年人属于中产阶级，而 1971 年这一比例为 61%。变化的情况是人数向两端分散，高收入阶层从 1971 年的 14% 升至 2011 年的 20%，低收入阶层占比也从 25% 提高至 29%。研究显示，国际金融危机的爆发给美国中产阶级带来一定冲击。目前有 49% 的美国成年人认为自己属于中产阶级，比 2008 年危机爆发前 53% 的比例有所下滑。美国"中产阶级"的规模不是像主流媒体一直渲染的那样不断扩大，而是逐渐缩小，中产阶级的生活水平也不是逐渐提高，而是不断恶化，在经济危机中甚至难以维系正常水平。"中产阶级的工资现在不再能维持其生活了，而一个新的全球超富阶层在离岸避税区却能领取 11 万亿多的收入……40 年前，一个熟练工的工资足以维持他自己、妻子和家庭的生活。现在，即使是一对中产夫妇的双份工资也难以保障家庭收支平衡了。""对经合组织（OECD）成员国的工薪阶层来说，1945—1973 年是他们的黄金时代。那时候，普通工人的工资占 GDP 总额的最高份额。但自那时起，中产阶层和工人阶级的实际工资就再未见涨，甚至是有所下跌了，而富人的收入则直线上涨，超富阶层也同样如此。"

与关于"中产阶级神话"相反，一些学者认为近 30 年来，西方社会的所谓"中产阶级"正在经历着"再无产阶级化"的过程。从 20 世纪 70 年代以来，雇佣劳动者的数量在持续上涨，这实际上就是工人阶级数量的绝对增长。与此同时，工人阶级在经历了所谓的"中产阶级化"过程后，又经历着新一轮的"无产阶级化"。这主要表现在两个方面。

第一，被纳入"中产阶级"范围的广大雇佣劳动者，在劳动方式上越来越"去技能化"。也就是说，随着资本主义生产方式的变化，特别是生产自动化和所谓"精益化"的发展，广大白领雇员的劳动经历着昔日工厂工人经历的"去技能化"过程，变得更加机械、单调、紧张、乏味，没有什么技能水平和创新可言。大多数白领工人被关在无数的办公大厦或写字楼中，他们的工作内容和节奏像过去工厂流水线的工人那样被严格地限定和监视，计算机或其他机器工具决定其工作方式和程序，这方面他们同体力工人从事的机械劳动越来越一致，比如，整天机械地敲打键盘，履行着一成不变的电脑设定的程序，没有任何的工作自主性和创造性。昔日"白领工作的优越感"荡然无存。早在20世纪70年代，哈里·布雷弗曼在《劳动与垄断资本》中就揭示过白领工人的这种"去技能化"。"留给工人的只是一种经过重新解释的非常不完全的技能概念：特别纯熟灵巧，有限而重复的动作，'速度即技能'等等。随着资本主义生产方式的发展，这种技能概念也跟着劳动的退化而退化。而且用以衡量技能的尺度也缩短到这种程度，因而只要男女工人的工作需要几天或几个星期的训练，他或她就被认为掌握了一种'技能'；几个月的训练期被认为是非常高的要求；需要学习半年或一年的工作——如使用计算机——就会引起人们敬畏之感。"布雷弗曼认为，随着机械化、自动化水平的提高，工人的劳动技能在退化，工人丧失对劳动过程的控制，沦为生产过程中的一个零件，越来越多地从事简单乏味、精确到秒的机械动作。资本及其代理人通过机器控制工人，物化劳动控制活劳动。他驳斥了资本主义经济学家关于白领工作"技能提升"的谎言，指出资本主义越是发展，越是"依照资本的简单要求来训练工人：在经理们的心目中，现代工业社会学年鉴中大肆宣扬的技能升级，其秘密就在于此。工人可能仍然是一个既无知识也无能力的动物，只不过是资本用以做它的工作的一个'人手'，可是，只要他或她能够适应资本的需要，这个工人就不再被看作或被称为无技能的"。

布雷弗曼在30多年前揭示的白领工人"去技能化"趋势，在当今资本主义社会可以说更加普遍和严重。随着科技的发展，自动化和信息化的发展，极大地增强了资本对劳动的控制和支配。计算机的广泛应用，使办公室的工作越来越变成机械、半机械的工作，雇员的工作变成重复的、程式化的操作，不需要太多的技能，许多计算机数据处理工作也是不需多少技能的工种。办公室的工作又被进行细化分工管理，大部分中下等的脑力劳动被程序化和常规化，成为完全被严格控制的机械性操作，大多数办公室白领雇员变成被动地按照自动化机器程序而进行机械操作的"流水线"工人。从这个意义上说，大多数白领工人变成了与传统体力工人从事性质相同的工作，同样没有工作自主性，完全受资本和机器控制的雇佣劳动者。美国学者朱迪·考克斯（Judy Cox）描述了这种变化："直到20世纪50年代和60年代前，政府雇员和银行工人在所在社区中还是有些突出的人。……今天，银行工人和政府雇员多是由年轻人、妇女和黑人担当，而不是过去那种刻板拘谨、高傲自满的人了。这一过程可以被描述为白领工人的'无产阶级化'。他们大多数是报酬低的办事员和行政性职员，还有服务性领域。……大多数的白领工人同矿工和码头工一样，都是工人阶级。"考克斯甚至做出这样的判断："白领工人，他们同体力工人一样，失去的只是锁链。"当然，白领工人"无产阶级化"的现象，是复杂的问题，不是简单的"回归"，而是深刻的社会变化和阶级结构变化的产物，需要我们认真考察和研究。

第二，被纳入"中产阶级"的广大雇佣劳动者，发生了白领雇员"蓝领化"趋势。这种趋势，与二战后发生的蓝领工人数量不断减少、白领工人数量不断增多的变化趋势逆向而行。我们这里说的白领雇员"蓝领化"，并不是指现在的白领雇员重新变为过去从事体力劳动的蓝领工人；从绝对数量上看，蓝领工人的不断减少是资本主义生产发展的必然结果。白领雇员"蓝领化"，是指"中产阶级"的成员，也就是越来越多的白领雇员，其劳动条件、技能水平和工资待遇等越来越接近传统的蓝领工人。

从工资水平看，1973年经济危机后，从事各种职业的工人的工资就呈下降趋势。但直到20世纪90年代中期，实际工资停滞和下降的工人群体主要是蓝领工人、服务工人、年轻工人和低学历雇员。而90年代中期以后，除了所谓一段"新经济繁荣期"，无论蓝领雇员还是白领雇员的实际工资，大部分时间里是停滞和下降的。据统计，在美国，"包括工厂工人、建筑工人、各种服务人员在内的生产和非监督工人，1979—1989年小时实际工资年均下降0.6%，1989—1995年，年均下降0.1%；之后到2000年则转为每年增长1.4%；2000—2003年生产和非监督工人的实际小时报酬年均增长0.9%，这一比率大大低于1995—2000年的1.4%，从1979—2003年的长时间来看，小时工资从14.86美元上升到15.35美元，年均增长仅仅0.1%"。1973年7月以前，美国私人部门普通生产性工人和非管理类雇员的实际工资是不断上升的，当月达到每小时9.37美元。此后则不断下降（中间曾出现波动），直到1994年8月降到每小时7.75美元。90年代后期经济扩张，劳动力市场相对紧张，工人实际工资才得到了一定程度的恢复。但美国工人的实际工资仍未恢复到1973年的水平。

从就业情况和失业率情况来看，因为白领工人已经成为雇佣工人的主体，所以其失业率总体上看低于蓝领体力工人，但其下层人群，比如日常销售人员、辅助性管理人员（办公室职员等）的失业率基本上和蓝领工人持平，在经济危机时期，前者还高于后者。20世纪70年代末以前，在历次经济危机期间，失业者中的绝大多数是蓝领体力工人，主要是黑人和非熟练工人。而从80年代开始，白领工人失业人数不断增加。随着制造业规模的减小和服务业规模的扩张，越来越多的白领工人进入失业大军行列，一些中层白领雇员也遭遇了失业的命运。到了90年代中期，美国官方统计的失业人数中，白领工人的失业人数比蓝领工人多出数万人至十余万人。有学者指出这是美国劳工历史上"破天荒的事件"。20世纪80年代以来，美国工人阶级的就业出现的一个重要趋势，是从高薪领域向低薪领域转移，越来越多的白领工人被迫从事工资低、福利待遇差的工作，大量专业人员和大学生难以就业。白领雇员的失业人数占失业总人数的大多数。

综上所述，从工人阶级构成来看，大多数中下层白领工人在实际工资、就业情况、福利待遇、工作条件和生活水平等各方面，与蓝领体力工人越来越接近。在经济危机时期，中产阶级"再无产阶级化"的现象更加突出，进一步说明了西方工人阶级均质化趋势的加剧，也表明工人阶级社会地位和整体阶级利益在经历淡化和分散化的同时，也存在着另一种走向均质化的趋势。这有利于工人阶级意识的复苏和整合，也有利于工人阶级作为社会变革主体地位的逐渐觉醒和显性化。

资料来源：姜辉．论西方国家工人阶级的现实境况和社会地位［J］．教学与研究，2014（7）．

（六）案例讨论

组织学生围绕以下问题进行讨论。

1. 结合案例，谈一谈二战后劳动对资本隶属关系的新发展。
2. 谈一谈发达资本主义国家工人阶级"再无产阶级化"的根源。

三、教学效果分析

本课程中使用的案例使学生更加深刻地理解了工资的本质和工人阶级的经济地位。

资本主义国家的经济危机

王一子

一、课程思政元素发掘

本课程在授课时可能包含以下思政元素。

元素1 经济危机是资本主义社会特有的现象,虽然在不同资本主义国家、不同时期危机的表现形式和具体进程有所不同,但实质上都是生产相对过剩的危机。

元素2 经济危机产生的根源在于资本主义制度本身,也就是资本主义的基本矛盾,即生产社会化与生产资料私人占有制之间的矛盾。

元素3 马克思预言资本主义周期性的危机会触发革命,而当代资本主义国家、工会组织在调和阶级矛盾中发挥了作用,延缓了革命的爆发。

二、教案设计

(一)教学目标

帮助学生理解资本主义经济危机的表现、基本特征、实质和根源,通过课程学习理解生产相对过剩的真正含义。

(二)教学内容

经济危机的特征和实质:资本主义经济危机的表现,资本主义经济危机的基本特征,资本主义经济危机的实质,生产相对过剩是资本主义特有的现象。

经济危机的根源:货币的出现使买和卖相分离,造成了危机的可能性,货币支付手段职能的产生包含着危机的另一种可能性;简单商品条件下不具备发生危机的现实性;资本主义经济危机的必然性,经济危机的根源在于资本主义基本矛盾;资本主义基本矛盾的表现。

资本主义经济危机的周期性:资本主义经济危机周期性表现;经济危机周期性的根本原因。经济危机的周期性与社会总资本再生产的周期性:周期的含义;周期的四个阶段。资本主义再生产周期性的物质基础:经济危机的周期性与固定资本更新的周期。固定资本更新周期是危机周期性的物质基础,不是危机周期性爆发的原因。

当代资本主义经济危机的新特点：二战以后经济危机的新特点，当代资本主义的金融危机。

重点和难点：资本主义经济危机的实质和根源。

（三）教学手段与方法

（1）课堂中由以教师为中心转到以学生为中心，发挥学生的主体作用。

（2）在教学中采用案例教学法，并引导学生进行综合分析。

（3）教学硬件与软件相结合，采取多种教学方式。

（四）教学过程

（1）以案例引出课程思政的主题，并通过提出问题引发学生思考。

（2）通过对案例进行细致分析，对提出的问题展开讨论并总结，从而完成整节课内容的讲解。

（3）课堂习题和思考训练，巩固学生对所学知识的理解。

（五）案例内容

案例：资本主义国家的经济危机。

马克思认为1825年是资本主义周期性经济危机的起始点，而后经济危机间歇性爆发。事实表明，1836年、1847年、1857年、1866年、1873年、1882年、1890年、1900年、1907年、1914年、1921年、1929年至1933年、1937年至1938年都出现了不同程度的经济危机。20世纪70年代以后，资本主义国家经历第二次世界大战结束后的快速增长时期后，再度陷入"滞涨"危机，经济增长停滞同时保持严重的通胀率。80年代初期和末期，拉美国家和美国分别经历了严重的债务危机和储贷危机，1987年美国纽约股市暴跌引发了全球股灾。90年代，日本则经历了股票市场的萧条与经济停滞；1992年，欧洲货币体系引发了货币危机；1994年，墨西哥汇率和股票暴跌，导致墨西哥和土耳其爆发危机；1997年，从泰国开始席卷亚洲的经济危机爆发，波及印度尼西亚、韩国等多个国家。进入21世纪以后，2000年互联网泡沫破裂导致美国与欧洲股市大跌；2001年，土耳其以及阿根廷又爆发危机；2007年开始的次贷危机席卷美国，而后引发了世界范围的危机，波及欧盟、日本等世界主要金融市场。上述危机的原因和形式各有不同，但却证明了马克思理论的正确性，即危机将始终和资本主义相伴随。

马克思认为，在前资本主义时代不会有经济危机，"在人们为自己而生产的状态下，确实没有危机，但是也没有资本主义生产。我们从来没有听说过，古代人在他们的奴隶生产中知道有危机这一回事，虽然在古代人中，曾经有个别的生产者破产"①。危机出现的原因是人们不再为自己生产商品，"没有一个资本家是为了消费自己的产品而进行生产的"②。这一过程中可能存在买和卖的脱节，最终导致出卖商品的人遇到难以出售商品的困难，"已经卖掉了商品而现在持有货币形式的商品的人并不是非要立刻重新买进、重新把货币转化为个人劳动的特殊产品不可"③。当持有货币的人并不急于买进商品，而是存储货币以备今后消费，就可能引发连锁效应，"卖者——假定他的商品具有使用价值——的困难仅仅来自买者可以轻易地推迟货币再转化为商品的时间"④，"不仅是因为商品卖不出去，而且是因为商品不能在一定期限内卖出去，在这里危机所以发生，危机所以具有这样的性质，不仅由于商品卖不出去，而且由于以一定商品在这一定期限内卖出去为基础的一系列支付都不能实现"⑤。一系列支付不能实现，债务链条断裂，进而引发信用危机，经济危机就此出现。因此，经济危机出现的可能性蕴含于以货币为媒介的商品流通中，也就是买和卖的分离以及支付关系的破坏。

马克思指出，资本主义企业平均利润率的下降也会引发经济危机。这是因为利润率下降时，资本积累会受到抑制，表现为投资不足，最终造成整体经济的低迷。产业后备军的变化也与投资活动有关，当处于经济活跃期时，资本主义企业对劳动需求会增加，这会引发工资水平的提高，进而抑制资本积累并使得后续投资不足，也会最终酝酿经济危机。马克思指出："现代工业特有的生活过程，由中等活跃、生产高度繁忙、危机和停滞这几个时期构成的、穿插着较小波动的十年一次的周期形式，就是建立在产业后备军或过程人口的不断形成、或多或少地被吸收、然后再形成这样的基础之上的。"⑥

马克思还关注到资本主义经济危机产生的结构性原因，即"生产相对过剩"。很多人认为，经济危机中企业存留了大量无法出售的商品，因而是一种"生产过剩"。"在商业危机期间，总是不仅有很大一部分制成的产品被毁灭掉，而且有很大一部分已经造成的生产力被毁灭掉。在危机期间，发生一种在过去一切时代看来都好像是荒唐现象的社会瘟疫，即生产过剩的瘟疫。"⑦而马克思则否定了这一说法，指出这表面上看是商品的过剩，但是实际上却

---

① 马克思. 剩余价值理论：第二卷 [M]. 北京：人民出版社, 1975：573.
② 马克思. 剩余价值理论：第二卷 [M]. 北京：人民出版社, 1975：573.
③ 马克思. 剩余价值理论：第二卷 [M]. 北京：人民出版社, 1975：581.
④ 马克思. 剩余价值理论：第二卷 [M]. 北京：人民出版社, 1975：581.
⑤ 马克思. 剩余价值理论：第二卷 [M]. 北京：人民出版社, 1975：587.
⑥ 马克思. 资本论：第一卷 [M]. 人民出版社, 1975：729.
⑦ 马克思, 恩格斯. 马克思恩格斯选集：第一卷 [M]. 北京：人民出版社, 1972：257.

是工人买不起这些商品。"只要社会上相当大一部分人的最迫切的需要,或者哪怕只是他们最直接的需要还没有得到满足,自然绝对谈不上产品的生产过剩"①,"生产能力的过剩同支付能力的需要有关。这里涉及的不是绝对生产过剩。"② 这是因为资本家尽最大限度地榨取工人的剩余价值,工人的工资收入占比很低,难以大量购买生产出来的商品。马克思指出:"发生生产过剩的时候尤其令人奇怪的是,正是充斥市场的那些商品的真正生产者——工人——缺乏这些商品。"③ 相比之下,拥有利润的资本家同样不会大量消费商品,因为资本家不仅会剥削工人创造的剩余价值,同样会最大限度地积累资本以便扩大生产规模,保持在竞争中的优势地位。"只有在越来越多地占有抽象财富成为他的活动的唯一动机时,他才作为资本家或作为人格化的、有意志和意识的资本执行职能。因此,决不能把使用价值看作资本家的直接目的,他的目的也不是取得一次利润,而只是谋取利润的无休止的运动"④,"按照生产力的发展程度(也就是按照用一定量资本剥削最大量劳动的可能性)进行生产,而不考虑市场的现有界限或有支付能力的需要的现有界限。"⑤ 在上述两方面因素的影响下,最终会导致"生产相对过剩"。"它们的生产过剩之所以成为生产过剩,仅仅因为会出现相对的,或者说,被动的生产过剩的那些物品存在着生产过剩。"⑥ 资本家不断扩大生产规模,而工人的购买力在缩减,资本家自身又不是好的消费者。在这种情况下,"生产资本愈增殖,它就必然更加盲目地为市场生产,生产愈益超过了消费,供应愈益力图扩大需求,由于这一切,危机的发生也就愈益频繁而且愈益猛烈"⑦。

经济危机产生的根源在于资本主义制度本身,也就是资本主义的基本矛盾,即生产社会化与生产资料私人占有制之间的矛盾。资本主义制度下,资本家不考虑工人的购买能力而无限扩大生产;单个企业能够得以有效管理但是整个社会的生产实则是一种无政府状态。资本主义制度不发生改变则资本主义基本矛盾依然存在,经济危机就难以避免地会周期性出现。因此,根据马克思的观点,经济危机实际上就是资本主义生产力与生产关系之间矛盾的现实体现,因为资本主义的生产关系已经不适应生产力发展。"几十年来的工

---

① 马克思. 剩余价值理论:第二卷 [M]. 北京:人民出版社,1975:602.
② 马克思. 剩余价值理论:第二卷 [M]. 北京:人民出版社,1975:578.
③ 马克思. 剩余价值理论:第二卷 [M]. 北京:人民出版社,1975:578.
④ 马克思. 资本论:第一卷 [M]. 北京:人民出版社,1975:179.
⑤ 马克思. 剩余价值理论:第二卷 [M]. 北京:人民出版社,1975:610.
⑥ 马克思. 剩余价值理论:第二卷 [M]. 北京:人民出版社,1975:605.
⑦ 马克思,恩格斯. 马克思恩格斯选集:第一卷 [M]. 北京:人民出版社,1972:203.

业和商业历史,只不过是现代生产力反抗现代生产关系、反抗作为资产阶级及其统治的存在条件的所有制关系的历史。只要指出在周期性的重复中越来越危及整个资产阶级社会生存的商业危机就够了。"[①] 资本主义制度不仅是剥削的、异化的,还是自我毁灭的。资本主义周期性的危机最终将引发社会革命。

当今资本主义的特征和马克思所处的年代存在不少差别,表现在技术工人数量上的增加、工资水平的提高以及工作更有保障,也就是说工人的主体不再是蓝领工人。"经理革命"的出现进一步使得除资本家以外的那些有卓越管理才能的经理人同样能够掌控公司,获得高薪。这说明,目前资本主义国家的社会阶层不是简简单单地由无产者与有产者构成,而是变得更加多元化。此外,有两个方面的政治变化也同样值得注意:资本主义国家"国家自主性"的变化以及工会作为政治力量开始发挥重要作用。

首先,资本主义国家在调节资本主义矛盾的过程中发挥了作用。按照马克思唯物史观的观点,通过政府纠正资本主义制度的矛盾根本不能实现。这是因为国家是统治阶级的代理人,不可能对不同阶级的利益冲突进行仲裁。因此,资本主义制度最终会无药可救。而有的学者观察到,资本主义国家在发展过程中获得了"相对自主性",也就是说资本主义国家不仅仅是资产阶级短期利益的代理人,也能够成为长期与全局利益的代理人。资本主义国家在面临冲突的时候开始主动采取措施缓和矛盾,建立了社会福利制度,可以说马克思的理论在某种意义上改造了资本主义。例如,资本主义国家纷纷采用凯恩斯主义管理宏观经济的政策,尝试解决"有效需求不足"这一问题,也就是马克思揭示的"生产相对过剩"。北欧国家的"统合主义"资本主义模式,更是将国家居中,把资本家与工人的利益进行统合,实现经济的长远发展。

其次,工会等工人组织开始积极发挥政治作用。马克思曾指出,工人阶级会走向贫困化,而其中的一个后果就是工人平均身高的下降。1830 年到 1860 年,英国工人的平均身高的确有所下降,这说明其间工人生活水平的降低。但 1850 年到 1865 年,英国工人的平均身高却开始增高,这是因为其间英国工人的实际薪酬涨了 17%,全职工每周平均工作时间也逐渐减少,由 1856 年的 65 小时缩减为 1873 年的 56 小时。导致上述现象出现的原因主要为工会的崛起,工会开始成为有组织的政治力量。不过,就美国而言,工会的作用在近几年又有了变化。第二次世界大战结束的时候,有 1/3 的美国工人

[①] 马克思,恩格斯. 马克思恩格斯选集:第一卷 [M]. 北京:人民出版社,1972:257.

加入了工会，而现在的工会会员只占工人总数的 1/9。由于缺乏工会的制约，美国近几十年的贫富差距进一步扩大，社会矛盾加剧。

资料来源：黄琪轩. 政治经济学通识［M］. 北京：东方出版社，2018.

（六）教学安排

（1）对案例进行详细阐述，介绍案例的关键背景知识和详细内容（10分钟）。

（2）提出问题，并引导学生思考（5分钟）。

（3）对上述问题进行讨论，注意总结学生的观点（10分钟）。

（4）讲解理论知识，其中将案例进行穿插（15分钟）。

（5）引导学生结合理论知识对案例和问题进行回顾（5分钟）。

（6）进行课堂小结（5分钟）。

三、教学效果分析

通过本课程的讲述，纠正了关于经济危机产生原因的错误观点，帮助学生认识到人类历史上的经济危机实质上都是生产相对过剩的危机，经济危机产生的根源在于资本主义制度本身，是资本主义社会特有的现象。结合分析我国的制度优势以及对世界经济繁荣所做的贡献，使学生更好地树立民族自信心和自豪感，引导学生增强中国特色社会主义道路自信、理论自信、制度自信、文化自信，厚植爱国主义情怀，积极投身建设社会主义现代化强国、实现中华民族伟大复兴的奋斗之中。同时，在本课程完成之后，会适当介绍我国目前的双支柱宏观调控框架，以及宏观审慎的理论和具体实践，进一步增强学生的四个自信。

资本主义企业利润率的下降趋势

王一子

一、课程思政元素发掘

本课程在授课时可能包含以下思政元素。

元素 1 资本主义经济会出现技术进步与平均利润率下降并存的情况。

元素 2 资本主义条件下虽然利润率具有下降趋势,但并不表明工人所受剥削程度减轻。

元素 3 资本家会采取各种措施阻止利润率下降,在各种阻碍因素的作用下虽然利润率会长时间保持不变甚至重新提高,但是利润率下降的趋势最终难以避免。

二、教案设计

(一) 教学目标

帮助学生理解成本价格和利润的含义;平均利润和生产价格的形成过程,以及平均利润率趋向下降的规律。

(二) 教学内容

成本价格:商品的实际成本价格和商品的资本主义成本价格,商品的资本主义成本价格是资本主义生产关系的产物,成本价格掩盖了剩余价值的真正来源,成本价格对资本主义经济活动的重要意义。

剩余价值转化为利润:利润是剩余价值的转化形式,剩余价值转化为利润是资本主义生产关系的产物,利润掩盖了资本对劳动的剥削关系。

剩余价值率转化为利润率:剩余价值率与利润率的区别,利润率掩盖了资本主义剥削的根源和剥削程度。

影响利润率的因素:剩余价值率的高低,资本有机构成的高低,资本的周转速度,不变资本的节省,等等。

部门内部的竞争形成社会价值:部门内部竞争的表现,部门内部竞争的后果。

利润转化为平均利润:不同部门形成不同利润率的原因,部门之间竞争与平均利润率的形成过程，资本转移在利润平均化过程中的作用，利润转化为平均利润进一步掩盖了资本主义的剥削关系。

价值转化为生产价格：生产价格的形成，利润转化为平均利润，商品价值转化为生产价格，个别生产价格和社会生产价格。

价值规律转化为生产价格规律：生产价格是价值的转化形式，价值转化为生产价格反映了资本主义条件下商品经济的高度发展，价值转化为生产价格后价值规律作用形式的变化，生产价格规律的作用，马克思生产价格理论与劳动价值论的统一性。

平均利润率下降的趋势：平均利润率呈下降趋势的原因，平均利润率的下降与利润量的增加。

阻碍利润率下降的因素：对工人剥削程度的提高，生产资料价值的降低，相对过剩人口的存在，对外贸易的发展。

利润率下降的趋势暴露了资本主义经济的矛盾：平均利润率下降的规律使资本主义一系列矛盾尖锐化，剩余价值生产和剩余价值实现的矛盾，生产扩大和价值增值的矛盾，人口过剩和资本过剩的矛盾，无产阶级与资产阶级、资本主义国家与经济落后国家之间的矛盾。

重点和难点：平均利润和生产价格的形成。

（三）教学手段与方法

（1）课堂中由以教师为中心转到以学生为中心，发挥学生的主体作用。

（2）在教学中采用案例教学法，并引导学生进行综合分析。

（3）教学硬件与软件相结合，采取多种教学方式。

（四）教学过程

（1）以案例引出课程思政的主题，并通过提出问题引发学生思考。

（2）通过对案例进行细致分析，对提出的问题展开讨论并总结，从而完成整节课内容的讲解。

（3）课堂习题和思考训练，巩固学生对所学知识的理解。

（四）案例内容

案例：资本主义企业利润率的下降趋势。

当代资本主义国家的技术不断进步，由此带来了产业的不断升级，在这一背景下企业利润率理应有所上升。但实际情况是，二战后资本主义国家中的企业却面临利润率持续下降的压力。在《不平等的民主：新镀金时代的政治经济学分析》一书中，托马斯·魏斯科普夫估计：1949年到1975年，美国企业的平均利润率从13%下降到了8%。而弗雷德·莫斯利的研究显示，在同一时期，美国企业的平均利润率下降了18%①。爱德华·沃尔夫则估计美国企业的平均利润率从1947年的14.5%下降到1976年的12.2%②。大卫·科兹展示了从20世纪60年代至2008年，美国非金融部门利润率的下降趋势。除美国外，魏斯科普夫还发现，1955年到1985年，其他资本主义国家，如英国、法国、瑞典、联邦德国、意大利、日本、加拿大等都出现了平均利润率在波动中整体下降的趋势③。马克思主义者认为，资本主义经济会出现技术进步与平均利润率下降并存的情况，因此资本主义企业利润率的下降趋势与马克思的预测相一致。资本主义社会中竞争体现在方方面面，为了在竞争中获胜，资本家需要扩大企业规模，其中推动技术进步、采用新的机器设备是主要手段，这是因为虽然雇用更多的工人也可以扩大规模，但是对工人的需求增加会推动工人工资的上涨，进而减少资本家的利润。"资本主义生产的发展，使投入企业的资本有不断增长的必要，而竞争使资本主义生产的内在规律作为外在的强制规律支配着每一个资本家。"④ 在马克思看来，竞争意味着敌对，市场竞争本质上就是战争的另一种形式。如果不能在竞争中获胜，资本家就会破产。对单个资本家而言，率先采用新技术会因为生产效率的提高而赚取更多的利润。"像其他一切发展劳动生产力的方法一样，机器是要使商品便宜，是要缩短工人为自己花费的工作日部分，以便延长他无偿地给予资本家的工作日部分。机器是生产剩余价值的手段"⑤，"采用改良的生产方式的资本家比同行业的其余资本家，可以在一个工作日中占有更大的部分作为剩余劳动。"⑥ 而对其他资本家而言，竞争的压力迫使他们同样也得采用新技术，否则就存在被吞并的风险。这说明，新技术的采用是众多资本家相互竞争的需要。

除了资本家之间的竞争，工人受到的剥削迫使他们组织起来反抗，因此资本家也面临工人的竞争。机器设备的使用可以降低生产过程对工人的依赖，而技术进步过程中机器对工人的替代则可以使资本家提高对工人的控制能力。"由于工厂的全部运动不是从工人出发，而是从机器出发，因此不断更换人员

---

① FRED MOSELEY, The Falling Rate of Profit in the Postwar United States Economy [M]. New York: Saint Martin's Press, 1991: 87.
② EDWARD WOLF. The productivity slowdown and the fall in the U.S. rate of profit, 1947-76 [J]. Review of radical political economics, Vol 18, No. 1-2, 1986, 18 (95).
③ THOMAS WEISSKOPF. An analysis of profitability changes in eight capitalist economics [J]. Review of radical political economics, Vol 20, No. 2-3, 1988.
④ 马克思. 资本论：第一卷 [M]. 北京：人民出版社，1975：683.
⑤ 马克思. 资本论：第一卷 [M]. 北京：人民出版社，1975：427.
⑥ 马克思. 资本论：第一卷 [M]. 北京：人民出版社，1975：370.

也不会使劳动过程中断。"① 这是因为，首先大部分技术进步都具有资本密集型或者劳动节约型特征。机器设备对劳动的替代导致失业工人增多，从而提高了资本家对工资的议价能力。其次，机器的使用降低了资本家对工人技术的依赖。以往生产过程对技术工人的要求高，因而技术工人拥有较大的主导权。机器设备的使用简化了生产过程，使得资本家可以夺回控制权。最后，由于机器设备操作简便，因此妇女和儿童都可以参与生产过程，从而替代男性工人。资本家之所以使用机器，原因在于："力图把有反抗性但又有伸缩性的人的自然界限的反抗压到最低限度。而且，由于在机器上劳动看来容易，由于妇女和儿童比较温顺驯服，这种反抗无疑减少了"②，"这种活十分简单，从事这种苦役的人员可以迅速地经常地更换"③，"工人终于毫无办法，只有依赖整个工厂，从而依赖资本家。"④

率先采用新技术的资本家会获得超额利润，但是竞争的压力迫使其他资本家也采用新技术时，超额利润就会消失，甚至连最初的利润率都很难保证。"当新的生产方式被普遍采用，因而比较便宜地生产出来的商品的个别价值和它的社会价值之间的差额消失的时候，这个超额剩余价值也就消失。"⑤ 这是因为资本家使用新的机器替代了工人，也就减少了剩余价值的来源。而当所有资本家都在用机器替代工人时，就会出现马克思指出的资本有机构成提高。资本有机构成可以理解为每个劳动者占有生产资料的数量，在资本主义制度下，每个劳动者占有的生产资料越多则资本有机构成越高。1841年，英国的纺纱工人总共有448人，但他们所照管的纱锭却比1829年的1088个工人所照管的还要多53353个。资本有机构成的提高说明单位资本雇用的劳动者减少了。

马克思指出，随着资本总量的增长劳动力的需要虽然也会增加，但是等量资本雇用的劳动力则会减少。"诚然，随着总资本的增长，总资本的可变组成部分即并入总资本的劳动力也会增加，但是增加的比例越来越小。"⑥ 这意味着，资本主义的剥削将变成无源之水。按照这个逻辑，机器的使用实际上会削弱资本主义的根基，但资本家为何会做出如此不理性的选择？这是因为，虽然整体而言资本主义企业应雇用更多的劳动力用于生产，并获得更多的剩

---

① 马克思. 资本论：第一卷 [M]. 北京：人民出版社，1975：485.
② 马克思. 资本论：第一卷 [M]. 北京：人民出版社，1975：464.
③ 马克思. 资本论：第一卷 [M]. 北京：人民出版社，1975：485.
④ 马克思. 资本论：第一卷 [M]. 北京：人民出版社，1975：486.
⑤ 马克思. 资本论：第一卷 [M]. 北京：人民出版社，1975：370.
⑥ 马克思. 资本论：第一卷 [M]. 北京：人民出版社，1975：203.

余价值，但是从单个资本家的角度出发，却应该使用更先进的机器设备用以得到超额利润。使用先进技术虽然对单个资本家最优，但是对整体并非最优，因而资本主义国家在经历技术进步的同时，又会出现平均利润率下降的趋势。

马克思发现，除了资本有机构成提高、平均利润率下降的趋势，资本主义国家还会出现资本集中趋势。英国的制造业城市伯明翰 1900 年时有 50 家制针工厂，而到 1939 年整个英国的制针企业缩减至 12 家，1980 年整个英国则只剩下 1 家制针厂。激烈的竞争迫使资本主义的企业变得越来越集中，也就是说大企业会成为资本主义经济的主体，跟不上竞争步伐的资本家则会破产，沦为无产者。罗伯特·海尔布隆纳在《经济学统治世界》一书中指出：1800 年到 1825 年，大约有 3/4 的美国人在自己的农场或小店铺工作；但二战以后，自我雇佣的人数却只占美国总人口的 1/10。自我雇佣的人群正在减少，越来越多的人要么受雇于资本家，要么失业。

尽管利润率在下降，但是在相反的方向，资本家为了提升利润率而不断努力。在各种阻碍因素的作用下，利润率会长时间保持不变甚至重新提高。但是纵观历史发展，利润率下降的倾向最终难以避免，也就是说无论反作用因素多么强，利润率依然会下降。尽管处处有阻止利润率下降的反作用因素，最终却因为利润率降至极限，使资本主义陷入恐慌。

阻止利润率下降的因素有增加剩余价值率、将工资降到价值以下、降低设备价格、灵活使用相对过剩人口等等。首先是提高剩余价值率，即提高赚取剩余价值的比率。假设资本有机构成在全社会都得到了提高，这时候的利润率水平使得资本家不能获得多少利润。不过资本有机构成的提高反过来又会降低商品的价值，从而能够通过减少劳动力再生产费用延长剩余劳动时间。另外，先进设备的使用会缩短资本周转时间，这时候年剩余价值率就会随之提高。另外，在资本有机构成保持原来状态时通过延长劳动时间，或是提高劳动强度，同样可以实现绝对剩余价值的生产。将工人的工资降至价值以下是阻止利润率下降的第二个因素。拿到的工资远不及劳动力价值的典型代表就是临时工。可以这样理解，资本正是通过雇佣临时工来阻止利润率下降的。降低机器价格是阻止利润率下降的第三个因素，即降低不变资本的价值。机器价格下降了，用等量的钱就可以买到更多的机器，而资本有机构成却依然保持不变。阻止利润率下降的最后一个因素是相对过剩人口。资本有机构成提高以后，大量工人失业导致劳动者过剩，有些资本家不是在实现机械化方面多投资，而是以非常便宜的价格使用工人，因此这些资本家的利润也会增加。

资料来源：黄琪轩. 政治经济学通识［M］. 北京：东方出版社，2018.

(五) 教学安排

(1) 对案例进行详细阐述,介绍案例的关键背景知识和详细内容(10分钟)。

(2) 提出问题,并引导学生思考(5分钟)。

(3) 对上述问题进行讨论,注意总结学生的观点(10分钟)。

(4) 讲解理论知识,将案例穿插其中(15分钟)。

(5) 利用时间引导学生结合理论知识对案例和问题进行回顾(5分钟)。

(6) 进行课堂小结(5分钟)。

三、教学效果分析

通过本课程的学习,使学生正确认识资本主义国家利润率下降趋势产生的原因和影响、资本家采取的措施及劳资关系的特征。通过理论知识讲解与案例分析相结合的教学方式,增强课程的生动性和现实感,激发学生的学习兴趣,培养学生分析问题、解决问题的能力。资本主义经济会出现技术进步与平均利润率下降并存的情况,但这并不表明工人所受剥削程度的减轻。学生在完成本部分内容的学习后,会加深对我国制度优势的理解,提高自身的爱国热情,从而树立正确的人生观、价值观和个人奋斗的目标。

资本的循环和周转

鄢 姣

"资本的循环和周转"是马克思主义政治经济学中的一个重点和难点问题,因为从"资本的循环和周转"开始需要学生从局部的学习演变到对全局的掌握,即学习掌握资本主义整个生产过程。学生对资本的循环和周转的清晰认识,对后面内容的学习和理解具有至关重要的作用。

一、课程思政元素发掘

本课程在讲授时可能包含以下思政元素。

元素1 课程中的职业素养。2019年3月,习近平总书记在学校思想政治理论课教师座谈会上强调指出:"要坚持显性教育和隐性教育相统一,挖掘其他课程和教学方式中蕴含的思想政治教育资源,实现全员全程全方位育人。"这个理念旨在实现思政元素与学科知识间的良性互动。可见升华改变教学方式,将思政元素融入各专业课程是必经之路。引导学生在学习资本循环和周转的过程中发表各自的见解,最后点评总结。引导学生将思想用到实践工作之中,在学生中实现思想传递。

元素2 培养学生的创造性思维。创造性思维是一种具有开创意义的思维方式,是一种开拓人类认知的新领域、开创人类认知世界新成果的思维活动。创造性思维是以感知、记忆、思考等能力为基础,以综合性、探索性等为进阶的高级心理活动。在案例展示中,使学生具有自我学习、探索和研究的机会,锻炼学生的创新性思维能力。

元素3 团队协作的能力。在教学过程中采用分组讨论的形式,让学生采用集体学习的方式共同进步。在组织学习中让一个学习难题变成一个学习项目,通过组织团队的方式在解决实际问题的过程中边学边干。让一个学生难以完成的项目通过团队协作的方式来完成,充分培养学生的团队协作能力和迎接困难并解决困难的能力。

二、教案设计

（一）教学目标

教师在讲授资本的循环和周转的具体知识和理论基础上，通过案例讨论等教学手段和互动式教学方法调动学生主动学习的积极性。目的在于催化学生的发散思维，培养其对资本循环和周转的认识，加强其把课本知识转化为具体思维体系和方式的能力，最终培养学生理性思考的习惯。具体包括以下三个层次。

1. 知识目标

根据学生的认知规律，通过案例讨论等方式帮助学生熟练掌握资本主义社会中资本循环和周转的方式、含义，并能够应用资本循环和周转的相关理论解释现实生活中的一些问题。

2. 能力目标

培养学生掌握将理论与实践相结合的思维方式，在教学中让学生运用资本循环和周转的相关理论和知识分析现实中的事例。

（二）教学内容

（1）资本循环的概念与含义：产业资本顺序经过购买、生产和售卖三个阶段并依次采取货币资本、生产资本和商品资本三种职能形式；

（2）资本周转的概念与含义；

（3）通过案例深入理解资本的循环和周转方式。

（三）教学手段与方法

本课程在讲解完资本循环与资本周转的相关知识点后，紧接着将思政案例纳入课堂教学，对于本案例，安排1个课时（50分钟）的教学，具体教学环节设计如下：

第一步：理论讲解（10分钟）。通过PPT向学生讲解马克思主义政治经济学中的知识点，即资本循环与资本周转的相关概念及关系。

第二步：案例介绍（15分钟）。向学生展示本案例的材料，在第一步概念原理分析的基础之上，通过具体案例，向学生直观展示企业完成资本周转的现象。

第三步：提问和讨论（15分钟）。在第二步的基础上，让学生进行分组讨论并选取代表发言。结合思政理念回答产品滞销对企业资本循环的影响。结合思政理念回答中国社会主义制度下企业维持正常经营的关键是什么。结合思政理念回答，在全球化的发展下，资本主义的经济危机是否会影响中国经济的发展。综合对比案例中的三个材料，结合思政理念回答面对经济危机时美国和中国的应对措施。

第四步：归纳总结（10分钟）。通过前面的讨论，对学生的发言进行归纳和总结，对中国企业的资本循环、周转的案例进行解读，并联系经济危机进一步深入探讨，让学生深刻理解中国的发展目标，坚定学生的民族自信和文化自信。

（四）教学过程

课程导入：产业资本从其最初的形态即货币的职能出发，依次经历购买、生产、售卖等阶段，并相应变换资本的职能形态，然后又回到原来的出发点，这一过程就是产业资本的循环。资本是在运动中增值的，资本只有不断地、周而复始地循环，才能不断地带来剩余价值，资本这种连续不断、周而复始的循环运动就被称为资本周转。

（五）案例内容

案例一：从亏损到盈利。

20世纪80年代，某兼顾手表生产与销售的企业设有一个下属子公司专门负责手表的销售，销售公司的经理叫小刘。了解手表的演变史就会知道，机械表是最早出现的手表类型，我国最早也是以生产机械表为主，这个企业也不例外，主要生产销售机械表。1955年，瑞士研制成功了第一块电子表，手表工业随之很快进入了电子时代。直至1987年前后，国内的手表市场发生了很大变化，电子表几乎取代了机械表，机械表逐步发展到无人问津的地步。受市场的影响，这个企业积压了大量的库存，仅小刘负责的这个销售公司就积压了100多万块机械表。当时小刘向厂里打报告，建议将这一批积压的机械表低价处理掉，将原本市价为120元一块的机械表，以25元一块的价格低价出售，而后利用收回的资金生产销售电子表。可惜厂里的领导没有批准小刘的报告。小刘不甘心，又向主管的局领导打报告，但是局领导也没有批示。在这种情况下，小刘擅自作主，将这批积压的机械表以25元一块的价格低价出售。经过两三个月的努力，积压的机械表全部售出，总共收回资金2 500万元。拥有这笔资金后，小刘通过引进香港的表盘、机芯，根据市场的需求生产出各式各样的电子表去争取市场，到1989年，小刘所在的销售公司盈利900多万元。但是由于这个手表厂的人事结构复杂，1990年，小刘所在的销售公司被撤销了。1992年，手表厂面临着破产，累计亏损4 000多万元，银行存款仅有4万元，固定资产达8 000万元，拥有几百台进口设备。在这样的形势下，1992年4月小刘被任命为手表厂的厂长。8个月后，手表厂减亏747万元，1993年全面扭亏，实现利税574万元。1992年至1996年还清了近1亿元债务。

案例二：美国经济的短期衰退。

1992年以来，美国经济进入了新一轮的商业扩张期，这是经历了二战之后最长的经济扩张期，长达107个月的持续经济扩张形成了经济大繁荣。1992年至2000年，美国经济年平均增长率高达3.8%，通货膨胀率维持在3%左右，失业率大幅下降，就业增长率相对较高，企业利润有较大增长幅度。然而，2000年3月开始美国经济进入衰退期。2002年7月31日，根据美国商务部公布的新的修正统计数据显示，2001年第一季度GDP增长率为负0.6%，第二季度GDP增长率为负0.3%，远低于早先预测的1.3%，与2000年GDP超过4%的增速相比更是落差巨大。这次美国经济衰退的主要原因是高新技术危机和经济周期危机，加上"9.11"事件的影响，使美国民众和投资者从心理上产生了"安全危机"，打击了民众消费和投资的欲望。美国经济"软着陆"希望彻底破灭，并造成多方面的负面影响。但美国此次的经济危机与二战后发生的历次经济危机不同，这次经济危机的特点是经济衰退与生产率增长并存、失业率增加与雇员实际工资上升并存、清理商品库存积压速度加快、经济复苏与股市下跌相伴随，也就是常说的滞胀。2002年2月，美国经济研究局发表报告认为，由于劳动生产率持续增长，因而此次经济危机相对温和。

案例三：从1997年至2000年看我国经济发展变化。

1997年末，受到东南亚金融危机的冲击和我国国内一些因素的变化，我国市场出现了疲软，经济增长缓慢。自1998年起，我国更是进入了通货紧缩，物价水平持续下降的时期。市场需求不足，产品滞销，企业利润下降和紧缩开支等现象相互影响，最终形成了恶性循环。CPI（居民消费价格指数）从改革开放以来的最高点24.1%降至1997年的2.8%，并开始了连续22个月的物价下跌，出现了建国以来罕见的产品过剩。对此，中国政府采取了一系列反衰退的经济措施，实行了积极的财政政策和扩张的货币政策。央行在三年时间内共发行了3 600亿元的国债，用于基础设施等方面的投资，再配合适度扩张的货币政策和刺激消费的相关政策，拉动了需求，进而促进了经济增长率的回升。2000年初，我国GDP增速下滑的情况基本得到了遏制，经济形势开始走高，2000年实现了GDP增长率为8%的目标，以后每年都几乎维持在这个水平之上。由此可见，积极的财政政策和扩张的货币政策，在经济下行过程中通过拉动需求刺激经济的作用非常明显。当然，宏观调控也体现在促进供给侧上，党的十五大以后，中央通过深化国企改革，大力发展非公有制经济等方面的政策和措施，为社会投资的增加营造了一个更为宽松有利的外部环境，吸引和鼓励了社会资金增加投入，焕发了供给方面的无比活力。

在需求和供给方面双管齐下的"两手政策"作用下，我国经济走势终于出现了重大的转机，这充分说明，对社会主义市场经济而言，宏观经济调控是非常必要的。

（六）案例讨论

根据上述材料，结合马克思主义政治经济学中"资本的循环和周转"的内容提出以下几个问题供学生讨论：

（1）案例一中的小刘处理积压的机械表对企业顺利实现资本循环有何作用？

（2）企业维持正常的经营最重要的因素是什么？

（3）加速企业的资本循环和周转对企业未来的发展有什么影响？

（4）为什么在技术进步和全球化的快速发展下资本主义国家的经济危机仍会发生？

（5）当代资本主义经济危机与再生产周期有什么新特点？

（6）你认为我国经济走出低谷是宏观经济调控的作用吗？

（7）你认为需求政策和供给政策哪个作用更大？

（8）综合比较上述材料，谈谈你的看法。可从同样面对经济危机时，美国和中国做出的应对措施有何不同入手进行分析。

三、教学效果分析

每一个案例主题的设置都应与特定章节的知识结构相对应，不仅可以依据已有的教学计划与教学板书，明晰学科知识的发展逻辑与应用思路，也能在对案例主体情节的解读中进一步显化核心知识，强化学科特色。本次课程通过对案例的分析理解使学生掌握以下三个知识点：

第一，资本循环的三个阶段分别是购买阶段、生产阶段和售卖阶段，在这三个阶段中分别执行货币资本、生产资本和商品资本的职能。三个职能的作用分别是为生产剩余价值做准备、生产剩余价值和实现剩余价值。

第二，资本周转越快资本循环就越快，会促使企业生产更多的剩余价值。

第三，理解经济危机的本质是生产过剩，简单商品经济转化为资本主义商品经济后，私人劳动与社会劳动的矛盾就发展为资本主义基本矛盾，即生产的社会化和资本主义私人占有制之间的矛盾。经济危机根源于资本主义基本矛盾。

中国社会主义城市地租的政治经济学分析

鄢 姣

一、课程思政元素发掘

本课程在授课时可能包含以下思政元素。

元素1 深刻认识到市场调节作用的局限性。中国的城市土地使用和农村土地使用一样,存在很多有待解决的问题,城市土地的使用关乎城市经济的健康发展。市场可以调节社会经济的发展,但是市场自发调节具有一定的盲目性,可能引发经济波动乃至经济危机,尤其是土地使用问题,需要充分发挥政府的指导作用。

元素2 坚持以人民为中心的发展思想。习近平总书记在党的十九大报告中指出:"坚持以人民为中心。人民是历史的创造者,是决定党和国家前途命运的根本力量。必须坚持人民主体地位,坚持立党为公、执政为民,践行全心全意为人民服务的根本宗旨。"无论是商业用地还是住房用地,均要合理配置,对价格做出强有力的控制,以更好地为人民服务。

元素3 团队协作的能力。在教学过程中以分组讨论的形式,让学生采用集体学习的方式共同进步。在组织学习中让一个学习难题变成一个学习项目,通过组织团队的方式在解决实际问题的过程中边学边干。让一个学生难以完成的项目通过团队协作的方式来完成,充分培养学生的团队协作能力和迎接困难并克服困难的能力。

二、教案设计

(一)教学目标

第一,培养学生的社会主义核心价值观,引导学生在学习过程中,将社会主义核心价值观融入道德观的形成、民族自豪感的培育以及文化建设过程中,在实践活动中自觉履行社会主义核心价值观。

第二,增强学生的爱国主义精神和民族自信,使学生充分领悟中国经济思想的奥秘、中国传统文化的博大精深,增强学生的爱国主义情怀和民族自信、自豪感,树立对中国社会主义经济发展的信心。

第三，培养学生的自我约束能力，学会计划、组织、控制和管理自己的学习与工作，把课堂中的理论知识与当前的实际问题相结合，学会理论结合实践、自我管理。

（二）教学内容

资本主义地租的概念及含义，地租的表现形式，案例学习中国城市地租的制度基础、表现形式及经济效应。

（三）教学手段与方法

本课程在讲解完资本主义地租的相关知识点后，将思政案例"中国社会主义城市地租"纳入课堂教学，对于本案例，安排1个课时（50分钟）的教学，具体教学环节设计如下。

第一步：理论讲解（10分钟）。通过PPT向学生讲解马克思主义政治经济学中的知识点，即资本主义地租的概念及表现形式。

第二步：案例介绍（15分钟）。向学生展示本案例的材料，在第一步概念原理分析的基础之上，通过具体案例向学生直观展示马克思主义政治经济学的地租理论在中国的应用。

第三步：提问和讨论（15分钟）。在第二步的基础上，让学生进行分组讨论并选取代表发言，概括我国城市地租的制度基础及表现形式。

第四步：归纳总结（10分钟）。通过前面的讨论，对学生的发言进行归纳和总结，介绍我国城市地租的演变及其经济效应，并继续导入思政元素，让学生深刻理解中国的发展目标，坚定学生的民族自信和文化自信。

（四）教学过程

课程导入：讲述资本主义地租的概念与表现形式。

地租是土地所有者凭借土地所有权获得的一种非劳动收入，资本主义制度下的地租是私有的。古典政治经济学中，地租的研究对象是农业土地。亚当·斯密曾在《国富论》中指出："作为使用土地的代价是地租，自然是租地人按照土地实际情况支付给的最高价格。在决定租约条件时，地主都设法使租地人所得的土地生产物份额，仅足补偿他用以提供种子、支付工资、购置和维持耕畜与其他农具的农业资本，并提供当地农业资本的普通利润。"[①] 大卫·李嘉图将地租定义为"地租是指为了使用土地原有和不可摧毁的能力而

---

① 亚当·斯密. 国民财富的性质和原因的研究［M］. 郭大力, 王亚楠, 译. 北京: 商务印书馆, 1983: 137.

付给地主的报酬"①,他们二人均是用农业土地来定义地租的。与此不同的是,马克思讨论农业土地地租的同时,也论及了城市土地所有权的表现形式,《资本论》第三卷讲述了城市土地所有者侵占经济发展成果的现象。以英国为例,"用于建筑目的而不是作为自由地出卖的土地的绝大部分,由土地所有者按期限出租,或者有可能按较短的期限出租。这个期限一满,建筑物就随同土地本身一起落入土地所有者手中"②。可见,马克思的地租理论以农业土地为主,同时又将城市地租也归为研究对象。

(五) 案例内容

案例一:

《人民日报》于1949年8月12日发表《关于城市房产、房租的性质和政策》,明确区分了中国农村土地所有权与城市土地所有权的差异,给出了并未对城市土地同时推行改革的原因:一是"农村的土地是自然物,人们虽然可以开辟,但是却不能创造出一块土地来。因此地主占有土地并利用土地对农民施行极其残酷的剥削,这种土地所有权制度是封建性的"。二是"城市房屋问题却与此不同。房屋不是自然物,而是劳动产品。在商品生产的社会里,房屋就是一种商品。建筑房屋需要一定的投资,而且要经常出资加以修缮,当利用房屋的投资收取租息时,它就成为一种资本。因此城市里私人房主对房屋的占有,一般地不是封建性质,而是资本主义性质的"③。

案例二:

随着中国社会主义的发展,企事业单位和行政机关通过土地划拨取得了城市土地的使用权。其中,政府究竟是有偿划拨土地还是无偿划拨土地产生了争议。早在1952年,北京市人民政府曾就郊区用地规定:"凡机关、部队、公立学校、公营企业等如有在郊区因建设用地使用或其他需要,经政府核准拨给(包括原接管的)或协助购买的土地以及私立学校、私营企业经政府拨给的国有土地,一律须向政府地政局办理使用登记手续,并按本办法缴纳使用费。"④

案例三:

1980年,国务院批转的《全国城市规划工作会议纪要》指出:"实行综

---

① 大卫·李嘉图. 政治经济学及赋税原理 [M]. 郭大力,王亚楠,译. 北京:商务印书馆:1962:56.
② 马克思,恩格斯. 马克思恩格斯文集:第7卷 [M]. 北京:人民出版社,2009:700-701.
③ 新华社. 关于城市房产、房租的性质和政策 [N]. 人民日报,1949-08-12 (1).
④ 《北京市郊区建设用地使用费征收暂行办法》(1951年12月18日府张字第2920号令公布,1952年1月4日府秘张字第7号通知修正).

合开发和征收城镇土地使用费的政策,是用经济办法管理城市建设的一项重要改革。它有利于按照城市规划配套地进行建设,节约用地,充分发挥投资效果;有利于控制大城市规模,鼓励建设单位到小城镇去;有利于合理解决城市建设和维护资金的来源。"①

案例四:

1981年年底,广东省专门颁布《深圳经济特区土地管理暂行规定》,其中明确要求"经批准使用土地的单位和个人,对其所使用的土地只有使用权,没有所有权"。1980年到1987年,深圳共拨土地82平方公里,其中有偿划拨为17平方公里,收取土地使用费达5 250万元,占当时深圳总收入的1.5%②。

材料五:

2014年颁布的《国家新型城镇化规划(2014—2020年)》提出:"以人的城镇化为核心,合理引导人口流动,有序推进农业转移人口市民化,稳步推进城镇基本公共服务常住人口全覆盖。"③

三、教学效果分析

本课程的教学内容和课程设计符合经济类专业本科一年级学生的知识水平和认知规律,政治经济学能够融入的思政教育元素的知识点较多,从已经完成的授课活动中发现,学生对中国企业文化案例的学习热情较高,对于爱国主义精神等思政教育元素融入政治经济学比较容易接受,也容易触动学生更深层次的思考。

---

① 《全国城市规划工作会议纪要》,《中华人民共和国国务院公报》1980年第20号,第646页。

② 王炬. 深圳特区房地产市场的建立与发展 [J]. 深圳大学学报(人文社会科学版),1989 (3).

③ 国家新型城镇化规划(2014-2020年). 北京:人民出版社,2014.

经济史

课程性质：专业课
课程类别：理论课
授课对象：经济学类相关专业本科生

"经济史"课程是经济学科的重要组成部分,研究对象是人类经济活动的历史进程。本课程包括中国经济史和外国经济史两个部分。中国经济史讲授中国社会经济制度产生、发展、变革的历史。重点介绍从先秦至鸦片战争各个历史时期的生态环境、经济资料和经济区,土地制度、财政和赋税制度,社会阶级阶层,农业、手工业发展状况,商业与货币政策,中外贸易等。中国的经济活动记载,开始得尤其早,史料丰富,与欧洲各国有所不同,在比较研究的基础上,重点突出中国的特色及其对世界经济发展的贡献。外国经济史,是指中国以外的其他国家和地区的经济史,课程重点研究欧美近现代经济发展史,即农业社会向工业社会的转变,自然经济向商品经济的转变和发展。研究商业革命、工业革命、科技革命等重大经济历史事件给社会经济带来的影响与问题。研究的历史阶段为16世纪至20世纪中叶。学习经济史有助于学生知识的积累和增长,了解古今中外的经济活动并进行比较研究;有助于学习经济学各流派的理论学说;有助于学生深入理解现实经济。

工业革命的条件与后果

苏 威

一、课程思政元素发掘

本课程在授课时可能包含以下思政元素。

元素1 知古识今、树立信心。马克思曾指出:"我们仅仅知道一门唯一的科学,即历史科学。"习近平总书记也多次提到历史研究是一切社会科学的基础,要注重对历史知识的学习和历史思维的培养,尤其是对青少年的历史教育,要用历史的眼光启示青年。因为"历史是现实的根源,任何一个国家的今天都来自昨天。只有了解一个国家从哪里来,才能弄懂这个国家今天怎么会是这样而不是那样,也才能搞清楚这个国家未来会往哪里去和不会往哪里去"。当今国际局势风云变幻、国内发展一日千里的同时又面临种种挑战,这就更需要青年,尤其是青年学子通过对历史的学习,正确了解过去、认识今天,从而更加坚定走中国自己发展道路的决心。

元素2 培养思维、掌握方法。经济史以历史资料为基础,重现经济发展历程,佐证经济理论演进。以知识结构而言,经济史相关知识是经济理论的重要组成部分;以研究方法而言,历史研究有其专门的逻辑与分析方法,掌握并运用这种方法,是研究经济理论的前提与基础。现代市场经济体制及其相关理论均来自欧美,因此,通过对欧美经济史的学习与研究,可有效帮助学生开阔学术视野,加深对经济理论的全面理解,并初步建立"史论结合"的研究方法。

二、教案设计

(一) 教学目标

1. 知识目标

通过本课程的学习,能够了解工业革命的背景;理解工业革命的条件、特点;掌握工业革命的后果、实质、影响及意义。

2. 能力目标

认识和掌握工业革命的基本特征和规律、提高观察社会经济活动、研究经济理论的能力；锻炼资料分析及逻辑思维的能力。

3. 价值目标

了解西方经济发展历程，认识其实质，进而认识到我国独立探索发展道路之艰辛，今日成就取得之不易，并树立道路自信。

(二) 教学重点与难点

1. 教学重点

工业革命的基础条件、特点；农业在工业革命中的作用；技术的表现形式；垄断特点及形成的路径；国际贸易的变化；经济危机的表现。

2. 难点教学

"自由贸易"，技术在垄断形成中的作用，后发国家工业化所面临的困难，国际贸易与国际冲突，经济危机的实质。

(三) 教学手段与方法

1. 史论结合、论从史出

历史讲述的基础是依据历史资料还原历史场景，但就本科教育目的而言，不仅要让学生了解相关知识，更要训练学生的专业思维能力，提升学生分析问题的能力。因此，仅仅重现历史本来面貌的讲授方式难以满足上述要求，在掌握历史资料的基础之上，还必须运用理论对历史资料进行分析，而所运用的理论，也应是从历史资料的提取分析中获得的。在课堂教学中，以史料为基础，运用马列主义的理论，将历史唯物主义与辩证唯物主义的分析方式贯穿于史料的讲解与分析中，则不仅能使学生掌握相关知识，更重要的是使学生在潜移默化中学习马克思主义的相关理论观点和方法，提升分析事物、总结规律的能力，避免生硬灌输所带来的一系列问题。

2. 点面结合、立体呈现

经济史的分析不可避免地包含大量统计数据之类的原始资料，这是进行经济史研究的基础。但就课堂教学尤其是本科课堂教学而言，仅对资料进行讲述、分析、提炼会显得异常枯燥，难以长久保持学生的注意力。因此，在课堂教学过程中，应将资料分析与重点人物、事件相结合，以"人物—场景—事件"不同维度，立体分析相关资料，既能使学生从宏观视角提炼规律，又可让学生以微观角度代入体验，增强学生的好奇心与关注度。

3. 讲授为主、激励学习

语言（文字）讲授是最传统的教学方式，这种教学方式的缺点是形式单一，不够直观。但语言（文字）讲授在信息传递效率、逻辑推理分析，尤其在激发学生兴趣、想象力等方面的作用是其他教学方式难以取代的。雄绝的漠北之战被司马迁以区区两百余文就写成千古绝唱，无法"增损一字"，令无数墨客"神驰而目眩"。后人更以此"歌出塞、赋从戎",无论是"月黑雁飞高"还是"胡沙猎猎吹人面"皆本于此。试问还有哪种信息传播方式能达到如此效果?

4. 启发交互、培养能力

传统讲授方式并不意味着"满堂灌"。在课堂讲授中,应以问题设置引导课堂教学,适当互动,启发学生思考,避免直接将结论灌输给学生,从而有利于学生相关能力的培养。

(四) 教学过程

1. 工业革命所需条件

(1) 伴随条件。

①积累——原始积累。

 A. 对内:剥夺。

  a. 圈地运动;

  b. 剪刀差。

 B. 对外:殖民扩张。

所谓原始积累就是用暴力将生产者同生产资料分离,使货币财富向少数人迅速集中的历史过程。暴力是基础、掠夺是表现、剥夺是实质。暴力的作用在于剥夺小生产者,掠夺殖民地,打击竞争对手,维护己方利益。最终目的在于使货币财富向少数人集中。在暴力的直接输出与间接保障下,近代贸易体系、金融体系和经济组织形式在荷兰、英国、法国等国相继出现,为下一阶段的经济与社会变革奠定了基础。其中英国作为大航海时期的后起之国,由政府强力主导,在政治层面纵横捭阖、暴力层面灵活输出,经济层面不但有效地保护了本国制造业,而且建立起内外一体的商业和贸易网络,并以此先后击败西班牙、超越荷兰、力压法国,成为时代的先行者。而单纯掠夺财富的葡萄牙、西班牙则逐渐被边缘化。

②农业:先期或伴随的发展。

 A. 生产方式;

 B. 技术。

农业是工业发展的基础,原因有三:首先,农业是工业原料的提供者;其次,农业领域是工业制品的重要销售市场;最后,农业为工业提供劳动力。因此,"没有农业先期或伴随的发展",工业的长久发展是不可能实现的。农业基础作用的体现不是单纯作物产量的增加,而是农业生产方式的根本性变革,即由传统小农经济地租农业转化为经营农业。在此基础上,采用新的技术,大幅提高生产效率,最终转变为与大工业匹配的新型农业。

英国通过圈地运动消灭了小农阶层，土地所有者在整体未受外力作用的情况下主动转化为近代经营者。这一转变不仅为日后工业发展扫除了障碍，而且也避免了更为激烈的社会冲突，极大地降低了工业革命过程中的社会成本。这种对自身利益清醒的认知举世罕有。

法国地主阶层由于不肯做丝毫让步而在法国大革命中被一扫而光。雅各宾派在扫除地主阶层的同时保留了小农制度，拿破仑更以法典的形式强化了小农对土地的所有权。日益零碎的土地和日益穷困的小农构成了法国农业的基本格局，法国农业长期处于不稳定状态。与之相对应，法国社会长期动荡，冲突不断，工业化进程也屡经波折，工业实力与英国相比长期处于劣势。

美国在殖民地时期就面临土地广阔、人烟稀少且居住分散的问题，传统农业生产方式难以维持，因此一开始就有对农业生产技术的迫切需求。加之一开始就与宗主国英国建立了面向市场的商业贸易体系，其农业发展之初就具有经营性质，即为市场而生产的农业，完全避免了传统地租农业的羁绊。再辅之以优越的地理条件，美国农业发展取得了极高的成就，在19世纪30年代就基本实现了畜力机械化。高效率的农业助力美国在40年内从一个农业国转变为世界第一大工业国。

英国、美国、法国农业的发展经验表明，农业经营方式的变革和农业技术进步有紧密的联系，传统的农业生产方式无力支撑现代技术的使用，也无法构成工业生产进步的基础。

③贸易政策：

A. 理论根源；

B. 实际政策。

贸易政策对工业发展的作用至关重要。适宜的贸易政策可促进工业的发展，反之则会使原本处于优势地位的产业由强转弱，乃至丧失竞争力。

英国在处于"赶超"阶段时，坚持贸易保护不动摇，制定了一系列政策，全面保护本国制造业。"臭名昭著"的重商主义就是这一时期历史经验的理论总结。在制造业获得明显优势之后，英国毫不犹豫地抛弃了重商主义，换上了自由贸易的大旗，并以此为工具迷惑和打击潜在竞争对手。在"认识到德国比英国更有优势发展制造业"时，曾公然宣称"耶稣基督是自由贸易，自由贸易是耶稣基督"的约翰·包令却向关税同盟各成员发出呼吁"请种小麦吧"。在公开场合他还"叹息德国人愚蠢，居然要制造钢铁，而不是坚持生产小麦和黑麦，并从英国购买工业品"。然而，在英国议会进口关税特别委员会作证时，包令却表示："由于我们恶劣的立法（谷物法），我们自己已经制造了不必要的竞争对手，许多此类国家本来绝不会梦想成为工业制造者的。"对关税同盟"需要快速"采取措施，不然它会马上成为"一个威胁"。此举无可厚非，毕竟包令是个"为英国商业利益四处奔走"的经济学家，面对数百万因自由贸易而被饿死的印度棉纺织者曾发出过"不能改行的人则活该饿死"的宏论。自由贸易的理论也确有其逻辑基础，但理论与现实之间的差距是巨大的。在"把欧洲变成伦敦的郊区"的努力失败之后，英国开始强调"公平贸易"并调整了贸易政策。后发的德国则在贸易保护的羽翼下迅速崛起，超越英国。"从保护中赢得自由贸易资格"的还有美国。以"阶级立法顶级暴行"而闻名于世的麦金利法案将平均进口税率提高到惊人的50%。"美国成为世界第一大工业国，靠的是我们坚持了几十年的关税保护政策。"美国第25任总统威廉·麦金利的这番肺腑之言应该可以告慰汉密尔顿的在天之灵了。

(2) 核心条件。

① 技术。

A. 蒸汽机——以机器生产机器，摆脱自然力束缚；

铁路——扩张市场。

B. 能源：煤—石油。

特点：颠覆性技术。

② 产业。

A. 类型：纺织、采掘、钢、铁、石油、电力、化工、交通运输；

B. 对不同国家的影响：英国、美国、德国、日本。

③ 基础。

A. 市场（需求）；

B. 人才—教育；

C. 德国、日本、英国、苏联的教育特点。

工业革命不是简单的原有要素投入以及单纯产量的扩张，它是以颠覆性技术推动的生产方式的革命性变化。蒸汽机在人类历史上第一次克服了自然力和畜力的制约，实现了以机器生产机器，最终带来了现代工厂制度，人类由此进入机器大工业时代。铁路的出现从根本上改变了交通运输的格局，无论多么遥远的区域也会因为铁路的延伸而被纳入统一的市场体系。

机器大工业的发展受制于能源动力、市场规模、人力基础。动力基础由煤到石油的转变和狭小的市场规模极大地影响了德国、日本的战略决策。美国则依靠其优越的资源禀赋、庞大的国内市场，在不与外界发生激烈冲突的情况下登上了世界第一大工业国的宝座。

2. 工业革命造成的后果

(1)（高度）组织化。

①企业：工厂——城市化（第一次工业革命）；
②工厂的本质；
③生活形态的变化。
（2）自由—垄断：根本性改变。
①原因；
②路径：
A. 兼并——工业生产的集中；
B. 资本集聚——寡头：工业资本与金融资本相互渗透。
（3）经济运行：
①产业结构。
A. 第一次工业革命：工业（纺织—轻工）>农业；
B. 第二次工业革命：重工业>轻工业。
②国际贸易。
商品输出—资本输出：机器—设厂—铁路（基础设施）—金融［国家贷款（债务）、输出银行］。
③经济危机。
A. 原因；
B. 路径：技术——生产效率提高—消费速度相对下降。
  a. 需求有限——应对：营销——消费主义；
  b. 收入下降：技术进步导致两极分化加剧——过剩—危机。
④国际冲突：贸易冲突（贸易战）——政治冲突—战争。

阿克莱特的水力纺纱机催生了近代工厂制度。随着机器工业的不断发展，工厂最终演变为大规模生产与大规模销售相结合的复杂组织。泰勒制和流水线是这一时期工厂演变的最高成就。在剔除了一切多余劳动之后，福特工厂组装一个底盘的时间由12小时8分钟降低为1小时33分钟。

城市规模在这一时期急剧扩大，1700年伦敦人口为70万人，1800年时为100万人，1900年则达到了600万人的规模。庞大的城市需要新型商业模式与之匹配，百货商店应运而生。现代零售形式的出现意味着人们的消费行为和生活方式都发生了根本性变化。

钢铁、汽车、石油、化工、电力等行业构成了第二次工业革命的主要内容。这些行业需要巨量的资本投入，企业规模也随之越来越大。大企业支配市场的时代来临，自由竞争年代一去不复返。石油大王洛克菲勒和"华盛顿的上帝"摩根让美国成为垄断程度最高的国家。其他国家则尽量运用"国有化"这一形式加速垄断进程。

企业规模的扩大、生产效率的提高导致物质财富被以前所未有的速度生产出来，而消费的速度由于种种原因却赶不上生产的速度，于是以"过剩"为主要特征的经济危机伴随着大工业的出现而登上了历史舞台，并呈现出周期性的现象，与市场经济如影相随。1929年的大危机由于技术进步和经济周期的叠加，造成的破坏特别严重。危机不但造成国内市场的凋零，而且破坏了国际贸易体系，贸易联系的中断又刺激了危机进一步发展。当所有和平方式都无法解决危机的时候，暴力手段再次发挥作用。技术加深了战争的破坏力，消减了过剩产能，战争本身又刺激了技术的发展。战争结束后，技术外溢到民用领域，生产效率提高，为下一轮经济扩张奠定了基础，经济迅猛发展，繁荣到一定程度，导致新的危机。周而复始，永不停息。

三、教学效果分析

从长期教学实践过程来看，本课教学效果良好，有效地激发了学生的学习兴趣，帮助学生掌握相关知识，训练学生的专业思维能力，并使学生重建对马克思主义历史观的兴趣，学生普遍反映受益匪浅。

工业革命、大分流与当代中国之崛起

朱诗娥

一、课程思政元素发掘

本课程在讲授时可能包含以下思政元素。

元素1 欧洲不是世界的中心，美国也不是全球的灯塔。1800年以前的世界是一个多元的世界，西方国家并没有明显优于世界其他国家或地区——特别是中国——的优势。中国是享誉世界的文明古国，不管是在经济上还是技术上，都曾有过很高的成就。根据麦迪森的估计，直到1820年，中国仍然是世界最大的经济体。然而，工业革命之后，世界各国经济增长发生了大分流，中国、印度等文明古国的科学技术和经济发展江河日下，相比之下，工业革命后的欧洲克服了经济增长的马尔萨斯陷阱，经济迅速发展，海外殖民地遍布全球，凭借其雄厚的经济实力和强大的军事力量超越了中国、印度等文明古国，并奠定了自己在世界上的霸权地位。欧洲中心论也因此产生。这种观点认为，欧洲具有不同于其他地区的特殊性和优越性，因此欧洲是引领世界文明发展的先锋，也是非欧地区迈向现代文明的灯塔。

改革开放以来，在党和国家的领导下，中国的经济社会发展取得了举世瞩目的成就，中国制度、中国模式再一次成为值得借鉴的成功典范。新冠疫情中，中国在控制疫情方面可以说比世界任何一个国家都做得更好。中国经济总量已经超过欧洲各个强国。"灯塔之国"美国的经济也不再像以前那样耀眼。疫情中的美国，种族矛盾和阶级矛盾被频频激发，社会动荡不安。纵观经济史长河，中国辉煌过，虽然在近代衰弱过，但是，今天的中国，无论是在经济增长方面还是社会发展方面，都已经再次屹立于民族之林。中国制度，中国模式，中国人民坚韧不拔、勤劳智慧的民族精神都是取得现有成就的基石。欧洲不是世界的中心，美国也不是全球的灯塔，中华文明曾经是，未来也会是世界文明的宝贵财富。我们要有坚定的民族自信心和民族自豪感，坚信只要我们不忘初心、牢记使命，就能在党和国家的正确领导下，实现中华民族的伟大复兴。

元素2 经济发展才是硬道理——坚持改革开放不动摇。鸦片战争之前，闭关锁国的明清王朝，在天朝上国美梦中自我陶醉，完全没有意识到外面的世界已经发生了天翻地覆的变化，资本主义在兴起，欧洲列强正在逐步超越中国。工业革命后，世界经济发生了大分流，欧洲国家崛起，昔日强国中国日趋落后，落后的结果是，近代中国的百年历史亲身见证了"落后挨打"的屈辱。新中国成立初期，中国经济发展在曲折中艰难前行，资金缺乏、技术落后，处处受制于人。改革开放后，特别是加入世贸组织以来，中国经济迅速崛起。改革开放四十多年来，在党和政府的正确领导下，中国经济早已"赶英"，只要我们沿着正确的道路走下去，很有可能"超美"。中华民族不是"东亚病夫"，今天的中国是一头被唤醒的"雄狮"。

元素3 新形势，新局面——国内国外双循环，为中国崛起续航。近年来，国际形势风云突变，中国的崛起引起了欧洲的警觉、美国的敌视。中美贸易摩擦不断加剧，中国经济发展面临的外部环境发生了重大变化。新冠疫情更是雪上加霜。面对挑战，党和政府迅速调整了发展战略，我国经济发展战略逐步由外向型转变为"内需型"。发挥我国超大规模市场优势，充分利用国内国际两个市场、两种资源的优势，以内循环为主体，内循环驱动外循环，构建"双循环"新发展格局。"双循环"发展战略是对当前发展态势的清醒认识；是适应我国新发展阶段面临的国际国内环境和条件变化，重塑我国国际合作和竞争新优势的战略抉择。我们坚信，在党和政府的领导下，凭借中华民族的智慧和精神，中国人民定能不辱使命，实现中华民族的伟大复兴。

二、教案设计

（一）教学目标

1. 知识目标

了解工业革命的背景及过程；理解工业革命的条件、特点；掌握工业革命的实质、影响、意义。

2. 能力目标

（1）通过知识学习，了解各国工业革命的历程，理解工业革命为什么首先发生在英国。

（2）锻炼学生查找资料文献的能力，比较分析为什么工业革命没有发生在中国，让学生更为深刻地认识到改革开放以来中国经济发展的伟大成就。

3. 价值目标

开阔视野、扩展历史记忆、提高人文素养；形成分析经济问题的历史自觉性，培养历史感；培养经济学专业学生的历史感、良好的经济直觉；切入思政内容，通过批判欧洲中心论，树立正确的世界观、历史观，树立民族自信心。

（二）教学内容和教学重点与难点

1. 教学内容

工业革命的条件、工业革命的特征、各国工业革命的过程，工业革命的世界意义。

2. 重点与难点

工业革命发生的条件、影响。讨论工业革命为什么首先发生在英国？工业革命为什么没有发生在中国？

（三）教学手段与方法

1. 动静结合教学法

课件 PPT 讲解课程基本内容，其中穿插线上动态视频了解工业革命概况。经济史这门课程没有公式推导、习题计算等内容，大部分的内容都是教师讲解，而且很多与历史相关的知识学生在高中阶段已经学习过，学生听久了难免昏昏欲睡。通过结合线上动态视频，动静结合教学，能唤起学生的上课兴趣。目前线上教学蓬勃发展，网络上有很多高质量的线上教学视频，作为一名经济史教师，应与时俱进，充分发掘线上教学资料，既有利于拓宽教师自身的知识面，也有利于拓展学生的视野，了解"多家之言"，增强课程的趣味性。

2. 研究型教学法

教师指导学生阅读相关文献资料，通过文献阅读、数据分析，引导学生积极参与课堂知识预习和问题讨论，而不是被动接受知识；培养学生探索、调查和分析问题的能力，深刻体会经济史"论从史出、史论结合"的研究方法。

（四）教学过程

1. 教学设计总体思路

根据教学要求和教学计划，对本次课程安排如下：

（1）前一次课程结束后安排学生在课后了解本次课程的相关文献资料，培养学生查阅资料、分析问题的能力。

（2）通过课程 PPT 向学生讲解工业革命的条件、工业革命的特征、各国工业革命的过程、影响。

（3）问题讨论：工业革命为什么首先发生在英国？工业革命为什么没有发生在中国？

（4）思政切入点：工业革命、大分流、中国崛起。

（5）总结本次课程内容，推荐学生阅读相关文献。

2. 教学过程安排

教学意图	教学内容	环节设计
课前预习	前一次课程结束后安排学生课后了解本次课程的相关文献资料，包括：有关各国，主要是英国工业革命发生的条件、特征、影响的相关文献；中国在鸦片战争前、近代、当代的经济发展数据。	
导言	让学生观看一段介绍英国工业革命的短视频（网址：https://www.bilibili.com/video/BV1KW411Y7JQ），让学生先大致了解英国工业革命的概况，并引出本节课程的主题。	观看视频。（5分钟）
概念引入	工业革命的概念、发生时机。 马尔萨斯陷阱、大分流、欧洲中心论、李约瑟之谜、韦伯疑问。	多媒体演示、讲授。（5分钟）
工业革命的条件（英国）	（1）市场制度的创新； （2）竞争有序化； （3）政府行为的界定； （4）资本原始积累等。	多媒体演示、讲授。（10分钟）
工业革命的特征	（1）产业技术革命是工业革命最重要的表现。 （2）社会关系革命： ①经济增长的新含义； ②生产方式的转变； ③劳动力市场的形成； ④人民生活的变化。	多媒体演示、讲授。（70分钟）
各国工业革命的过程	简要介绍美、法、德、日等国工业革命的过程。 工业革命的世界意义（简要介绍）：通过数据和资料具体说明工业革命对技术进步、主要资本主义国家经济社会生活、跨国经济增长差异（大分流）的影响。	多媒体演示、讲授。（10分钟）
讨论	工业革命为什么首先发生在18世纪的英国？（学生根据对资料文献的了解，对课件内容进行补充） 工业革命为什么没有发生在中国？（对比分析中英当时各方面的经济社会情况）	学生讨论、教师总结。（20分钟）

续表

教学意图	教学内容	环节设计
思政	（1）完成工业革命的欧美列强迅速崛起，跨国经济增长差异急剧扩大，19世纪开始中国迅速落后，退出历史的中心舞台，其表现、原因、经验教训。 （2）改革开放40余年，中国快速崛起，重返世界中心，这40余年间，我们做对了什么？"中国经验"能给世界其他发展中国家带来什么样的启示。 （3）新形势下，如何应对新挑战、巩固经济发展成果，进一步实现高质量增长。	启发式讲授、师生互动。 （25分钟）
总结	对课程进行简要总结，并推荐学生课外阅读相关书籍。 推荐阅读书籍： 彭慕兰．大分流：欧洲、中国及现代世界经济的发展[M]．史建云，译．南京：江苏人民出版社，2003. 克拉克．应该读点经济史[M]．李淑，译．北京：中信出版社，2009.	讲授。 （5分钟）

三、教学效果分析

根据经济学家麦迪森在其享誉世界的著作《世界经济千年史》中的估计，中国大概从1500年经济总规模超过印度，跃居世界第一，直到1820年，中国几乎占到了世界经济总量的1/3。自清代起，中国开始落后。在1800年的世界工业生产中，中国占全球1/3的份额。在鸦片战争前后，中国所占的全世界制造业份额从1800年的33.3%，下滑到1830年的29.8%，再下滑到1860年的19.7%；而英国则从1800年的4.3%，激增至1830年的9.5%，并于1860年以19.9%的份额首次超过中国，成为全球第一。在1978年改革开放前夕，中国GDP占世界GDP的比重不足5%。2010年，中国GDP超过日本成为世界第二大经济体。

为什么工业革命没有发生在当时的经济大国中国？为什么长期在全球范围内一直领先的中国到了近代突然"样样落后"，退出了历史的中心舞台？为什么改革开放后的中国能迅速崛起，重返世界经济中心？在本课程的学习过程中，学生对这些问题有了更深入的思考。一方面，学生通过了解工业革命发生的条件、特征、影响，对经济史界的大分流有了新的认识。另一方面，通过分析、整理改革开放以来中国经济的发展情况，与鸦片战争后近代中国的衰败落后相对比，有利于培养学生探索、调查和分析问题的能力，深刻体会经济史"论从史出、史论结合"的研究方法，有利于学生树立整体史观、比较史观和唯物史观。此外，通过对这些问题的探讨，学生深刻体会到改革开放以来中国经济在党和政府的正确领导下所取得的卓越成就，感受到祖国的强大，有利于学生树立正确的世界观、历史观，树立民族自信心。再结合此次新冠疫情中欧美等国的表现，我们再次发现，欧洲不是世界的中心，美国也不是灯塔，中国制度有中国制度的优越性。中国人民坚韧不拔、舍己为人、顾全大局的优良品质是中国曾经辉煌、又再度辉煌的社会基石。

中国强大过、衰弱过，今天的中国重返世界中心，屹立于民族之林。历史充分证明，只要坚持党和政府的正确领导，坚持改革开放，不忘初心、不辱使命，我们在建设社会主义市场经济的道路上就能取得胜利，实现中华民族的伟大复兴。

经济危机：自由资本主义之殇

朱诗娥

一、课程思政元素发掘

本课程在讲授时可能包含以下思政内容。

元素1 从计划经济到市场经济。新中国成立初期，由于缺乏社会主义建设经验，以及国内国际经济环境的制约，中国经济建设照搬了"苏联模式"，建立了计划经济体制。这种高度集中的指令性经济体制虽然对于动员人力、物力、财力加快国家工业化具有重要作用和意义，但是随着经济的初步发展，其内在弊端便开始显现。在严峻的经济形势下，党和国家领导人开始探索适合中国社会主义经济建设的"中国道路"。1992年，中共十四大正式提出建立社会主义市场经济体制的目标。"资本主义可以有计划、社会主义也可以有市场"，建立和完善社会主义市场经济体制成为我国进一步深化经济体制改革的一项重要内容。

元素2 继续深化收入分配制度改革，优化收入分配结构，提高劳动报酬在国民收入中的占比，预防资本、财富集中。目前全世界都面临着收入差距扩大、财富集中的问题，中国也不例外。近年来，中国居民收入差距，特别是财富差距不断扩大，与西方国家相比，中国的优势在于公共资本占比较高，而且，近年来中国经济高速发展，这些优势暂时隐藏了收入差距、财富差距扩大可能带来的社会经济问题，但是，矛盾没有爆发，不等于问题不存在。近年来，党和国家不断强调继续深化收入分配制度改革，收入分配改革的基调由"效率优先、兼顾公平"转换为党的十七大提出的"初次分配和再分配都要处理好效率和公平的关系，再分配更加注重公平"，以及脱贫攻坚项目的实施，都充分见证了党和国家在实现共同富裕、构建社会主义和谐社会方面所做的努力。

元素3 加强金融监管，预防金融危机，强化反垄断、防止资本无序扩张。资本和权力一样需要受到监督和制约。资本的逐利本能使其充满投机意识，无序的资本扩张容易造成社会的扭曲和异化，加大经济运行风险。当前互联网金融蓬勃发展，传统金融与互联网技术相结合，促进经济发展的同时，隐藏着巨大的经济风险。2020年12月,中央经济工作会议确定,"强化反垄断和防止资本无序扩张",并且强调,"金融创新必须在审慎监管的前提下进行",这些政策措施无疑是预防经济危机、完善社会主义市场经济体制、推动高质量发展的内在要求。

二、教案设计

(一)教学目标

1. 知识目标

了解经济危机(大萧条)发生的背景、阶段、过程;理解各国应对危机的措施、差异;掌握危机产生的原因及后果。

2. 能力目标

通过知识学习,了解经济危机的发生、各国应对措施、影响,理解为什么经济危机是自由资本主义经济的必然产物。

3. 价值目标

(1)开阔视野、扩展历史记忆、提高人文素养。

(2)形成分析经济问题的历史自觉性,培养历史感。

(3)培养经济学专业学生的历史感、良好的经济直觉。

(4)切入思政内容:经济危机是自由资本主义的必然产物。

(二)教学内容和教学重点与难点

1. 教学内容

经济危机(大萧条)发生的背景、阶段、过程,以及各国的应对措施。拓展:①列强如何向中国转嫁经济危机的影响;②将2008年的次贷危机与大萧条进行对比分析。

2. 重点与难点

危机产生的原因和后果。

(三)教学手段与方法

1. 课堂讲授

课件PPT讲解课程基本内容,其中穿插线上动态视频使学生直观了解经济危机发生的背景、表现及影响。经济史这门课程没有公式推导、习题计算等内容,大部分的内容都是教师讲解,而且很多与历史相关的知识学生在高中阶段已经学习过,学生听久了难免昏昏欲睡,通过结合线上动态视频,动静结合教学,能唤起学生的上课兴趣。目前线上教学蓬勃发展,网络上有很多高质量的线上教学视频,作为一名经济史教师,与时俱进,充分发掘线上教学资料,既有利于拓宽教师自身的知识面,也有利于拓展学生的视野,了解"多家之言",增强课程趣味性。

2. 课堂讨论

在课程讨论部分,指导学生运用经济学理论分析为什么生产过剩时资本家宁肯销毁产品也不愿分给陷入贫困中的工人。引导学生积极参与课堂知识预习和问题讨论,而不是被动接受知识,培养学生综合运用所学理论分析实际问题的能力。

(四)教学过程

1. 教学设计总体思路

根据教学要求和教学计划,对本次课程安排如下:

(1) 通过课程PPT向学生讲解经济危机发生的背景、阶段、过程,以及各国的应对措施,并拓展分析列强如何向中国转嫁经济危机的影响。介绍资本主义经济史上几次重大的经济危机,将2008年的次贷危机与大萧条进行比较。

(2) 问题讨论:运用经济学理论分析为什么生产过剩时资本家宁肯销毁产品也不愿分给陷入贫困中的工人。

(3) 思政切入点:经济危机是自由资本主义的必然产物。

(4) 总结本次课程内容,推荐学生阅读相关文献。

2. 教学过程安排

教学意图	教学内容	环节设计
	大危机(大危机发生的背景、表现)	
课程导入	(1) 证券市场的崩溃; (2) 价格下跌; (3) 破产和失业。	多媒体演示,讲授。 (10分钟)
危机的传导和扩散	(1) 危机的发源地; (2) 利率传导机制; (3) 价格传导机制; (4) 汇率传导机制。	多媒体演示,讲授。 (20分钟)
危机的原因和后果	(1) 危机的原因。凯恩斯学派的观点、货币学派的观点、制度学派的观点、熊彼特的观点、菲特和李斯的观点、阿瑟·刘易斯的观点、罗斯托的观点、金德尔伯格的观点、萨缪尔森的观点。 穿插关于大萧条成因和理论解释的短视频(网址:https://www.bilibili.com/video/BV1U4411Z7Db?p=51),让学生史论结合,应用所学供给—需求模型深入	多媒体演示,讲授。 (30分钟)

续表

教学意图	教学内容	环节设计
	理解大萧条期间各种影响消费、投资、政府支出、净出口等的因素对经济的影响。 （2）危机的后果： 第一，估计的经济损失； 第二，大危机宣告了自由放任体制的末日； 第三，危机使德、意、日采取了专制残暴的法西斯统治，引发了第二次世界大战。	
罗斯福新政		
新政的主要内容	（1）金融政策； （2）工业政策； （3）农业政策； （4）财政政策； （5）评价新政。	多媒体演示、讲授。 （25分钟）
拓展	（1）列强如何向中国转嫁经济危机的影响； （2）对比分析2008年的次贷危机与大萧条。	多媒体演示、讲授。 （15分钟）
讨论	运用经济学理论分析为什么生产过剩时资本家宁肯销毁产品也不愿分给陷入贫困中的工人。	多媒体演示、讲授。 （10分钟）
思政	通过分析为什么经济危机是自由资本主义经济的必然产物，了解资本主义制度的本质，充分认识到社会主义市场经济制度的优越性，树立爱国主义精神，坚定维护中国共产党领导的信念。	多媒体演示、讲授。 （15分钟）
总结	对课程进行简要总结，并推荐课外阅读书籍。 推荐阅读书籍： 托马斯·皮凯蒂.21世纪资本论［M］.巴曙松，译.北京：中信出版社，2014. 拉古拉迈·拉詹，路易吉·津加.从资本家手中拯救资本主义［M］.余江，译，北京：中信出版社，2004.	讲授。 （5分钟）

三、教学效果分析

（1）通过对课程基本内容的讲授，让学生了解经济危机（大萧条）发生的背景、阶段、过程；理解各国应对危机的措施、差异；掌握危机产生的原因及后果。

（2）通过对生产过剩的讨论，加强学生利用所学经济学理论分析经济史实的能力。

（3）引入思政内容，让学生从经济体制、收入分配、金融监管三方面理解为什么经济危机是自由资本主义制度的必然产物。同时，基于这三点，分析改革开放以来中国经济在"中国模式"方面的探索，让学生充分认识到社会主义市场经济体制的优越性。

中级宏观经济学

课程性质：专业课
课程类别：理论课
授课对象：经济学专业本科生

"中级宏观经济学"是经济学专业本科生的专业必修课。本课程在人才培养方案中起到基础作用。课程涉及宏观经济学长期经济增长与短期经济波动问题的基本理论和分析工具，主要内容包括国民收入理论、货币理论、经济增长理论、经济周期理论和政策、开放条件下的均衡理论等。通过学习本课程，使学生进一步深入理解宏观经济学分析方法，具备使用宏观经济理论分析和解决现实经济问题的能力。在分析的过程中，加深学生对经济理论和经济问题的理解，为学生学习其他专业课程打下坚实的基础。

经济增长中的自主创新

章潇萌

一、课程思政元素发掘

本课程在授课时可能包含以下思政元素。

元素 1 加深理解发展阶段转变，建立新发展理念。党的十九届五中全会提出，"十四五"时期我国进入新发展阶段，发展质量成为新发展阶段的关键。新发展理念是我国发展思路、发展方向、发展着力点的集中体现，坚定不移贯彻新发展理念，提升发展质量，转变发展方式，推动质量变革，才能实现高质量发展。本课程系统讲授经济增长的决定因素，使学生能够了解发展阶段转变背后的经济学原理。发展阶段转变具有客观性、必然性，"十四五"时期我国已经进入了新发展阶段，从理论上探究不同发展阶段的差异能够帮助学生建立新发展理念，加深理解新时代中国特色社会主义的精神实质和丰富内涵。

元素 2 树立自主创新是核心竞争力的思想，培养创新精神。习近平指出，当前我国经济发展比过去任何时候都更加需要科学技术解决方案，都更加需要增强创新这个第一动力，在激烈的国际竞争面前，要特别强调提升创新能力。科学成就离不开精神支撑，培养学生敢为人先的创新精神，对良好社会风尚的形成，创新生态的改善都有一定意义。本课程结合经典增长理论，对技术创新在发展过程中的重要作用进行理论解释，使得学生能够深入理解自主创新作为发展第一动力的原因和重要作用，培养学生自主创新精神。

二、教案设计

（一）教学目标

本课程学习应使学生掌握经济增长基本理论、经济增长的决定因素，了解技术进步在经济增长中的重要作用，能够使用索洛模型分析经济增长问题。同时，通过我国经济增长现实与理论的比较，使学生能够理解新发展阶段经济增长的关键决定因素，培养学生自主创新精神。

（二）教学内容和教学重点和难点

本章教学重点是经济增长的决定因素，技术进步在增长中的作用，使用索洛模型分析经济增长问题。

本章教学难点是存在外生技术进步时，使用索洛模型分析增长问题。

（三）教学手段与方法

以学生为中心，发挥学生主体作用。在教学过程中，增加讨论、习题、协作等环节，增加学生参与度，将课程内容教学与应用所学知识分析现实问题 SH 结合，加深理解，提高学生对知识的应用能力。

案例教学方法，使理论知识与现实案例相结合，提高学生学习的主动性。在理论知识讲授中，学生对无法直接应用到现实问题的理论较难理解，而对能够对应现实问题的理论接受起来更容易，也更加主动。因此，应在理论知识讲解后，增加对应的现实案例，从而帮助学生正确认识现实问题，加深学生对理论知识的理解，提高学生解释现实问题的能力。

（四）教学过程

本课程授课时，首先使用中国经济发展的现实问题引入课程内容，提出问题请学生思考经济发展的决定因素。观察我国经济发展的不同阶段能够让学生正确认识当前我国发展阶段的转变，引导学生总结新发展阶段与过去发展进程的差异，建立新发展理念。

课程思政的体现：我国经济增长进程经历了从高速增长到经济增速放缓的转变，在我国凭借要素积累实现了经济高速增长后，我国进入了新常态阶段，最突出表现是经济增速放缓，缺少了持续产生高速增长的动力。在本课程第一部分内容中，需要通过我国经济增长不同阶段的具体表现和经济增速决定因素的讨论，引导学生正确认识我国当前经济增长阶段转变的原因，总结新发展阶段与过去发展阶段决定因素的差异。

其次，将上述经济发展的不同阶段抽象为理论工具，引入对本课程重点内容索洛模型的讲解。讲解涉及的推导过程使用与学生协作的方式，师生共同得到模型的基本结论。

课程思政的体现：索洛模型基本结论表明，发展阶段转变具有客观性、必然性，背后有经济学原理的支撑。在理论上探究发展阶段转变的原因、转变前后的差异，能够帮助学生正确认识创新是新发展阶段的第一动力的原因，理解新时代中国特色社会主义的精神实质和丰富内涵。在本课程第二部分内容中，通过对索洛模型基本假设、稳态特征和主要结论的教学，使学生从经济学专业角度理解经济发展阶段转变的原因，理解发展阶段转变的客观性、必然性。通过索洛模型对不同经济增长阶段增长速度的决定因素的解释，理解我国经济发展过程从要素积累作为主要增长动力，到技术创新作为主要增长动力的原因，使学生从专业角度理解新发展理念中提出的创新是我国新发展阶段的第一动力的原因，从而能够深入理解发展质量的提高，发展方式的转变，实现质量变革的目标，才能实现高质量发展的原因。

最后，使用索洛模型对我国自主创新的案例进行分析，并以小组讨论的方式，加深学生对理论知识的理解。

课程思政的体现：通过对我国自主创新案例的讨论，帮助学生正确认识自主创新的重要性，培养学生自主创新精神，对良好社会风尚的形成有一定意义。在本课程第三部分内容中，索洛模型的结论说明，技术进步是经济实现持续增长的决定因素，因此，提高技术进步速度是我国实现持续增长的关键。新发展理念提出，提升发展质量，转变发展方式，推动质量变革，才能实现高质量发展。通过结合索洛模型对技术进步在增长过程中的决定性作用的结论，和新发展理念对高质量发展的阐述，使学生深入理解新发展理念背后的经济学原理，培养学生使用经济学专业知识理解现实问题的能力、培养政策导向的思维体系。当前我国有大量企业在自主创新进程中取得了领先世界的成果，在高端制造业、信息技术行业等领域实现了自主创新的重大突破，对我国经济增长起到了积极作用。通过对我国企业自主创新的案例进行分析和讨论，使学生正确认识自主创新重要意义，培养学生自主创新精神，加深学生对新时代中国特色社会主义的理解。

教学意图	教学内容	环节设计
问题提出	使用我国不同时期经济增速及其影响因素的实际数据，使学生对我国不同发展阶段经济增长的主要影响因素产生直观的认识。	通过案例引发学生思考。（2分钟）
经济增长的决定因素	（1）要素数量增加。生产要素的定义，要素数量增加对增长的促进作用，资本、劳动、自然资源等生产要素的例子。 （2）全要素生产率提高。全要素生产率的定义，索洛剩余的定义，索洛对美国的资本积累、劳动和全要素生产率促进 GDP 增长的研究。	多媒体演示、讲授。（5分钟）

续表

教学意图	教学内容	环节设计
不同发展阶段经济增长主要决定因素存在差异的原因	根据以上列举的实际数据和我国不同发展阶段经济增长的影响因素的总结,请学生对我国不同时期经济增长的决定因素进行分析和对比,并回答以下问题:不同阶段我国经济增长的影响因素有何差别?为什么会产生以上差异?	学生讨论。 (2分钟)
索洛模型	(1)模型假设。索洛模型对生产函数、消费者和技术进步的假设,边际产出递减在生产函数和图形中的体现,储蓄率外生的假定,外生技术进步率的假定。 (2)均衡。均衡的定义,如何实现产品市场均衡。 (3)模型稳态。稳态的定义,索洛模型中稳态的特征,稳态的图形表示,达到稳态前的增长过程,达到稳态后增长率的决定因素。 (4)资本积累过程。 资本积累是如何实现的,折旧对资本积累的影响,人口增长对资本积累的影响。 (5)储蓄率增加对均衡的影响。 储蓄率提高对增长的短期影响,储蓄率提高对增长的长期影响,人均资本水平短期和长期变动的图形表示,人均产出水平短期和长期变动的图形表示。	多媒体演示、讲授、画图。 (15分钟)
经济增长阶段转变的客观性、必然性	根据上述索洛模型的理论解释,结合第一部分中对我国经济增长不同阶段影响因素的讨论,说明经济发展阶段转变以及当前阶段经济增速放缓的必然性,为第一部分中提出的问题给出理论上的解释。 首先,根据上述对索洛模型的介绍,总结经济达到稳态前实现产出增加的动力和达到稳态后的特征。 根据索洛模型,在达到稳态前经济从初始点向稳态不断增长的过程中,资本积累对产出增加起到重要作用,而由于资本积累来源于储蓄转化为投资,因此,储蓄转化为投资产生的生产要素数量增加是经济增长的	学生讨论。 (8分钟)

续表

教学意图	教学内容	环节设计
	主要影响因素，政府政策或其他能够促进资本积累的因素同样对经济增长起到促进作用。应用索洛模型的结论，说明我国高速增长时期要素数量增加作为经济增长主要决定因素的原因。 其次，根据索洛模型的结论，经济从初始点向稳态不断增长的过程中，随着资本边际产出递减，经济增长速度逐渐放缓，从而解释我国当前阶段经济增长放缓的原因。 最后，根据索洛模型的结论，经济到达稳态后，人均资本和人均产出保持不变，人均意义上不再产生增长，无法解释现实各国经济增长的现象。因此，需要改变这一部分经济中不存在技术进步的假设，将技术进步引入索洛模型，从而考察当资本边际产出递减导致要素数量增加无法产生经济持续增长时，生产率提高对经济增长的重要作用。	
外生技术进步的索洛模型	（1）技术进步。外生技术进步的假定，技术进步对增长的影响。 （2）将技术进步引入索洛模型。将技术进步引入索洛模型的方法，有效劳动的定义，包含外生技术进步的索洛模型的图形表示；简单索洛模型的差别。 （3）在包含技术进步的索洛模型下讨论稳态的性质。技术进步速度如何影响稳态特征，技术进步速度如何影响经济增长率。 （4）到达稳态前经济增长的决定因素。到达稳态前经济增长由哪些因素决定，到达稳态前经济增长决定因素的图形表示。 （5）到达稳态后经济增长的决定因素。到达稳态后经济增长由哪些因素决定，趋同的定义，索洛模型结论的含义，索洛模型结论的趋同特征与现实数据是否一致，索洛模型有哪些缺陷。	画图、讲授。 （10分钟）

续表

教学意图	教学内容	环节设计
新发展理念中创新起到重要作用的原因	使用我国企业自主创新的案例使学生正确认识技术进步促进我国经济增长的重要作用，理解高质量发展是我国新发展阶段主要体现的原因，从而理解新时代中国特色社会主义的精神实质和丰富内涵。 首先，根据这一部分对引入技术进步的索洛模型的介绍，理解在经济到达稳态后，技术进步成为增长的决定因素。对应第一部分中对我国不同发展阶段经济增长的决定因素的分析，解释不同阶段增长的决定因素存在差异的原因。 其次，根据索洛模型的结论，当前阶段我国经济可持续增长的决定因素是技术进步，因此，讨论如何加快技术进步速度是当前阶段我国增长的重要问题。通过我国高端制造业、信息技术企业等企业自主创新的案例，使学生对高质量发展在当前我国发展阶段的重要作用产生直观认识，结合索洛模型对发展阶段转变、发展阶段前后差异的理论解释，帮助学生正确认识新发展理念中创新作为新发展阶段第一动力的论述的原因，从经济学的角度更好地理解新时代中国特色社会主义的精神实质和丰富内涵。 最后，总结本课程使用索洛模型对经济增长的解释，以及应用索洛模型对我国当前发展阶段关键问题的讨论和对新时代中国特色社会主义的理解，希望达到以下课程思政目标： 第一，引导学生正确认识当前我国经济增速放缓和发展阶段转变，从经济学角度理解其客观性、必然性。 第二，培养学生使用专业知识解释现实问题、理解新时代中国特色社会主义的思维体系，将经济学课程的专业教学和课程思政较好融合。 第三，理解创新作为发展第一动力的新发展理念，从经济学专业角度使学生理解新发展理念背后的经济理论，加深学生对自主创新重要性的理解，培养学生自主创新的精神。	结合案例讲授、学生讨论。 （8分钟）

三、教学效果分析

通过本课程学习，学生应了解经济增长理论，理解自主创新在经济增长中的重要作用。本课程教学内容和课程设计符合经济学专业三年级学生的理论水平和认知规律。本课程使用我国经济增长实际数据与我国新发展阶段自主创新的案例分析，帮助学生将理论知识与现实问题相结合，激发学生思考问题的主动性，培养学生使用理论知识分析现实问题的能力，加深学生对课程讲授理论的理解。

在课程思政的体现上，本课程将中国特色社会主义新发展理念与课程教学相结合，帮助学生理解新发展理念背后的经济学原理，引导学生正确认识当前我国发展阶段的转变，树立创新作为发展第一动力的思维体系，培养学生自主创新精神。

变局时期的国际合作

章潇萌

一、课程思政元素发掘

本课程在授课时可能包含以下思政元素。

元素 1 正确认识中美贸易摩擦。当前全球经贸格局正处于变局时期，在经历了中美贸易摩擦和国际经贸规则的演变后，我国仍然始终坚持对外开放的原则，努力加强与各国的经贸合作，实现合作共赢。2020 年政府工作报告指出，我国坚定维护多边贸易体制，积极参与世贸组织改革。本课程内容为开放经济下的均衡，通过本课程学习，学生应能够了解经贸合作在开放经济中的重要性，从理论上说明中美贸易摩擦对中美双方产生不利影响的原因，帮助学生建立正确的理论体系，使学生正确认识中美贸易摩擦。

元素 2 理解"一带一路"国际合作的重要意义，增强责任意识。"一带一路"是习近平外交思想的重要组成部分。通过"一带一路"构建当前变局时期国际合作的新型关系，为国际经贸规则提供指引。从实现我国自身利益，到世界长远利益，实现合作共赢，充分体现了中国特色和大国担当。在开放经济课程中，"一带一路"建设对培养学生大国责任，建立责任意识起到重要作用。通过本课程学习，学生应从经济理论的角度，结合国际贸易和国际合作章节所学知识，以及经济发展章节所学理论，深入理解"一带一路"建设对世界长远利益的合作共赢作用，理解中国特色外交思想体现出的大国担当，增强大国责任，建立责任意识。

二、教案设计

（一）教学目标

通过本章学习，使学生了解国际收支的概念，掌握外汇储备调节汇率的方法，掌握净出口与资本净流出的决定因素，掌握蒙代尔—弗莱明模型政策分析方法，掌握浮动汇率制与固定汇率制政策的差异；掌握开放经济下政策的作用。

（二）教学内容

本课程的教学重点是国际收支平衡条件，官方外汇储备的作用，浮动汇率制与固定汇率制下的汇率决定方法，使用蒙代尔-弗莱明模型进行政策分析的方法，固定汇率制与浮动汇率制下政策差异的原因。

本课程的教学难点是对资本净流出＝储蓄-投资的理解，开放经济和封闭经济政策传导的差异。

（三）教学手段与方法

以学生为中心，发挥学生主体作用。在教学过程中，增加讨论、习题、协作等环节，增加学生参与度，将课程内容教学与应用所学知识分析现实问题相结合，加深理解，提高学生对知识的应用能力。

使用案例教学方法，使理论知识与现实案例相结合，提高学生学习的主动性。在理论知识讲授中，学生对无法直接应用到现实问题的理论较难理解，而对应现实问题的理论更容易接受，也更加主动。因此，在理论知识讲解后，本课程增加了对应的现实案例，帮助学生正确认识现实问题，加深学生对理论知识的理解，提高学生解释现实问题的能力。

（四）教学过程

本课程授课时，首先使用中美贸易摩擦案例引入课程内容，提出问题请学生思考开放经济与封闭经济的差异和两者的优劣。

课程思政的体现：中美贸易摩擦的举例能够让学生理解开放经济与封闭经济的差异，引导学生了解经贸合作的重要性，对中美贸易摩擦形成正确认识。本课程第一部分中，我们将会介绍开放经济与封闭经济的差异，以及国际收支平衡的实现，并使用我国对外贸易、国际资本流动的实际数据使学生对国际贸易对我国经济发展的意义产生直观的认识。近年来，美方对华接连出台贸易保护措施，对钢铁、橡胶制品、电子产品等中国进口产品加征关税，限制对我国高技术产品的出口，影响中美贸易格局的正常运行。对比中美贸易摩擦升级前后中美双边贸易表现，加深学生对经贸合作重要性的理解，使学生对中美贸易摩擦形成正确认识。

其次，将上述国际贸易过程抽象为理论工具，引入对本课程重点内容蒙代尔—弗莱明模型的讲解。讲解涉及的推导过程使用与学生协作的方式，师生共同得到模型的基本结论，并讨论改善国际贸易格局的关键因素。

课程思政的体现：蒙代尔—弗莱明模型基本结论表明，不同政策调控在不同情形下的作用存在差异，贸易摩擦对双边国家均会带来不利影响。在理论上探究贸易摩擦对双边国家产生不利影响的原因，能够帮助学生正确认识中美贸易摩擦，理解我国坚定维护多边贸易体质，实现合作共赢的重要性。

在本课程第二部分中，通过对蒙代尔—弗莱明模型的主要结论和如何应用蒙代尔—弗莱明模型在不同汇率制度下进行政策分析的教学，使学生从理论上掌握一国出台关税、出口限额等贸易政策对贸易双方的影响。结合中美贸易摩擦中美方多项贸易保护措施，引导学生使用经济理论分析中美贸易摩擦对双边国家的影响，从而深入理解我国始终坚持开放的原则，努力加强与各国的经贸合作，维护多边贸易体制，积极参与世贸组织改革对我国以及其他国家的重要意义。

最后，使用"一带一路"合作案例进行分析，并以小组讨论的方式，加深学生对理论知识的理解。

课程思政的体现：通过对"一带一路"经济合作案例进行讨论，引导学生课后对"一带一路"经济合作的建设成果和发展导向进行资料搜集，使用案例分析方法帮助学生深入理解"一带一路"建设对世界长远利益的合作共赢作用，理解中国特色外交思想体现出的大国担当，增强大国责任，建立责任意识。本课程第三部分中，通过对"一带一路"经济合作进行小组讨论，加强学生对"一带一路"经济合作对国际经贸格局转变的重要意义的认识。"一带一路"是习近平外交思想的重要组成部分，以河西走廊对亚欧大陆经贸往来的重要连接作为历史底蕴，提出共建"一带一路"，建立沿线各国互利共赢伙伴关系，构建我国全方位开放的贸易新格局。结合本课程国际收支平衡和蒙代尔—弗莱明模型理论的学习，培养学生从经济理论角度探究"一带一路"建设对我国和其他沿线国家的重要意义，加深对中国特色外交思想的理解，培养学生的大国责任。

教学意图	教学内容	环节设计
问题提出	使用我国净出口和国际收支的实际数据，使学生了解对我国当前净出口和国际收支情况。	通过案例引发学生思考。（2分钟）
开放经济	（1）经常项目。国际收支平衡表，经常项目的定义，我国的经常项目。 （2）资本项目。资本项目的定义，我国的资本项目。 （3）汇率。汇率的定义，名义汇率，实际汇率，购买力平价。 （4）外汇储备。外汇储备的定义，外汇储备的作用，我国的外汇储备，外汇储备对汇率的调节作用。	多媒体演示、讲授。（5分钟）

续表

教学意图	教学内容	环节设计
固定汇率制下怎样固定汇率	根据以上列举的实际数据和对国际收支平衡表的介绍，请学生回答以下问题：开放经济与封闭经济存在哪些差异？国际收支是否一定平衡，国际收支平衡的意义有哪些？	学生讨论。（2分钟）
国际收支平衡	（1）净出口。净出口的定义，影响净出口的因素。 （2）资本净流出。资本净流出定义，影响资本净流出因素。 （3）国际收支平衡。国际收支平衡的定义，国际收支平衡的表达式，国际收支平衡的意义，国际收支平衡的影响因素。	画图、讲授、学生讨论。（15分钟）
中美贸易摩擦的不利影响	通过中美贸易摩擦案例，使学生理解关税的定义；关税对净出口的影响；关税对国际收支平衡的影响；我国的关税政策；美国的关税政策。	多媒体演示、讲授。（8分钟）
蒙代尔—弗莱明模型	（1）蒙代尔—弗莱明模型。蒙代尔—弗莱明模型，蒙代尔—弗莱明模型中均衡如何实现。 （2）浮动汇率制下蒙代尔—弗莱明模型政策分析方法。浮动汇率制下蒙代尔—弗莱明模型财政政策分析，浮动汇率制下蒙代尔—弗莱明模型货币政策分析，浮动汇率制下蒙代尔—弗莱明模型贸易政策分析。 （3）固定汇率制下蒙代尔—弗莱明模型政策分析。固定汇率制下蒙代尔—弗莱明模型财政政策分析，固定汇率制下蒙代尔—弗莱明模型货币政策分析，固定汇率制下蒙代尔—弗莱明模型贸易政策分析。 案例讨论 使用中美贸易摩擦美方贸易保护措施的案例，根据蒙代尔—弗莱明模型分析方法，讨论中美贸易摩擦的不利影响。 蒙代尔—弗莱明模型对贸易政策的分析说明，如果一国采取进口限额等贸易保护措施，在浮动汇率制度下，并不能起到降低贸易赤字的作用，还会因为劳动力市场摩擦导致本国失业增加。以进口限额贸易政策为例，如果一国采取限制进口的方式，希望达到保护国内生产、缓解国际收支逆差的效果，虽然能够增加	画图、讲授、讨论。（10分钟）

续表

教学意图	教学内容	环节设计
	本国对相应贸易保护产品的需求，但无法提高净出口总量，也无法缓解贸易逆差，相反，将会导致汇率升值，本国产品出口下降，使得本国出口部门受到负面影响。在此过程中，本国生产结构经历从出口部门向进口部门的调整，导致劳动力出现结构调整，产生劳动力结构调整过程中因劳动力市场摩擦导致的失业增加。因此，出台贸易保护措施不仅会损害其他国家的利益，也无法为本国带来好处。结合中美贸易摩擦美方对华接连出台贸易保护措施，对钢铁、橡胶制品、电子产品等大量中国进口产品加征关税，限制对我国高技术产品出口，影响中美贸易格局的正常运行的案例，应用蒙代尔—弗莱明模型进行政策分析，使学生对中美贸易摩擦产生的原因和对双边国家的影响形成正确认识，培养学生使用经济理论分析现实问题的能力；理解我国始终坚持开放的原则，努力加强与各国的经贸合作，维护多边贸易体制，积极参与世贸组织改革对我国以及其他国家的重要意义。	
培养学生大国责任	通过小组对"一带一路"经济合作的讨论，使学生加深理解"一带一路"经济合作对国际经贸格局转变的重要意义，培养学生的大国责任。 　　与中美贸易摩擦对双边国家经贸合作的极大损害不同，"一带一路"建设对沿线国家的和平发展和互利共赢起到了重要促进作用。"一带一路"经贸合作逐渐成为全球共识，越来越多的国家与我国签订了战略合作协议，"一带一路"沿线国家已经成为全国重要的进出口市场，推动了全球贸易投资新格局的构建。"一带一路"建设在推动沿线国家开展经贸合作的基础上，还通过合作共建方式推动了沿线国家在基础设施、交通运输、金融服务和电信科技等领域的贸易发展，形成全方位、多层次的新基建网络，构建合作共赢的区域经济共同体。结合本课程国际收支平衡和蒙代尔-弗莱明模型理论的学习，培养学生从经济理论角度探究"一带一路"建设对我国和其他沿线国家的重要意义，	案例讨论。 (8分钟)

续表

教学意图	教学内容	环节设计
	加深对中国特色外交思想的理解，培养学生的大国责任。 最后，总结本课程对国际收支平衡内容的阐述，通过应用蒙代尔—弗莱明模型对中美贸易摩擦的讨论，希望达到以下课程思政目标： 第一，理解经贸合作的重要性，使用经济理论探讨中美贸易摩擦对双边国家的影响，使学生正确认识中美贸易摩擦，理解我国坚持对外开放原则，努力加强与各国的经贸合作，维护多边贸易体制，实现合作共赢的重要性。 第二，培养学生使用经济理论解释现实问题的能力，正确认识全球经贸格局变局时期新型国际经贸规则构建的意义。 第三，理解"一带一路"建设对我国和沿线国家经贸合作的重要意义，理解中国特色外交思想体现出的大国担当，增强学生的大国责任，建立责任意识。	

三、教学效果分析

通过本课程学习，使学生掌握开放经济下的均衡理论，理解变局时期国际合作中的机遇和挑战。本课程教学内容和课程设计符合经济学专业三年级学生的理论水平和认知规律，使用中美贸易摩擦和"一带一路"经济合作的案例分析，帮助学生将理论知识与现实问题相结合，激发学生思考问题的主动性，加深理解，提高学生对知识的应用能力。

在课程思政的体现上，本课程将习近平外交思想与课程教学相结合，帮助学生理解我国加强与各国经贸合作，实现合作共赢的经济学原理，通过本课程学习，使学生能够了解经贸合作在开放经济中的重要性，从理论上说明中美贸易摩擦对中美双方产生不利影响的原因，帮助学生建立正确的理论体系，使学生正确认识中美贸易摩擦，并能够深入理解"一带一路"建设对实现世界长远利益的作用，理解中国特色社会主义外交思想体现出的大国担当，建立责任意识。

新制度经济学

课程性质：专业课
课程类别：理论课
授课对象：经济学专业本科生

"新制度经济学"课程是以主流经济学分析方法来研究制度的形成、变迁以及制度对经济增长的影响等问题的现代经济学理论分支。新制度经济学主要涵盖产权理论、交易成本理论、契约理论和制度变迁理论四个理论分支。在研究内容上，不仅研究产权、制度变迁、交易成本、委托—代理关系、治理结构，还广泛探讨贫困、腐败、政府失灵和市场失灵等经济发展领域的热点问题。

　　本课程主要向学生介绍新制度经济学关注的核心问题以及解决这些问题的基本分析框架，帮助学生了解和掌握新制度经济学前沿理论；课程强调将社会主义核心价值观融入教学过程，增强学生对社会主义制度和国家经济政策的认同感；课程注重案例教学和实证分析，帮助学生提升运用理论分析现实问题的能力。

产权理论与中国农村改革

李 智

一、课程思政元素发掘

本课程在授课时可能包含以下思政元素。

元素1 我国制度优越性和改革合理性的展示和弘扬。在经济全球化、双循环新发展格局下,没有优越的产权制度就没有高效的资源配置效率,就无法激发人力资源作为主动资产的主动性和能动性。

元素2 中国农村耕地的三权分置。在我国农村改革的过程中,土地要素产权的分解和分配,形式上是在重新分配土地的使用权、收益权和转让权,实际上是在激发农民高效利用土地要素、深度开发土地价值,全面促进土地要素向高效用途流动——这符合稀缺资源优化配置的诉求,也符合社会主义市场经济制度改革创新的方向。

元素3 通过研讨中国农村改革的历史进程和制度诉求,帮助学生理解中国农村改革和三农问题解决的方向,帮助学生认识社会主义制度自我更新、自我完善的趋势,并由此形成制度自信和爱国情怀。

二、教案设计

(一) 教学目标

1. 知识目标

通过本课程的学习,了解关于财产权利的制度安排——产权;明确产权作为一组权利束的权利层级、权利属性、权利边界和权利实现方式。

2. 能力目标

基于对产权分层的认识,理解产权分配在现实中的应用;基于对产权边界的认识,理解产权间的相互影响;基于对一般意义产权的认识,理解知识产权、人力产权等特殊产权形式的独特经济属性。

3. 价值目标

通过审视中国农村改革的历程,了解我国社会主义市场经济体制改革如何基于所有权、使用权、收益权和转让权的分层机理,激发市场主体的活力,提升资源配置的效率。

(二) 教学内容和教学重点与难点

1. 教学内容

理解关于财产归属的制度安排——产权；理解产权是基于物的主体行为权利的设定；理解产权是所有权、使用权、收益权、转让权构成的权利束；理解产权的权利属性——绝对权利和相对权利；理解产权的权利归属——公有权利和私有权利；理解产权的权利特性——社会公允、排他性、可交易性；理解各国产权界定的变迁历史；理解知识产权、人力产权等特殊产权；从资源稀缺、竞争和资源流动的视角理解产权的意义。

2. 教学重点

理解产权分层（所有权、使用权、收益权、转让权）的意义；理解产权特性（社会公允、排他性、可交易性）的意义；认识产权变迁的动因和效果。

3. 教学难点

在资源稀缺的前提下，理解产权设定和变革对竞争行为和资源配置效率的影响，并结合实际进行分析应用。

(三) 教学手段与方法

本课程教学将基于案例 "农村改革 40 年主要经验" 对产权理论进行综合应用。本案例纵览我国农村改革四十多年的历程，围绕产权赋权的历程开展综合研讨。具体研讨主题包括：

(1) 公有产权条件下人民公社生产队的产权层次设定：所有权、使用权、收益权和转让权全部公有，导致搭便车现象比比皆是，最终导致租金耗散。

(2) 家庭联产承包责任制下，农民土地承包权与经营自主权的落实。1982 年 1 月 1 日，中共中央批转《全国农村工作会议纪要》（1982 年中央 1 号文件），指出截至当时全国农村已有 90% 以上的生产队建立了不同形式的农业生产责任制；我国农村的主体经济形式，是组织规模不等、经营方式不同的集体经济。与其并存的，还有国营农场和作为辅助的家庭经济。在此文件中，家庭经济还是辅助的。1982 年中央 "1 号文件" 对于农村承包责任制的建立具有划时代的历史意义，首次提到 "承包" "土地的承包" "联产承包制" "土地所有权和经营权" 等重要概念和政策要求。该文件指明在各地建立的生产责任制中，实行联产计酬的占生产队总数的 80% 以上。一般地讲，联产就需要承包。联产承包制的运用，可以恰当地协调集体利益和个人利益，并使集体统一经营和劳动者自主经营两方面积极性同时得到发挥，所以能普遍应用并受到群众的热烈欢迎。该文件还指出有按人劳比例或者按劳动力平均分包耕地、专业承包等不同形式的承包。不论实行何种类型的承包责任制，土地的承包必须力求合理。为了保证土地所有权和经营权的协调与统一，社员承包的土地，必须按照合同规定，在集体统一计划安排下，从事生产。1983年1月2日，《中共中央关于印发〈当前农村经济政策的若干问题〉的通知》（1983年中央1号文件）正式提出并进一步肯定、完善联产承包责任制。文件指出，党的十一届三中全会以来，我国农村发生了许多重大变化。其中，影响最深远的是普遍实行了多种形式的农业生产责任制，而联产承包制又越来越成为主要形式。联产承包采取了统一经营与分散经营相结合的原则，使集体优越性和个人积极性同时得到发挥。完善联产承包责任制的关键是通过承包处理好统与分的关系。该文件提出要建立健全承包合同制。人民公社的体制，要从两方面进行改革：一是实行生产责任制，特别是联产承包制；二是实行政社分设。1984年1月1日，《中共中央关于一九八四年农村工作的通知》（1984年中央1号文件）提出，要继续稳定和完善联产承包责任制，帮助农民在家庭经营的基础上扩大生产规模，提高经济效益。该文件首次明确土地承包期，鼓励农民增加投资，培养地力，实行集约经营，提出土地承包期一般应在15年以上。

总结起来，推行农村家庭承包责任制涉及四个方面的改革，有四点核心内容：第一，农村土地产权制度方面，土地承包经营权从一元的土地集体所有权中分离出来，实现土地集体所有权与经营权两权分离，赋予农民土地承包经营权。第二，农村土地经营体制方面，农地由集体统一经营改为以家庭经营为主。经营主体发生变化，经营单元从集体转变为农户家庭。第三，农业经营权方面，赋予农民经营自主权。种什么、怎么种、卖给谁，都由农民说了算。第四，农业生产分配制度方面，由间接工分制转变到直接分配制。家庭承包制极大地调动了中国亿万农民的生产积极性，迅速显示了其超出集体经营的巨大优越性。家庭承包经营制度对于保障农村经济社会稳定发展起到了巨大作用，奠定了农产品市场化的产权制度与经营体制基础。

（3）逐步赋予农民流转土地经营权的权利，建立并完善土地经营权市场。农村土地家庭承包制与土地承包经营权确立后，逐渐有了承包土地经营权流转的需要。承包土地经营权的流转早前的表述是"土地承包经营权流转"，但实质上流转的不是承包权，而是经营权；农村土地"三权分置"制度提出并确立后，逐步规范为土地经营权流转。土地经营权流转有助于推动农业规模经营、提高土地利用效率、解放农业劳动力。政策和法律上赋予农民土地承包经营权流转的权利有几个重要的标志性文件。

第一，1984年中央"1号文件"首次允许农村土地有限度流转，即只能在集体组织内部社员间转包，而出租则被明文禁止。文件规定了土地可以在集体内部社员间转包,"鼓励土地逐步向种田能手集中。社员在承包期内,因无力耕种或转营他业而要求不包或少包土地的,可以将土地交给集体统一安排,也可以经集体同意,由社员自找对象协商转包,但不能擅自改变向集体承包合同的内容"。该文件同时对转包的条件做出了指导,"转包条件可以根据当地情况,由双方商定。在目前实行粮食统购统销制度的条件下,可以允许由转入户为转出户提供一定数量的平价口粮"。这也可以看作农地流转租金的最初形态。文件还规定了三个不准:自留地、承包地均不准买卖,不准出租,不准转作宅基地和其他非农业用地。承包土地经营权流转的萌芽已经出现。

第二,中发〔1993〕11号文件提出允许转让土地使用权。《中共中央、国务院关于当前农业和农村经济发展的若干政策措施》(中发〔1993〕11号)提出土地承包15年到期后再延长30年,文件提出"在坚持土地集体所有和不改变土地用途的前提下,经发包方同意,允许土地的使用权依法有偿转让"。这意味着,除转包外,出租等其他形式的流转也是符合政策的。

第三,《中共中央关于做好农户承包地使用权流转工作的通知》(中发〔2001〕18号)首次将农地流转政策系统化。核心内容主要包括:一是农户承包地使用权流转要在长期稳定家庭承包经营制度的前提下进行,要认真落实中央关于土地承包期再延长30年不变的政策,确保家庭承包经营制度长期稳定;二是流转必须坚持依法、自愿、有偿的原则;三是规范企事业单位和城镇居民租赁农户承包地,中央不提倡工商企业长时间、大面积租赁和经营农户承包地,地方也不要动员和组织城镇居民到农村租赁农户承包地;四是加强对农户承包地使用权流转工作的领导,正确引导和规范农地流转工作,保护农民的长远利益。

第四,2002年通过的《农村土地承包法》首次以法律形式阐述了农地流转,是农地流转政策的集中法律体现,是我国农地流转政策法规中具有里程碑式意义的法律。该法详细规定了通过家庭承包取得的土地承包经营权可以依法采取转包、出租、互换、转让或者其他方式流转等具体内容。2007年实施的《中华人民共和国物权法》明确土地承包经营权为用益物权,并沿袭了《农村土地承包法》关于农地流转的相关规定。

第五,2008年《中共中央关于推进农村改革发展若干重大问题的决定》将入股作为农地流转的一种形式,在政策上彻底明确了股份合作的流转形式,提出农地流转中政府的职责是要加强农地流转管理和服务,建立健全农地流转市场。

党的十八大之后,土地承包经营权流转政策获得重大发展。随着农村劳动力的大量外出务工或从事多种经营，越来越多的农户家庭开始流转土地承包经营权，流转后土地承包权与经营权分离，农村土地承包经营权制度有必要进一步改革完善。习近平总书记在2013年中央农村工作会议上提出实施农村土地"三权分置"制度。他指出，把农民土地承包经营权分为承包权和经营权，实行承包权和经营权分置并行，这是我国农村改革的又一次重大创新。他强调，要在坚持农村土地集体所有的前提下，促使承包权和经营权分离，形成所有权、承包权、经营权三权分置，经营权流转的格局。

2014年之后的历年中央"一号文件"都在不断确立与完善"三权分置"制度。2014年11月20日，中共中央办公厅、国务院办公厅印发《关于引导农村土地经营权有序流转发展农业适度规模经营的意见》，从政策上系统规范引导农村土地经营权有序流转。同年，国务院办公厅发布《关于引导农村产权流转交易市场健康发展的意见》，对包括农户承包地土地经营权等农村产权流转交易做出规定。

（四）教学过程

根据教学要求和教学计划，本次课对教学进程进行系统安排，本着提出问题、分析问题和解决问题的思路，始终以问题为导向，通过理论教学结合案例研讨，加强学生对本课程内容的学习效果。

教学意图	教学内容	环节设计
引论：命运的差异	现象1：野兽 Vs 家禽； 现象2：野生鱼 Vs 养殖鱼，大湖面 Vs 小鱼塘； 现象3：三文鱼的一生——苗鱼—幼鱼—成鱼。	多媒体演示、讲授、师生互动。 （10分钟）
命运差异解析："主"	制度—权利—行为。 制度保护有主的东西；无主的东西如果有价值，一定要向有主的方向转化。 有主的东西受到保护，生产性行为（如养殖）有助于扩大权利，随着技术和效率提升，数量激增；无主的东西得不到保护，分配性行为（如猎杀）有助于扩大权利，随着技术和效率提升，数量减少。	多媒体演示、讲授。 （5分钟）

续表

教学意图	教学内容	环节设计
财产归属的制度安排：基于物的主体行为权利设定	"主"：财产归属的制度安排； 归属：基于物的主体行为权利设定； 基于物：与经济学初衷一致； 行为权利的"边界"； 行为义务的"歧视"。	多媒体演示、讲授。（5分钟）
产权：一组权利束	产权表现为一组权利束：所有权、使用权、收益权、转让权。	多媒体演示、讲授。（10分钟）
产权归属：私有产权和公有产权	产权：权利归属——私有产权、公有产权。	多媒体演示、讲授。（5分钟）
产权特性：社会公允、排他性、可交易性	产权：权利特性。 社会公允：低执行成本； 排他性：相对稳定性； 可交易性：相对灵活性。	多媒体演示、讲授。（5分钟）
产权分层	产权分层。 股权与债权； 田底权与田面权。	多媒体演示、讲授。（5分钟）
产权界定历史	（1）欧美的历史： 农地、矿产、石油、水资源。 （2）中国的经验： 使用—转让； 存量稳定—流量调整。	案例讲解。（10分钟）
课程思政案例研讨"中国农村改革40年主要经验"	中国农村改革40年主要经验 （1）公有产权条件下人民公社生产队的产权层次设定； （2）家庭联产承包责任制下，农民土地承包权与经营自主权的落实； （3）逐步赋予农民流转土地经营权的权利，建立并完善土地经营权市场。	案例讲解。（20分钟）

续表

教学意图	教学内容	环节设计
特殊产权	（1）知识产权： 专利 Vs 商业秘密； 艺术版权 Vs 科技产权。 （2）人力产权： 天然私有产权； 自我保护意识； 主动资产特性。	多媒体演示、讲授。 （5分钟）
从资源稀缺、竞争和资源流动的视角审视产权	（1）资源稀缺视角看产权： 资源稀缺—竞争加剧—排他权利； （2）竞争约束视角看产权： 维护竞争秩序+形成监督机制+提供契约基础； （3）资源流动视角看产权： 容易达成合意+支持专业分工。	师生互动。 （5分钟）

三、教学效果分析

本课程的教学内容和课程设计符合经济学专业本科二年级学生的知识水平、社会阅历和政策解读能力。本课程通过多种教学手段，特别是案例教学营造出相对接近真实历史场景的制度改革研讨氛围，从而激发学生的理论学习兴趣和政策研讨意愿，有助于学生更好地掌握产权理论及其在制度改革与变迁的现实过程中的应用方式，达到学生学以致用并以实践驱动理论学习，以研讨验证理论价值的目的，进而促使学生能够在产权理论的基础上融会贯通，提高分析和解决现实问题的意识和能力。

公共财产的租金耗散与中国国有企业改革

李 智

一、课程思政元素发掘

本课程在授课时可能包含以下思政元素。

元素1 我国制度优越性和改革合理性的展示和弘扬。在社会主义市场经济建设和发展过程中,我国国有企业改革围绕产权明晰和公共财产管理使用两个核心方向采取了诸多改革举措,取得了突破性进展。其中,明确界定国有企业产权,建立健全高效的产权交易机制,实现产权结构多元化等,属于在产权明晰方面进行的改革举措;转变企业经营管理模式,改变对政府的过度依赖,设立国务院国有资产监督管理委员会,对国有企业的管理转变为对国有股权的管理等,属于在公共财产管理使用方面进行的改革举措。

元素2 中国国有企业产权制度改革的历史进程和制度诉求。通过课程思政案例研讨,帮助学生理解中国公有制的实现形式和国有企业的改革增效方向,帮助学生认识社会主义制度自我更新、自我完善的趋势,并由此形成制度自信和爱国情怀。

二、教案设计

(一)教学目标

1. 知识目标

通过本课程学习,帮助学生了解私人财产和公共财产、公共物品和公共财产的差异;了解转让过程中产生的"公共域"以及由此引发的交易和竞争。

2. 能力目标

理解面对公共财产人的行为取向——哈定悲剧;掌握克服公共财产租金耗散的基本原理和治理方法,并能据此针对现实中的公共财产制定管理方案。理解交易过程中卖方与买方之间的关系以及各自的行为取向,并能据此解释不同市场态势、交易方式下,买卖双方的利益分配。

3. 价值目标

通过审视中国国有企业的改革历程,研讨国有企业如何通过高效率的监督激励机制杜绝其作为公共财产可能出现的"租金耗散"问题。

(二) 教学内容和教学重点与难点

1. 教学内容

理解产权频谱：公有制和私有制的区别仅在于私人产权的比例、分布范围和社会地位；理解公共物品和公共财产的联系和区别；理解哈定悲剧及其条件；理解哈定悲剧与经济学视角下其他悲剧（囚徒困境、外部效应等）的区别；理解租金耗散的含义；理解租金耗散的管理逻辑；理解公共财产的治理案例；理解公共财产的治理准则；领会公共财产现实存在的经济分析。

2. 教学重点

理解哈定悲剧及其条件，理解租金耗散的管理逻辑，领会公共财产现实存在的经济分析。

3. 教学难点

领会公共财产如何通过产权界定和管理使用两个路径实现对租金耗散的治理，有效避免哈定悲剧，并结合实际进行分析应用。

(三) 教学手段与方法

本课程教学将基于案例"中国国有企业产权制度改革"对公有产权改革的国外经验和国内路径进行描述、分析和研讨，从而理解公共财产租金耗散的治理模式。

1. 国外国有企业改革的实践

国有企业在经历了全世界范围内快速发展的时期之后，逐渐步入了改革阶段。主要改革模式如下。

(1) 美国模式。美国政府始终认为市场在合理利用资源的过程中起着至关重要的作用，美国国有企业的改革主要从以下两个方面展开：一是政府放权，将国有企业资产出售给民营企业；二是政府减弱对某些领域的监管，让私人承包，并逐步将相关行业的业务管理移交。

(2) 英国模式。英国政府推行了十几年的国有企业改革，致力于减少英国政府对本国国有企业的干预，英国政府私有化委员会也由此诞生。为了让市场充分发挥其调节作用，英国政府同时推行股份制改革，通过市场竞争实现本国国有企业私有化，显著提升了经济运行效率。此外，英国政府大力吸引来自民间的资本，将国有股份分散，加强完善监督与激励体系，尽力做到及早发现亏损企业并及时修正亏损行为，剥离其不良资产，避免造成更大经济损害。

(3) 日本模式。日本政府为实现企业所有权与经营权分离的目标，大力推行企业重组，强化市场竞争机制，从而使得企业经济效益得到显著提高。当时机成熟时，公司出售国有股份，从而使得国有企业完全私有化。在改革中，日本政府通过实施一系列政策，替企业承担部分负债，努力为国有企业营造良好的市场氛围，最大程度减轻其负担，对国有企业改革起到了积极的促进作用，并对债务公司实现了较好的控制。

2. 国有企业产权改革成因分析

目前我国国有企业经济效率不高，主要是由生产率增长速度与企业效率提升速度不匹配造成的。由于国有企业没有合适的激励制度和有效的经济约束，从而导致经济活动缺乏活力与自主权。因此，如何有效提升企业活力与效率，对推动我国国有企业改革至关重要，也是我国国有企业产权制度改革的根本原因。

（1）产权主体意识不足。我国国有企业的产权最终归属于中华人民共和国公民，但实际情况却是：公民并没有获得明确的资产支配权与收益权。我国国有资产产权主体缺失，从而国有资产配置效率较低，影响了国有企业改革目标的实现。

（2）产权不明确。所有权责任不明确一直困扰着我国国有企业，导致其经济运行出现许多问题。如果不能完全分离公司的所有权与经营权，公司就没有真正的经济自主选择权，导致国有企业严重依赖国家，在经济活动过程中一旦遇到困难，不会利用市场规律来解决而只会寻求政府帮助。

（3）缺乏合理的外部约束机制。国有企业经营者无须对企业亏损承担相应的法律责任与义务，从而使得企业经营者从自身利益出发，忽视整个企业的总体经营状况，造成国有企业经济运行效率低下。

3. 国有企业产权制度改革的思路

结合我国国情，从新制度经济学的视角分析，我国国有企业产权制度改革可以从以下几方面开展。

（1）充分发挥产权的各项功能。产权是由多种权力组成的一揽子权利，其中所有权和经营权为其主要构成部分。一方面，我国国有企业的财产归属于国家，为改善国有企业经营状况，我国设立了国务院国有资产监督管理委员会，并取得了显著成效；另一方面，企业的经营权包括使用权和控制权，但在国有企业内部二者界限并不明确，必须将二者恰当分离，充分发挥各自的职能，提升企业经济效益。

（2）实现产权结构多元化。通过产权制度改革，不断推进我国国有企业向多元化产权方向发展。国有企业需要将其产权部分转让给国内企业、其他经济组织和个人、外资公司等，不断吸收民营和社会法人、自然人等资本。通过国有企业股份制改革和传统集体企业改制，进一步调整和完善国有企业所有制结构，促进不同所有制经济、投资主体的相互渗透，实现国有企业产权结构的多元化。

（3）完善产权交易机制。在明确界定国有企业产权后，还需要进一步建立健全高效的产权交易机制,确保国有企业产权制度改革能够顺利进行。完善的产权交易机制有利于促进产权交易顺利实施,实现产权在市场上自由流通,进行有效的转让与退出。完善的产权交易机制还有利于加强企业内部的监督激励,提高国有企业运行的经济效率。

(4) 转变企业经营管理模式。市场在经济活动中发挥着重要作用,企业改组、联合、并购等都将通过资本市场和其他市场化的产权交易方式来实现,市场已经成为真正影响和推动企业发展的动力。我国国有企业经营管理模式也必须适应市场经济环境的变化,要调整企业经营模式,改变对政府的过度依赖,积极地融入市场,不断提高企业市场竞争力。此外,相当一部分国有经济已变为国有控股的混合所有制经济,所以对国有企业的管理要转变为对国有股权的管理,股权化的管理模式更有利于国有资产在市场上的流通转让。

(四)教学过程

根据教学要求和教学计划,对本节课的教学进程进行系统安排,本着提出问题、分析问题和解决问题的思路,始终以问题为导向,通过理论教学结合案例研讨,加强学生对本节课内容的学习效果。

教学意图	教学内容	环节设计
产权归属的频谱	纯粹的公有和私有都是不存在的;公有制和私有制的区别仅在于私人产权的比例、分布范围和社会地位;公私并存不仅是过程,也是结果。	多媒体演示、讲授。(5分钟)
产权:私人还是公共	产权 {私人,公共 {公共物品(公用品),公共财产(公有品)}} 物品—使用—效用—竞争 财产—归属—权利—排他	多媒体演示、讲授。(5分钟)
公共财产的命运:监督不足、排他竞争、租金耗尽	面对公共财产的行为分析。 亚里士多德(Aristotle,前361):"属于最多数人的公共事物常常是最少受人照顾的事物,人们关心自己的东西,而忽视公共的事物。" 高登(Scott Gordon,1954):公海捕鱼——"属于所有人的东西就相当于没有人拥有它"。 哈定(Hardin,1968):"每一个人都被锁在一个迫使他在有限的范围内无节制地增加他自己的牲畜的制度中……毁灭是所有人都奔向的目的地。"	讲授代表性观点。(5分钟)

续表

教学意图	教学内容	环节设计
哈定悲剧：条件、悲剧与实证	哈定悲剧（Tragedy of the Common） 条件： （1）稀缺资源对公共开放； （2）个人利用公共资源可以获得收益。 悲剧： （1）牧场的悲剧； （2）理性的悲剧； （3）市场的悲剧。 实证： 空气、河流、草场、山体、交通。	多媒体演示、讲授。 （5分钟）
悲剧对比：哈定悲剧、囚徒困境、外部效应、垄断独占	囚徒困境、外部效应、垄断独占 哈定悲剧："搭便车"—租金耗散	多媒体演示、讲授。 （5分钟）
租金耗散：租金的内涵和外延	（图：P-Q坐标，S与D曲线相交，标注"租金"） 租金 什么叫租金？ 为什么叫租金？ 怎么理解租金？	多媒体演示、讲授。 （5分钟）
租金耗散：租金耗尽的成因	租金耗尽！ 耗散： 如果一项资源不具有排他性的产权，那么，拥有它的人们将竞相使用这项资源以获取具有排他性的它的替代物…… 耗尽： 不具有排他性的资源所有者所获取的报酬将会在竞争中被其他资源的成本所消耗或吸收，最终，获得的报酬的净值等于零。 实例： 无主的李子，公共的牧场。	多媒体演示、讲授。 （5分钟）

续表

教学意图	教学内容	环节设计
租金耗散：租金耗尽？	租金耗尽？ 逻辑推敲： 租金耗尽是对资源的最大浪费；浪费与稀缺之间存在逻辑矛盾； 资源稀缺前提下，理性人怎么会任由资源浪费？ 实证推敲： 租金耗散很常见，但租金完全耗尽很少见。 为避免租金耗散，当事人采取了种种努力。	多媒体演示、讲授。 (5分钟)
租金耗散的管理理性	人们减少租金耗散的种种努力，正好解释了为什么"纯粹"形式的公共财产难得发现。——张五常 租金耗散管理理性>效用最大化决策理性。 埃莉诺·奥斯特罗姆（Elinor Ostrom）的《公共事务的治理：集体行动制度的演进》（1990）。 以公共池塘（CPRS）为中心；强调不损害资源系统前提下的流量最大化；突出"制度细节"（5000-10000个案例）。 基于实证，推动理论从两极向中间靠拢。	多媒体演示、讲授。 (5分钟)
公共财产的治理案例研讨	（1）瑞士托贝尔（Torbel）村的高山草场（奥斯特罗姆代表性案例）。 公共资源划定； 村民自治章程； 载畜数量规定； 监管罚金规则； 对外封闭准则。 （2）云南景颇族的"刀耕火种"。 刀耕火种； 轮耕制度：户籍制度完全破坏了千年延续的管理规则； 计划生育。 （3）香格里拉的水源管理。	案例讲解。 (10分钟)

续表

教学意图	教学内容	环节设计
公共财产的治理准则	（1）清楚地界定财产边界（Not Open to All）： 排他性：自然排他—技术排他—社会排他。 （2）合乎实际情况的流量规则： 太严格影响应用，太松散破坏资源。 （3）集体选择：监督、激励与惩戒。 集体选择：用共谋杜绝信息不对称条件下的囚徒困境； 惩戒罚金激励监督者，监督费不足集体分担； 有效惩戒害群之马和机会主义行为。 （4）配套机制： 冲突解决机制； 管理组织结构。	师生互动。 （5分钟）
公共财产的经济分析："两害相权"	（1）资源采用公共财产的制度安排，是因为界定清楚产权后可获得的租金（或不界定私有产权所耗散的租金）低于实施排他性私人产权的成本，其本质在于"两害相权"。 （2）如果上述条件严格成立，那么在这种公共财产下的租金损耗就不是一种"浪费"，反而是一种"节约"。 （3）公共财产一定存在租金损耗，但是公共财产的租金完全被损耗的情形非常少见，因为人们会在资源约束和理性驱动下尽可能减少租金损耗。比如：大水面的利用和海渔法的颁布。 （4）在得到良好治理的公共财产下，人们的行为与在私人财产约束下有什么不同？ 结果是相近的，但过程是有差别的。前者是他律，后者是自律。他律的实现需要后续成本（监督执行成本），而自律的实现则需要前置成本（产权界定成本）。这同样是"两害相权"。	多媒体演示、讲授。 （10分钟）
中国国有企业产权制度改革	中国国有企业产权制度改革。 （1）国外国有企业改革的实践：美国模式、英国模式、日本模式。	

教学意图	教学内容	环节设计
	（2）国有企业产权改革成因分析：产权主体意识不足，产权不明确，缺乏合理的外部约束机制。 （3）国有企业产权制度改革的思路：充分发挥产权的各项功能，实现产权结构多元化，完善产权交易机制，转变企业经营管理模式。	案例讲解。 （20分钟）

三、教学效果分析

本课程的教学内容和课程设计符合经济学专业本科二年级学生的知识水平、社会阅历和政策解读能力。本课程通过多种教学手段，特别是案例教学营造相对接近真实历史场景的制度改革研讨氛围，从而激发学生的理论学习兴趣和政策研讨意愿，有助于学生更好地掌握产权理论及其在制度改革与变迁的现实过程中的应用方式，达到学生学以致用并以实践驱动理论学习，以研讨验证理论价值的目的，进而促使学生能够在产权理论的基础上融会贯通，提高分析和解决现实问题的意识和能力。

经济思想史

课程性质：专业课
课程类别：理论课
授课对象：经济学专业本科生

"经济思想史"是首都经济贸易大学经济学院经济学专业的专业基础课。

经济思想史通过对过去的经济理论发展和变迁的追溯,针对"经济对于人类意味着什么"这个根本问题进行考察的经济学分支。本学科以马克思主义经济理论、外国经济学说和中国经济理论为研究对象,研究各种经济思想的形成和发展,探讨经济思想发展的规律和特点。本课程旨在使学生获得较为全面、系统的经济学理论基础,较高的外语水平和较强的独立科研能力,以期能够拓宽学生的学习视野,提高综合学习能力。

农村土地产权改革助力乡村振兴战略开展

申始占

一、课程思政元素发掘

本课程在授课时可能包含以下思政元素。

元素 1 梳理乡村振兴战略的展开逻辑。乡村振兴战略是习近平同志 2017 年 10 月 18 日在党的十九大报告中提出的战略。十九大报告指出,农业农村农民问题是关系国计民生的根本性问题,必须始终把解决好"三农"问题作为全党工作的重中之重,实施乡村振兴战略。习近平总书记指出,实施乡村振兴战略,是党的十九大做出的重大决策部署,是新时代做好"三农"工作的总抓手。要坚持乡村全面振兴,抓重点、补短板、强弱项,实现乡村产业振兴、人才振兴、文化振兴、生态振兴、组织振兴,推动农业全面升级、农村全面进步、农民全面发展。要尊重广大农民的意愿,激发广大农民的积极性、主动性、创造性,激活乡村振兴内生动力,让广大农民在乡村振兴中有更多获得感、幸福感、安全感。要坚持以实干促振兴,遵循乡村发展规律,规划先行,分类推进,加大投入,扎实苦干,推动乡村振兴不断取得新成效。

元素 2 挖掘农村土地产权改革对于乡村振兴战略开展的意义。土地是财富之母、农业之本、农民之根。自改革开放以来,以产权理论为指导的农村土地制度改革取得了巨大的成就。40 年间,我国确立了以家庭承包经营为基础、统分结合的双层经营体制,经历了确立、完善、深化三个阶段。2020 年 11 月 2 日,习近平总书记指出,要根据实践发展要求,丰富集体所有权、农户承包权、土地经营权的有效实现形式,促进农村土地资源优化配置,积极培育新型农业经营主体,发展壮大农业社会化服务组织,鼓励和支持广大小农户走同现代农业相结合的发展之路,使农村基本经营制度始终充满活力,不断为促进乡村全面振兴、实现农业农村现代化创造有利条件。全面推进农村土地制度改革是乡村振兴战略顺利展开的必要前提。

元素 3 探索乡村振兴战略在中华民族伟大复兴中的作用。2020 年,在中央农村经济工作会议上,习近平总书记指出,从中华民族伟大复兴战略全局看,民族要复兴,乡村必振兴。纵观世界历史的发展进程,农村的衰落和城市的兴起几乎是同时出现的。在中华民族伟大复兴的道路上，我国也面临同样的问题。但是，不同于西方国家，中国的乡村振兴关乎内需扩大、产业协调与城镇化建设，因而，探索乡村振兴战略对于中华民族伟大复兴的作用更具有重要意义。

二、教案设计

（一）教学目标

1. 知识目标

通过本节课程的学习，学生应能够掌握西方产权理论的产生、发展与主要内容，并掌握产权理论在中国农村土地制度改革中的作用，理解农村土地产权制度改革与乡村振兴战略之间的关系。

2. 能力目标

通过本节课程的学习，学生应能够运用产权理论分析我国农村土地制度改革，进而延伸到国有企业混合所有制改革。

3. 价值目标

培养学生的爱国意识，培养学生的责任心、归属感和担当感。

（二）教学内容和教学重点与难点

1. 教学内容

产权理论，农村土地制度改革，乡村振兴战略。

2. 教学重点

产权理论的主要内容，产权理论与所有制理论的比较，产权理论在土地制度改革中的应用，土地制度改革对于乡村振兴战略的开展。

3. 教学难点

理解产权理论在农地制度改革过程中的应用，并理解土地制度改革对于乡村振兴战略的重要价值。

（三）教学方法

1. 知识讲解

经济思想史是一门比较抽象但又知识丰富的经济学基础理论课，由于经济思想史不能直接联系现实世界，因此，大多数学生对它缺乏兴趣。鉴于此，在课堂中运用多媒体演示、板书和案例相结合的方式开展教学，能够更加吸引学生的注意力，帮助学生较为容易地进入经济思想史的理论世界中。

2. 案例分析

为培养学生的学习兴趣，使其更为直观地了解经济思想史和现实世界的紧密联系，本课堂特意选取产权理论在农地制度改革中的应用作为案例，该案例贴近现实生活，更容易引起学生的共鸣和思考。比如，改革开放之后的包产到户改革、2014年的承包地"三权分置"改革和2018年的"三块地"改革都是现实生活中活生生的例子。

3. 引导学生现学现用

新时代青年学生往往注重知识的价值，以及所学知识能否在未来的学习生活中发挥作用。因此，本课程有意识地培养学生运用丰富的经济学理论知识结合现实问题进行分析，让学生具备分析现实问题的视野和思维模式，了解处理相关问题的经济理论背景。

（四）教学手段

1. PPT演示

运用PPT演示将经济思想史课程内容呈现出来，包括文字、图片、表格等多种形式。

2. 板书

在对逻辑衔接进行说明的时候，如果单纯依靠多媒体演示很难让学生跟上课堂节奏，而以板书画出逻辑循环图的方式是很好的选择，板书将逻辑图示以及某些关键语词的重现更有利于学生理解课堂内容。

（五）教学过程

1. 教学设计思路

（1）以我国现实的土地制度改革和国家政策引出本节课程的主题，提出产权理论供学生学习，请学生思考。以发生在现实生活中的真实事件为切入点，引起学生的兴趣和思考，调动学生的积极性，活跃课堂氛围，为后面的理论内容讲解做好铺垫。

课程思政的体现：学习党的十八届三中全会以来提出的重大理论观点，即深化农村土地制度改革，全面推进乡村振兴战略的开展。

（2）通过提出问题、分析问题和解决问题的思路完成经济思想史中产权理论教学单元的课程内容，使学生对产权理论基本知识以及在中国的传播有一个总体性认识，在理解市场机制作用的基础上能够认识到当前产权理论在我国施行的局限性。

课程思政的体现：从经济学的角度理解习近平总书记提出的乡村振兴战略，把握党中央对于农村经济建设的基本态度。

（3）对关键的概念进行解释和分析，帮助学生运用产权理论认识农村土地制度改革，并了解处理产权理论在我国各领域的适用情况，培养当代学生的责任感和担当感。

2. 教学过程安排

根据教学要求和教学计划,对教学进程进行系统安排,本着提出问题、分析问题和解决问题的总体思路进行教学安排。始终以问题为导向、分析为重点、应用为巩固和目的的原则,加强学生的学习效果。教学进程安排如下:

教学意图	教学内容	环节设计
	产权理论的概念	
导言	简要回顾上节课的内容,引导学生回忆新制度主义经济学的主要内容。具体包括新制度主义的缘起、代表人物和主要观点等。	多媒体演示、讲解。(2分钟)
问题的引入	土地问题是关系国计民生的大问题。2014年以来我国推行了多项土地制度改革。	讲解、多媒体演示。(2分钟)
本节课程总体框架	(1) 产权:定义与观点; (2) 农村土地制度改革; (3) 乡村振兴战略。	使学生了解本节课涉及的主要内容。(1分钟)
掌握产权理论的概念和主要内容	产权理论:研究的是经济运行背后的财产权利结构,即运行的制度基础。 产权理论的主要内容: (1) 明确性。产权理论是一个包括财产所有者的各种权利及对限制和破坏这些权利时的处罚的完整体系。 (2) 专有性。产权理论使因一种行为而产生的所有报酬和损失都可以直接与有权采取这一行动的人相联系。 (3) 可转让性。这些权利可以被引到最有价值的用途上去。 (4) 可操作性。	讲解、多媒体演示、板书。(3分钟)

续表

教学意图	教学内容	环节设计
	中国农村土地制度改革	
掌握农村土地制度改革的政策演变	诞生：1978年11月24日晚上，18位农民聚集在安徽省凤阳县凤梨公社小岗村西头严立华家低矮残破的茅屋里。关系全村命运的一次秘密会议此刻正在这里召开。这次会议的直接成果是诞生了一份不到百字的包干保证书。其中最主要的内容有三条：一是分田到户；二是不再伸手向国家要钱要粮；三是如果干部坐牢，社员保证把他们的小孩养活到18岁。 发展：1982年1月1日，中国共产党历史上第一个关于农村工作的一号文件正式出台，明确指出包产到户、包干到户都是社会主义集体经济的生产责任制。此后，中国政府不断稳固和完善家庭联产承包责任制，鼓励农民发展多种经营，使广大农村地区迅速摘掉贫困落后的帽子，逐步走上富裕的道路。 完善：1991年11月25—29日举行的中共十三届八中全会通过了《中共中央关于进一步加强农业和农村工作的决定》。该《决定》提出把以家庭联产承包为主的责任制、统分结合的双层经营体制作为我国乡村集体经济组织的一项基本制度长期稳定下来，并不断充实完善。 新一轮改革：2014年，中央一号文件《关于全面深化农村改革加快推进农业现代化的若干意见》标志着承包地"三权分置"改革正式拉开序幕；2018年，中央一号文件《关于实施乡村振兴战略的意见》标志着农村"三块地"改革逐渐步入深水区。	讲解、多媒体演示、板书。（11分钟）
掌握农村土地制度改革的产权变化	变化一：收益权。一方面，"交够国家的，留足集体的，剩下的都是自己的"，农业剩余价值索取权已经由国家下放给农户；另一方面，"多劳多得、少劳少得"的按劳分配方式摒弃了平均分配制的弊端。 变化二：处分权。第一，通过对农地权利处分权的探索，农户已经可以行使某些土地权利，比如，出租、	讲解、多媒体演示、案例分析、互动教学。（11分钟）

297

教学意图	教学内容	环节设计
	转让、入股等；第二，农户对承包地的自主决策权得以恢复，"委托—代理"关系进一步弱化。 变化三：产权结构。在产权结构上，"两权分离"制截然不同于之前任何一种农村土地制度，其兼取了产权联合与产权细分的优势，提出了一种"统分结合"的摇摆式制度设计。	

乡村振兴战略的政策演变与内容

教学意图	教学内容	环节设计
掌握乡村振兴战略	乡村振兴战略是习近平同志2017年10月18日在党的十九大报告中提出的。"农业农村农民问题是关系国计民生的根本性问题，必须始终把解决好'三农'问题作为全党工作的重中之重，实施乡村振兴战略。"乡村振兴战略主要包含以下内容。 一是要加快发展乡村产业，顺应产业发展规律，立足当地特色资源，推动乡村产业发展壮大。 二是要加强社会主义精神文明建设，加强农村思想道德建设，弘扬和践行社会主义核心价值观。 三是要加强农村生态文明建设，以钉钉子精神推进农业面源污染防治，加强土壤污染、地下水超采、水土流失等问题的治理和修复。 四是要深化农村改革，加快推进农村重点领域和关键环节改革，激发农村资源要素活力，完善农业支持保护制度。 五是要实施乡村建设行动，继续把公共基础设施建设的重点放在农村，在推进城乡基本公共服务均等化上持续发力，注重加强普惠性、兜底性、基础性民生建设。 六是要推动城乡融合发展见实效，健全城乡融合发展体制机制，促进农业转移人口市民化。 七是要加强和改进乡村治理，加快构建党组织领导的乡村治理体系，深入推进平安乡村建设，创新乡村治理方式，提高乡村善治水平。	讲解、多媒体演示、板书。 （7分钟）

教学意图	教学内容	环节设计
	公共物品与配置效率	
掌握农地制度改革对乡村振兴战略的意义	2020年11月2日，习近平总书记指出，要根据实践发展要求，丰富集体所有权、农户承包权、土地经营权的有效实现形式，促进农村土地资源优化配置，积极培育新型农业经营主体，发展壮大农业社会化服务组织，鼓励和支持广大小农户走同现代农业相结合的发展之路，使农村基本经营制度始终充满活力，不断为促进乡村全面振兴、实现农业农村现代化创造有利条件。全面推进农村土地制度改革是乡村振兴战略顺利展开的必要前提。 未来的农村土地产权改革重点放在以下几个方面。 第一，承包地改革。完善农村基本经营制度，开展第二轮土地承包到期后再延长30年试点，在试点基础上研究制定延包的具体办法。鼓励发展多种形式适度规模经营，健全面向小农户的农业社会化服务体系。制定农村集体经营性建设用地入市配套制度。 第二，宅基地改革。严格农村宅基地管理，加强对乡镇审批宅基地的监管，防止土地占用失控。扎实推进宅基地使用权确权登记颁证。以探索宅基地所有权、资格权、使用权"三权分置"为重点，进一步深化农村宅基地制度改革。 第三，集体产权制度改革。全面推进农村集体产权制度改革试点，有序开展集体成员身份确认、集体资产折股量化、股份合作制改革、集体经济组织登记赋码等工作。探索拓宽农村集体经济发展路径，强化集体资产管理。	讲解、多媒体演示、板书。 （9分钟）

三、教学效果分析

本课程的教学内容和课程设计符合经济学本科三年级学生的知识水平和认知能力，利用多种教学手段，尤其是以案例教学营造出的课堂氛围，有效地激发了学生的学习兴趣和思考意愿，有助于学生结合社会经济现象掌握相关理论，达到学以致用、经世济民的目的，有助于提高学生分析问题、解决问题的能力。本课程为学生介绍的理论概念和分析工具，能够使学生深刻地感受到我国"三农"问题所面临的巨大挑战。

在我国着力推进社会主义市场经济建设的背景下，本课程有助于学生更好地理解党中央对"三农"问题的高度关注。"三农"问题关系到我国改革开放与现代化建设的全局，关系到中国特色社会主义事业的建设。本课程有助于学生更好地认识我国解决"三农"问题的紧迫性和必要性，体会习近平总书记对开展乡村振兴战略的深刻用意和长远眼光。本课程的学习有利于促进培养学生的爱国意识，以及助力中华民族伟大复兴的责任心和使命感。

外国经济思想史

课程性质：专业课
课程类别：理论课
授课对象：经济学专业本科生

"外国经济思想史"是为经济学专业本科三年级学生开设的课程。本课程以经济思想本身作为研究对象，专门研究历史上各个时期代表性人物的经济思想，及它们产生、发展和对后世的影响。外国经济思想史不仅是一门相对独立的学科，有其特定的研究对象和研究方法，而且也是发展和创新经济理论的前提，是经济学理论研究的重要组成部分，是构建和完善经济学科学体系和方法的重要基础，是经济科学整体中不可或缺的组成部分。课程内容包括：资本原始积累时期的重商主义经济学说、17世纪中叶至19世纪中叶的古典经济学说、19世纪后期的经济学说、20世纪的经济学说等内容。

本课程在教学过程中，采用讲授和讨论相结合的授课方法，要求学生平时有读书笔记，采取论文和期末考试相结合的方式进行考核。通过本课程的教学，要求学生了解外国经济思想史的发展脉络；掌握不同时期的经济思想；实现以史为鉴，探索经济科学未来的发展。

亚当·斯密的市场经济理论

徐则荣

一、课程思政元素发掘

本节课在授课时可能包含以下思政元素。

元素1 理解两种市场观的分歧和对立。在我国市场取向改革的过程中,一直存在着社会主义市场观同新自由主义市场观的分歧与斗争。这两种市场观的分歧与斗争主要表现在我国市场取向改革的方向、政府在市场经济中的角色定位以及市场经济的分配制度、市场取向改革的指导思想等方面。为了确保我国社会主义市场经济的健康运行和发展,促进我国经济社会全面、协调、持续发展,必须继续坚持社会主义市场观,抵制和批判新自由主义市场观。而新自由主义市场观是古典自由主义市场观的"复活",只有认真学习和研究以亚当·斯密为代表的古典自由主义市场观,才能认清新自由主义市场观的本质,从而更加坚定地走中国特色社会主义市场经济道路。

元素2 坚持社会主义基本经济制度前提下的市场取向改革。社会主义中国的市场取向改革是社会主义的自我完善和自我发展,因此,必须从中国实际出发,必须以马列主义、毛泽东思想,邓小平理论,特别是习近平新时代中国特色社会主义思想为指导,而不能以西方新自由主义思想为指导。在市场化取向改革进程中,要警惕新自由主义思潮的消极影响。

二、教案设计

(一)教学目标

1. 知识目标

通过本节课程的学习,使学生在了解古典经济学产生、发展和完成背景的基础上,以亚当·斯密的市场经济理论为例,掌握古典经济学市场经济理论的基本内容。

2. 能力目标

通过本节课程的学习,使学生能够正确认识市场经济中政府与市场的角色定位,为如何在中国特色社会主义市场经济中正确处理好政府与市场的关系提供理论思考基础。

3. 价值目标

培养学生坚持用马克思主义立场、观点和方法学习和研究西方经济思想，培养学生为我国社会主义现代化建设服务的信念，培养学生的家国情怀。

(二) 教学重点与难点

1. 教学重点

亚当·斯密关于发展市场经济的目标、发展市场经济的途径、构建市场经济的运行机制、发展市场经济与伦理道德的关系等。

2. 教学难点

理解"看不见的手"的含义，掌握亚当·斯密关于政府角色定位的论述；评价亚当·斯密的市场经济理论。

(三) 教学方法与手段

1. 教学方法

(1) 知识讲解。本课程的教学对象为经济学专业本科三年级的学生。学习该课程时，学生已经学习了微观经济学、宏观经济学和政治经济学课程，这为本课程的学习做了重要的铺垫。然而，外国经济思想史理论性很强，在学习中学生可能会感到枯燥。因此本课程重点在于通过运用典型历史事件，帮助学生深入理解亚当·斯密的市场经济理论，并在其中贯穿亚当·斯密的哲学、经济学思辨方法，培养学生缜密的理论逻辑思维能力。

(2) 经济思想史与经济史讲解有机结合。长期以来，在本科教学中一直存在重应用轻理论的倾向，很多学生重视应用经济学课程的学习，忽视经济思想史的学习，认为学史学没有用，因为它不能像应用经济学课程如投资学那样马上产生经济效益，这种错误的认识导致学生知识迁移能力较差，思维缺乏逻辑性。针对学生的上述思维特点，为了提高课堂的生动性，本课程在理论的讲述中融入经济史的内容，使学生明白该理论在当时的历史条件下为何产生、发挥了什么样的作用，对当代经济发展有什么借鉴意义，使学生逐渐体会到学习经济思想史课程的价值，并对之产生兴趣。

(3) 理论与实际讲解有机结合。理论的生命力在于解释现实。在学习理论的基础上，我们要帮助学生学会运用亚当·斯密的市场经济理论思考我国的市场经济发展中存在的问题和我们的优势，使学生具有分析市场经济问题的能力。

2. 教学手段

(1) 多媒体演示。通过多媒体演示将课程的主要内容呈现出来，包括文字、表格、图片等多种形式。

(2) DVD 播放。运用 DVD 机放映西方发达资本主义国家、拉美国家、苏联和我国市场化改革的历程,从中感悟市场化改革中面临的种种理论问题。

(四)教学过程

1. 教学设计思路

(1)以播放西方国家、拉美国家市场化改革的历程引出本节课的主题,提出实行市场经济的国家在市场经济建设中需要明确的基本问题有哪些。使学生在对历史事件的感性认识中思考上述问题,以调动学生学习和思考的积极性,活跃课堂气氛,为后续的理论讲解党的十八届三中全会提出的重大理论观点,即要使市场在资源配置中起决定性作用和更好发挥政府作用——做铺垫。

(2)通过提出问题、理论讲解和分析问题的思路完成亚当·斯密的市场经济理论教学单元的课程内容,使学生对斯密的市场经济理论有一个总体性认识,在该理论的基础上能够认识到单纯依靠市场而忽视政府作用会对一国经济产生很大的消极影响。引导学生从经济学的角度理解党的十八届三中全会提出的要使市场在资源配置中起决定性作用和更好发挥政府作用这一重要思想,在实际经济当中既要发挥"看不见的手的作用"也要发挥"看得见的手的作用",即"两手抓,两手都要硬"。

(3)对亚当·斯密的市场经济理论进行系统而全面的讲解,在此基础上,运用马克思主义理论对亚当·斯密的市场经济理论进行全面、客观、公正的评价,帮助学生通过学习亚当·斯密的理论,做到取其精华,废弃糟粕,为我所用。通过对亚当·斯密市场经济理论的讲解,逐渐培养学生一方面清楚地认识到外国经济思想史中科学合理的成分,另一方面清楚地认识外国经济思想史中庸俗错误的成分,从而为更好地建设具有中国特色的社会主义市场经济提供理论支持。

2. 教学过程安排

根据教学要求和教学计划,对教学进程进行系统安排,本着提出问题、理论分析和最终解决问题的总体思路进行教学安排。始终以问题为导向、分析为重点、应用为巩固的原则,提高学生的学习效果。教学进程安排如下:

教学意图	教学内容	环节设计
英国古典经济学发展的背景		
导言	简要回顾上节课内容——古典经济学产生时期经济学家威廉·配第的市场经济理论。随着英国资产阶级经济的发展,古典经济学的市场经济理论也会不断发展。	多媒体演示、讲解。 (1分钟)

续表

教学意图	教学内容	环节设计
问题的引入	从威廉·配第到亚当·斯密经历了一个世纪的时间，在此期间，英国资产阶级古典经济学沿着威廉·配第开辟的道路继续前进，有许多重要的发展。这种发展主要表现在哪些方面呢？	讲解、多媒体演示。（2分钟）
本节课程总体框架	从威廉·配第到亚当·斯密之间英国经济思想的发展概况表现在以下五个方面。本节主要围绕这五个方面讲授。	讲解、多媒体演示。（1分钟）
五个方面		
具体内容	（1）约翰·洛克把利息归结为对别人劳动的占有。 （2）达德利·诺思把利息理解为资本的租金。 （3）约瑟夫·马西把利润作为一个独立范畴，把利息看成利润的派生物。 （4）大卫·休谟模糊地把交换价值的源泉归结为一般劳动。 （5）詹姆斯·斯图亚特把生产交换价值的劳动和生产使用价值的劳动予以初步区别，并做了建立政治经济学体系的尝试。	讲解、多媒体演示、板书。（10分钟）
亚当·斯密的市场经济理论（一）		
掌握市场运行机制包含三个方面的内容	亚当·斯密认为，在市场经济条件下，社会经济机体中客观地存在着一种自动运行的机制，要发展商品经济和提高社会生产力，就必须自由放任地让市场机制去调节社会资源的配置。其主要包括以下几个方面。 （1）利益机制。亚当·斯密关于市场运行机制的理论建立在对经济人分析的基础之上。他认为，经济人有三个特征：第一，他们生活在以私有制为基础的市场经济环境之中，是市场经济的主体；第二，他们积累了一定量的资本；第三，他们是有理性的，其一切经济活动的目的都是追求自己的利益。亚当·斯密把经济人对自身利益的追求，把市场条件下的利益机制看作实现社会资源优化配置、促进国民经济增长的一个重要因素。	讲解、多媒体演示、板书。（10分钟）

续表

教学意图	教学内容	环节设计
	（2）竞争机制。斯密认为，在市场经济条件下必然存在着竞争。他极力主张自由竞争，认为竞争可以激发经济人的主观努力，促进资源的优化配置，促进国民财富的增长。因为只有自由竞争才能使人们更加努力工作；只有自由竞争，才能促进物美价廉；只有自由竞争，才能及时调节市场供求关系的变化，进而促进市场价格的变化、利率的变化，进而促进社会资源流动，实现资源优化组合，实现均衡生产。亚当·斯密指出，只有自由放任，自由竞争，让那一只看不见的手指导人们的经济行为，商品经济发展过程中所发生的问题才可以自动解决，经济发展所需的条件（比例）才可以通过自动调节实现。 （3）价格机制。价值是商品价格的基础和中心，市场价格固然受供求等因素影响，经常变化，但它总是被这个中心吸引，并围绕着这个中心上下波动。	
掌握发展市场经济的具体途径	（1）不断提高劳动生产率，增加商品量和提高经济效益。 （2）不断疏通流通渠道，做到货畅其流。 （3）不断积累资本。 （4）实行正确的赋税政策。 （5）反对政府对经济运行干涉过多和胡乱干涉的行为。 （6）健全法制。发展商品经济和市场经济，法律保障是绝对不可缺少的。法律的任务就是保证优化的竞争环境和市场秩序，"扶持"天然的自由。	讲解、多媒体演示、案例分析、互动教学。 （10分钟）
	亚当·斯密的市场经济理论（二）	
掌握发展市场经济的目标及其标志	亚当·斯密提出了发展市场经济的目标，即通过市场调节，优化社会资源配置，发展社会生产，达到"富国裕民"的目的。他提出了"富国裕民"的两个标志：一是物博价廉；二是劳动者有充足的报酬。	讲解、多媒体演示、板书。 （5分钟）

续表

教学意图	教学内容	环节设计
掌握市场经济与伦理道德的关系	在发展市场经济与伦理道德的关系方面，亚当·斯密一方面指出发展商品经济和市场经济有利于促进伦理道德的进步；另一方面，他又指出，随着资本主义商品经济和市场经济的发展也会产生一些不良现象。	讲解、多媒体演示、板书。（5分钟）
	简要评论	
掌握评价斯密理论的方法和评价内容	（1）亚当·斯密是古典市场经济理论的奠基人和主要代表。古典市场经济理论的基本框架和核心内容在他那里已经完全建立起来，他以后的萨伊、马歇尔以及许多新自由主义代表（如哈耶克、弗里德曼等）都基本上是在他构筑的自由市场经济舞台上进行各自独特表演的。现代市场经济理论的奠基人凯恩斯和现代市场经济理论的集大成者萨缪尔森也是在亚当·斯密市场经济理论的基础上进行革命和综合的。因此，研究市场经济理论演变必须特别重视亚当·斯密的市场经济理论，不懂得亚当·斯密的自由放任市场经济理论，也就无法弄清楚萨伊和马歇尔的市场经济理论，无法弄清楚新自由主义，无法弄清楚凯恩斯和萨缪尔森的现代市场经济理论。 （2）亚当·斯密关于让市场机制配置社会资源的理论，关于发展市场经济的途径和条件的理论，关于市场经济大目标的理论，关于发展市场经济与伦理道德关系的理论，都不同程度地反映了市场经济的共同机理，它不仅完全适用于自由竞争阶段的资本主义市场经济，而且在不少方面也适用于资本主义现代市场经济，对于发展社会主义市场经济也有一定的启迪意义。 （3）亚当·斯密的市场经济理论存在着许多缺陷，主要表现在：第一，他对市场机制未用明确的概念揭示出来。他只是告诉我们有一只"看不见的手"在调节着经济人的活动，但这只看不见的手究竟指什么，在他那里并没有明说。第二，他过于崇拜自由放任，而对政府干预的作用看得过于消极。这与他所处的时代	讲解、多媒体演示、板书。（7分钟）

续表

教学意图	教学内容	环节设计
	有关，他主要反对的是重商主义的国家干预，反对封建主义，这无疑是有进步意义的。但他从理论上断然否定国家干预，完全推崇自由放任，总不能说是科学的。第三，他只看到经济人私人利益与社会利益的一致性，而未看到两者之间的矛盾性。这是不全面的。	

三、教学效果分析

传统教学手段和现代教学手段的有机结合使学生学习的主动性大为增强，发生了从教师"要你学"到学生"我要学"的质的变化，实现了以教师为中心向以学生为中心的转变。特别是课程思政的引入极大地增强了学生的家国情怀，使学生的学习目标更明确，动力更足。

中国特色社会主义市场经济

课程性质：专业课
课程类别：理论课
授课对象：经济学专业本科生

"中国特色社会主义市场经济"课程以当代中国正在发生的经济体制转型为背景,以相关理论介绍、改革和发展进程脉络描述、现实问题揭示和分析、发展趋势展望为各部分内容,对中国社会主义经济发展、改革和开放进程中的基本理论和主要现实问题进行系统描述和分析。在理论深度上充分考虑本科生的基础;在内容安排上,注重将中国经济改革和发展的实践过程与相关经济学理论相结合,从理论和实践两方面把握中国经济发展的内在逻辑。一方面尽可能系统地解释中国改革开放以来经济发展模式的特点和经验;另一方面有重点地对新时期中国经济发展中的主要特点问题展开分析,并对解决现存问题提出相关建议,展望未来。

中国正在推行的社会主义市场经济模式,把市场经济与社会主义制度结合起来,无论是从理论还是从实践上都是一个创举。中国改革开放以来制度创新和经济发展取得的成就引起了世界的关注,研究和总结中国社会主义经济制度的特征和发展的经验具有非常重要的理论和现实意义。

课程思政背景下的"中国特色社会主义市场经济"教学

张锦冬

一、课程思政元素发掘

本课程在讲授时可能包含以下思政元素

元素1 社会主义市场经济体制的选择过程体现出中国特色社会主义市场经济的制度优势，培养学生对社会主义制度的信心。"中国特色社会主义市场经济"这门课的内容涵盖了1949年至今中国经济改革和发展的实践进程，同时注重运用相关经济学理论分析中国经济发展的内在逻辑。在系统解释改革开放以来中国经济发展模式的特点和经验的基础上，重点分析新时期中国经济发展的热点问题，并对解决这些问题提出有代表性的建议。授课过程中，分析中国从计划经济向市场经济过渡的原因，阐明市场经济与社会主义制度相结合的重要性以及开辟出一条有中国特色的社会主义经济建设之路的独特性，培养学生对中国社会主义市场经济制度的自信心和自豪感。

元素2 在讲授"社会主义市场经济体制选择"这部分内容时，充分介绍社会主义的发展演变史，强调中国在实践中，通过不断改革发展完善社会主义经济体制，凸显社会主义制度的优越性以及中国特色社会主义市场经济的独特性，激发学生爱党、爱国的深厚情怀。

元素3 组织学生以小组讨论的形式对不同时期的经济特点进行讨论，引导学生树立正确的价值观，培养学生的家国情怀。多年来，教师组织学生进行过的讨论涉及中国农村改革的成功经验、中国国有企业改革的独特做法、中国鼓励民营经济发展和成长的成功经验、中国社会主义市场经济条件下的社会保障制度的优势等内容，学生讨论积极，在讨论中引导学生关注中国特色社会主义取得伟大成就背后的制度优势和文化优势，将中国优秀的传统文化、革命文化和社会主义先进文化传输给学生，效果显著。通过中国农村经济改革的具体案例，介绍中国农村经济改革的特点是自下而上地由农民自发进行改革，体现出中国农民的创新精神和探索精神；国有企业改革则是政府自上而下开始改革，通过局部试点的方式，摸索有效的改革路径。中国不同部门经济改革措施和方式的多样性，体现出具体问题具体分析的、脚踏实地的求实精神。中国社会保障制度的建立采取逐步推广的方式，目前覆盖面已经涵盖城市和乡村，虽然保障程度与福利国家有差别，但是符合中国国情的独特选择，体现出政府实事求是的精神。

元素 4 中国经济增长方式的转变与可持续发展战略体现出中国经济与时俱进的特点，习近平提出的"绿水青山就是金山银山"的绿色发展理念就是对经济可持续发展的最好诠释。

二、教案设计

本教案从课程思政与专业课结合入手，重点从以下四方面展开：阐释新时代高等教育理念的重要意义；目前关于"中国特色社会主义市场经济"的主要教学方式；课程思政背景下"中国特色社会主义市场经济"教学模式的转变及其实施途径；评估课程思政下"中国特色社会主义市场经济"教学模式的效果。

（一）教学目标

1. 知识目标

讲授中国经济发展和经济改革过程，培养学生的爱国主义精神，使学生既能掌握中国经济发展演变的历史、经验及教训，又能感受到社会主义制度的优越性，将爱国主义教育融入课程学习中。

2. 能力目标

通过讲授使学生具备运用经济学理论分析现实问题的能力。

3. 价值目标

使学生了解中国选择与俄罗斯、东欧不同的经济转型方式的背景以及所取得的不同经济绩效。

（二）教学内容和教学重点与难点

1. 教学内容

改革开放 40 多年来，中国从计划经济过渡到社会主义市场经济，把市场经济与社会主义制度结合起来，开辟了一条中国特色社会主义经济建设之路。中国经济持续快速发展，目前已经成为世界第二大经济体，进入工业化中期阶段，社会主义市场经济制度不断完善，取得了举世瞩目的成就，中国经济的崛起，引起世界各国的普遍关注，它们迫切需要了解中国经济发展的进程及理论创新。全面客观地介绍中国改革和发展进程，和中国社会主义经济制度的特点与发展经验，使学生对中国特色社会主义经济的认识和了解更加深入，对社会主义制度的优越性有更多体会，增强学生的制度自信和爱国情怀。

2. 教学难点

（1）关于授课内容的设计问题。教师需要找到课程思政与专业知识的结合点，合理设计授课计划，才能做到潜移默化地将思政和专业知识有机融合在一起。

（2）关于课程思政效果的评估问题。目前国内外没有成熟的相关评估体系可以借鉴，因此，如何评估课程思政下的教学效果，是教师需要考虑的一个问题。

（三）教学手段与方法

1. 教学手段

通过课堂教学、课堂讨论、课外资源等方式教学。

2. 教学方法

第一，文献检索法。通过查找中国知网等学术平台和学生更易于接受的网站（喜马拉雅、哔哩哔哩等）上的可靠资源为所讲授的内容提供佐证和支撑，做到有理有据，通过可靠的文献增强说服力和感染力，使学生接受理解起来更容易。

第二，课堂讨论。将学生分为几个小组，围绕所学内容组织学生进行课堂讨论，或者以小组为单位让学生课后讨论。讨论的内容可以是不同转型方式，也可以是转型时期不同经济学家的观点，还可以是不同政策制定者的政策选择，充分发挥学生的主观能动性，利用学生熟悉的各种资源或视角展开讨论，并融入课程思政的相关内容，例如，培养爱国情怀，引导学生成为国家的栋梁，培养中国未来的优秀接班人。

第三，写读书或听课笔记。收看中国大学慕课上林毅夫教授主讲的"新结构经济学"第十讲新结构经济学的增长核算与发展核算中关于中国结构变迁的经验的论述。第十九讲的第六节：当今发达经济体"先进制度"的演进史；第七节并未给发展中国家带来繁荣的制度赶超：被高估的制度神话。让学生感受著名经济学家林毅夫对中国结构变迁的精辟分析，打破对西方制度的迷信，有利于培养学生对中国经济制度的自信心。

附：中国和俄罗斯、东欧国家经济转型方式

下面以中国和俄罗斯、东欧国家经济转型方式为内容设计教学过程，了解本课程开展思政教学的方式。

1. 教学设计思路

教学内容包括两部分：

（1）对中国与俄罗斯、东欧国家向市场经济体制过渡的目标及路径进行比较。在经济转型目标上,中国与俄罗斯、东欧国家经济转型最大的不同是:俄罗斯和东欧国家政治上彻底放弃了社会主义基本制度,经济上转向完全的市场经济,而中国的经济转型是在不改变社会主义基本制度的前提下,逐渐建立社会主义市场经济,逐渐由计划配置资源向市场配置资源转变,实现工业化和城市化,同时坚持对外开放,参与经济全球化进程。在经济转型的路径上,俄罗斯和东欧国家选择了被称为"休克疗法"或"大爆炸"的激进式经济转型方式,即通过实施产权自由化、价格市场化、市场自由化和稳定宏观经济等措施,短时间内快速由计划经济过渡到市场经济。而中国则根据本国国情选择了渐进式的过渡方式,采取分步走的战略逐渐向市场经济过渡,最终形成有中国特色的市场经济体制。不同的转型路径也产生了截然不同的经济绩效。俄罗斯和东欧国家的激进式转型方式短期内放弃原有体制,新体制尚未建立所造成的新旧体制真空,引发了剧烈的社会动荡,导致国有资产大量流失、通货膨胀恶性发展、人民生活水平短期内急剧下降等严重的后果,付出了高昂的社会代价。与此不同,中国根据本国的国情,在充分考虑社会接受程度的基础上,通过改革试验等方式逐渐推进各项措施,逐步建立各项市场机制,确保经济转型的社会收益大于社会成本,赢得人民对建立市场经济体制的支持。

(2) 分析中国选择渐进式转型方式的条件。与俄罗斯和东欧国家相比,中国选择渐进式转型有其必然性。首先,中国经济结构呈现明显的"二元"特点,城乡差距大,工业化程度低,城市化率低,因此,与俄罗斯、东欧国家相比,市场化改革成本相对比较低。其次,中国计划经济体制的集中程度和覆盖面也比俄罗斯和东欧国家更低,经济转型的难度因此也更低。再次,中国经济转型是在稳定的社会政治环境下进行的,比政局动荡的俄罗斯等国更能够稳步推进经济转型。最后,中国的经济转型方式是中国政府独立选择、独立推进的,不受国外各类组织和机构的影响,将外部环境对中国经济转型的影响降低到最低限度。而俄罗斯等国的经济转型则是在国际货币基金组织及相关专家的指导下展开的。

中国渐进式经济转型的特点如下:第一,一定时期和一定范围内,计划和市场配置资源并存,也就是存在"双轨制",1992年之后逐步并轨,最终形成完全的市场经济机制。第二,经济转型采取由体制外向体制内推进的方式,这样的做法最大限度地减少了转型的阻力。第三,经济转型也是一种制度变迁,中国政府将强制性制度变迁和诱致性制度变迁相结合,探索出一条有中国特色的经济转型道路。

2. 教学过程安排

第一，在讲解中国和俄罗斯经济转型方式选择时，引证著名经济学家约瑟夫·斯蒂格里茨于 2009 年所写的《发展与发展政策》一书中对"休克疗法"这一激进式过渡方式和渐进主义的形象比较。他在关于深坑的隐喻中将"休克疗法"比作"一步跳过深坑"；渐进主义则是"在深坑上建造一座桥"。在修补破船的隐喻中将"休克疗法"比作"在干船坞重新造一艘船"；渐进主义则是"在海上修船"。在移植树木的隐喻中他将"休克疗法"描述为"坚决地一次性地实行移植，抓住所有的好处，尽快从休克中苏醒过来"；渐进主义的方法类似于"逐个进行准备，将树的主要根部包裹好，防止整个体制形成休克，提高移植成功的概率"。这些形象的隐喻比较法，在增加趣味性的同时，也使学生更加透彻地理解了两种过渡方式在实施方式方面的不同和难易程度，从而通过自己独立判断，得出结论，进而体会中国选择渐进式过渡方式的必然性，体会中国制度选择方面的优越性，加深学生对身为中国人的自豪感和自信心，培养学生的爱国情怀。

第二，引证文章《俄罗斯的休克疗法》的相关内容：休克疗法对俄罗斯经济带来毁灭性打击，1991—1995 年，俄罗斯 GDP 下降了 42%，工业产值下降了 46%，农业产值下降了 32%，投资下降了 61%，严重程度超过大萧条时的美国（当时美国 GNP 下降了 30%）。物价飞涨，通货膨胀恶性发展，到 1995 年底，俄罗斯消费品价格比 1991 年上涨了 1 411 倍。企业拖欠工资现象频繁发生，人民生活水平急剧下降。经济下滑、政局混乱进而导致俄罗斯犯罪率急剧上升，社会秩序混乱；休克疗法还造成俄罗斯人口大量减少，为经济可持续发展带来严重隐患。俄罗斯激进式转型方式的严重后果反证了中国渐进式过渡方式这一选择的正确性。通过分析比较，学生对中国政府关心民众疾苦，降低过渡带来的社会成本的选择更加信服，对中国特色社会主义市场经济更加充满信心。

此外，喜马拉雅听书中《苏联的命运》中对"休克疗法"的总结等丰富的文献资料，都可以作为基础资料论证分析不同转型方式的特点、社会代价（政局动荡、通货膨胀等）以及经济绩效等。总之，以文献为基础进行的对比分析，在使学生深入了解不同经济转型方式的特点及利弊的同时，也在思想方面引导学生思考中国制度选择方面的优越性、以人为本的发展理念等内容，有利于提高学生对国家的认同感，对中国道路、中国制度的自信心，有利于培养学生的爱国情怀。

三、教学效果分析

通过一个学期的教学在设计教案，展示教学内容、分析教学难点和重点基础上，运用多种教学方法和手段，深入挖掘课程思政元素，取得了良好的教学效果，达到了预期目标。